行政法案例解析与争议问题探讨

李大勇 杜国强◎主编

**Xingzhengfa Anli Jiexi
yu Zhengyi Wenti Tantao**

撰稿人（按撰写专题先后为序）

姬亚平 钱 卿 李大勇 杜国强

李龙贤 彭 涛 杨彬权 赵 哲

刘东霞 胡晓玲

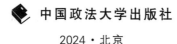

中国政法大学出版社

2024·北京

图书在版编目（ＣＩＰ）数据

行政法案例解析与争议问题探讨/李大勇，杜国强主编. —北京：中国政法大学出版社，2024.1

ISBN 978-7-5764-1259-8

Ⅰ.①行…　Ⅱ.①李…②杜…　Ⅲ.①行政法－案例－中国　Ⅳ.①D922.105

中国国家版本馆CIP数据核字(2023)第231247号

出　版　者	中国政法大学出版社
地　　　址	北京市海淀区西土城路 25 号
邮　　　箱	fadapress@163.com
网　　　址	http://www.cuplpress.com (网络实名：中国政法大学出版社)
电　　　话	010-58908435(第一编辑部) 58908334(邮购部)
承　　　印	固安华明印业有限公司
开　　　本	720mm×960mm　1/16
印　　　张	21
字　　　数	312 千字
版　　　次	2024 年 1 月第 1 版
印　　　次	2024 年 1 月第 1 次印刷
定　　　价	82.00 元

《西北公法论丛》总序

巍巍终南，积厚流光。

《西北公法论丛》是西北政法大学行政法学院（纪检监察学院）学科建设的成果展示。

西北政法大学行政法学院（纪检监察学院）坐落于古城西安，是国内以宪法学、行政法学、行政诉讼法学、监察法学、党内法规为核心，集教学与科研为一体，本科生和研究生培养并重的、公法特色鲜明、规模较大的专门学院。

学院前身是成立于1988年7月的行政管理（行政法）系，是经国务院批准的全国第一个法学本科行政法专业（系），1999年9月组建为法学三系，2006年10月成立行政法学院。为了适应从严治党、依规治党的新要求，经西北政法大学批准，2019年6月，行政法学院挂牌纪检监察学院，致力于建设纪检监察学科。

学院现设法学（行政法学方向）本科专业和宪法学与行政法学、监察法2个硕士点。宪法与行政法学科为陕西省重点学科，行政法学教学团队为陕西省教学团队，宪法学、行政法与行政诉讼法学为陕西省精品课程。行政法学获批教育部国家级"线上线下混合式"一流课程。学院"地方政府法治建设研究中心"为陕西省高校哲学社会科学重点研究基地，并管理"法治陕西协同创新研究中心"等研究机构。

学院坚持"师资兴院、学生旺院、教学立院、科研强院"的理念，高度重视学术创新空间的拓展与延伸，鼓励教师关注、思考法治国家建设中的公权力规范运行问题，努力为在法治轨道上推进国家治理体系与治理能力的现代化提供学理支撑、实践指引。《西北公法论丛》正是在前述理念与背景下出版问世的。

　　《西北公法论丛》的出版，不仅是西北政法大学行政法学院（纪检监察学院）继续实现高水平发展的标志，更为西北政法大学行政法学院（纪检监察学院）教师展示学术风貌、彰显创新性观点提供了科研平台。相信读者会从《西北公法论丛》的诸多著作中感受到西北政法大学公法学人对学术的敬畏、执着与探求！

西北政法大学行政法学院（纪检监察学院）

二〇二二年八月十一日

前　言

本书以案例评析与争议问题探讨的形式阐释了行政法与行政诉讼法的基本理论与基本制度，对相关的重点、难点、疑点作了深入浅出的分析。

全书分为 10 个专题。分别为：行政法的调整领域，行政法律渊源，行政法的基本原则，行政行为（含行政协议），行政赔偿与行政复议，行政诉讼的受案范围，行政诉讼的原告资格，行政诉讼的证据，行政诉讼的程序，行政诉讼的裁判。

为了帮助读者更为清晰、全面、深入地掌握各专题的要点，本书在结构上分成"案情简介""案例解析""争议问题探讨""深度阅读"等。本书所选案例以最高人民法院发布的指导性案例、公报案例、典型案例等为主，力图解释教材内容，阐释规范性逻辑，启发并诱导学生理解教材内容，激发学生学习行政法的兴趣。特别是在"争议问题探讨"部分，本书结合行政执法与行政审判的最新理论与实践发展，对前沿性问题提出了观点与未来思考方向，引导学生分析、综合、评价等能力的提升。

本书由西北政法大学行政法学院（纪检监察学院）部分教师集体编写。撰稿人员（以撰稿专题先后为序）：姬亚平、钱卿、李大勇、杜国强、李龙贤、彭涛、杨彬权、赵哲、刘东霞、胡晓玲。作者既具有扎实的理论功底，还具有代理行政案件的丰富经验。本书具有鲜明的理论与实践结合特色。

本书适合高等院校法学专业师生教学使用，也可供参加公务员考试、法律职业资格考试以及法律职业人士参考使用。

编　者

二〇二二年八月二十四日

目　录

专题一 行政法的调整领域

案例1 何小强诉华中科技大学拒绝授予学位案

【案情简介】

（一）基本事实

何小强，系 2003 级华中科技大学武昌分校通信工程专业学生。原告何小强于 2007 年 8 月 26 日向被告华中科技大学和第三人华中科技大学武昌分校提出颁发工学学士学位证书的申请。第三人华中科技大学武昌分校于 2008 年 5 月 21 日书面答复原告，因其未通过全国大学英语四级考试，不符合推荐华中科技大学审核授予学士学位的条件。

原告何小强因要求被告华中科技大学履行授予学士学位法定职责，于 2008 年 5 月 21 日向湖北省武汉市洪山区人民法院提起行政诉讼，要求判令被告依据法定学业条件授予原告工学学士学位。

被告华中科技大学辩称：第三人华中科技大学武昌分校是非授予学士学位的高等院校，其将达到学士学术水平的本科毕业生名单，向本系统、本地区有授予学士学位权的高等院校推荐，由有权授予学士学位的高等院校授予学士学位。第三人以原告未通过全国大学英语四级考试，不具备学士学位授予条件为由，没有向被告推荐、报送原告相关资料。原告要求被告授予其工学学士学位，没有事实和法律依据，且已超过起诉期限，请求判决驳回原告的诉讼请求。

第三人华中科技大学武昌分校述称：我校没有授予学士学位的法定职责，根据《华中科技大学武昌分校授予本科毕业生学士学位实施细则》规定，只有通过全国大学英语四级考试的华中科技大学武昌分校本科毕业生，才有资格申请授予华中科技大学学士学位。我校在收到原告要求颁发学士学位证书的申请后，已书面告知原告，因其没有通过全国大学英语四级考试，没有向被告推荐审核是否授予原告学士学位。

（二）主要争点

本案的争点主要有：

1. 高校与学生之间的争议是否属于行政争议。

2. 华中科技大学是否为本案适格被告以及高等院校将通过全国大学英语四级考试作为授予学士学位的条件，有无法律依据。

（三）裁判要旨

经法院审理认为：依据《中华人民共和国学位条例》（以下简称《学位条例》）、《中华人民共和国学位条例暂行实施办法》（以下简称《学位条例暂行实施办法》）、《国务院批准首批授予学士学位高等学校名单》的授权，华中科技大学具有授予学士学位的法定职责，华中科技大学是本案的适格被告。

原告何小强是第三人华中科技大学武昌分校的本科毕业生，第三人华中科技大学武昌分校是非授予学士学位的高等院校，依据《学位条例暂行实施办法》第4条第2款，"非授予学士学位的高等院校，对达到学士学术水平的本科毕业生，应当由系向学校提出名单，经学校同意后，由学校就近向本系统、本地区的授予学士学位的高等学校推荐。授予学士学位的高等学校有关的系，对非授予学士学位的高等学校推荐的本科毕业生进行审查考核，认为符合本暂行办法第三条及有关规定的，可向学校学位评定委员会提名，列入学士学位获得者的名单"的规定，第三人对该校达到学士学术水平的本科毕业生，向被告推荐，由被告审核是否授予学士学位。被告及第三人均将通过全国大学英语四级考试作为学士学位授予的具体条件之一，没有违反《学位条例》第4条、《学位条例暂行实施办法》第25条的规定。第三人以原告没有通过全国大学英语四级考试，不符合学士学位授予条件为由，没有向被告推荐审核是否授予学士学位，原告要求被告为其颁发工学学士学位证书的诉讼请求，无事实和法律依据。

【案例解析】

（一）行政理念的流变

本案的表层争点是高校是否可以作为行政诉讼的被告，但是深层争点是行政是什么，行政的范围是如何演变发展的。厘清"行政"的内涵与外延，是研究什么是行政争议、什么是行政主体的起点。

"一战"前后，大部分的资本主义国家逐步实现了由农业社会向工业社会的转变。特别是20世纪30年代，以美国为代表的西方国家出现了"大萧条"，为了应对经济危机，罗斯福总统推行了以国家干预为核心的"新政"，行政的内涵和外延发生了极大的转变，政府不再仅仅扮演"守夜人"角色，消极行政转变为积极行政。

具体而言，在工业化与经济危机的背景之下，各种社会问题频发。为了保障国家的正常运转和公民的基本权利，政府必须积极干预出现的社会问题。政府的主要职能不能再仅限于维持治安，需要更多介入公民的社会、经济生活之中，为社会发展和公民提供基础建设、失业保障、医疗救助、教育服务等公共产品。

面对这一变化，政府如果仅依靠原有的行政命令式的高权方式显然不足以应对，因为这种管理方式只有在个人权利受到侵犯或者国家安全受到威胁的情形下才能主动介入。国家和政府需要严格依照法律保留的原则依法行政，不能积极主动地介入市场和公民生活之中。[1]这种行政模式在理论上被称为秩序行政，即政府的主要职能为维护公共秩序。秩序行政的理论依据为公共权力理论，国家作为主权者，享有行政特权（privilege），具有依法作出决定和强制执行的行政权，通过发布命令的形式实现行政管理目标，维护社会的正常运转。其基本的运行逻辑便是：行政机关严格在议会制定的法律范围内

---

[1] 孙森森："公法基础理论的二元构造：公共权力理论与公共服务理论——以《公法的变迁》为中心的考察"，载《金陵法律评论》2016年第1期。

行使行政职权，公民的权利受到侵害时通过司法机关裁判予以救济。因此，传统的依法行政理论与国家和政府的积极行政发生冲突，原来的公共权力理论已经不足以作为社会变迁导致行政任务多元化的公法学唯一的理论基础，需要新的理论作为支撑。国家和政府面对新的任务需要的不是仅仅发号施令，而是以多样化的方式满足公民和社会的需要，改善人民的生活，履行生存照顾职能。

狄骥作为一代公法学大家很敏锐地把握到了时代脉搏，预见了公法学发展的新方向，并适应了理论革新的需求，提出了公共服务理论。在狄骥这里，国家并不是作为主权者发布命令的，他把法律看作一种对于社会事实的承认，国家并不是法和行政规章的唯一制定者。[1]狄骥主张公共服务作为公法学新的基础理念，认为国家的功能不再是通过发布命令，并在某个特定的领域之内决定个人和国家之间的权力关系，而是设计对于公用事业的规制并且保障公用事业正常和不间断地发挥效用的规则。公共服务的理念为私人特许行业和政府为满足公共需求而提供公共服务提供了理论上的支撑。[2]因此，国家不再直接针对公民发布命令，而是针对组织设计规则，由此看，公法的基础不再是命令，而是组织，公法也实现了从主观权利向客观法的转变。换言之，公法不再是随意发布的命令，而是基于社会事实，制定规则的客观秩序。

正如狄骥所言："作为公法基础的'越权行为'之诉不是基于个人权利受到侵害的事实，而是出于社会服务的组织原则遭到破坏的事实。"由此，狄骥在国家、社会、个人之间的关系中改变了原来的国家与个人之间的对立，加入了社会的元素。他在《国家、客观法与实在法》（1901）中提出，人们的相互关系是由于人们的需要只有通过共同努力才能得到满足；他们的不同才能也只有通过相互服务才可以得到发挥。因此，人与人的相互联系是社会事实，具有社会价值和社会效果。社会连带是指人们在社会分工基础上形成互相依赖关系，每个人都各司其职，并意识到自己必须依靠他人和社会，从而形成互相间的依赖感、团结感与社会联系感。社会连带关系理论缓和了国家

---

〔1〕　［法］莱昂·狄骥：《公法的变迁》，郑戈译，中国法制出版社2010年版，第69～90页。

〔2〕　［法］莱昂·狄骥：《公法的变迁》，郑戈译，中国法制出版社2010年版，第50～60页。

和个人之间冲突的矛盾，国家通过制定规则约束公用事业来满足个人日益增长的需求，从而保障了个人权利的实现。

伴随着改革开放，我国行政法学界开始接受从行政过程维度界定行政的思路。有学者认为，行政法视野中的行政概念是指"行政主体为实现特定的公共利益，依据法定权限和程序连续实施的一系列行政行为或其他行为，这些相互关联的行为共同构成作为整体的行政过程"，该学者关于行政的概念设定表明行政"具有合法性、目的性（公共性）、连续性、整体性"，因此行政概念与行政过程概念相同。[1]有学者认为行政是"国家行政机关或其他特定的社会公共组织为实现公共利益对公共事务进行组织、管理的活动及其过程"，该界定的特点是将行政视为活动或过程，"活动意义上的行政与立法、司法相对应，强调其主动执行法律的属性；过程意义上的行政指的是执行法律、处理公共事务的各个环节，强调其在时空上的连续性。"[2]

行政法学上的行政定义，必须要考虑以下几个问题：其一，行政和其他国家活动之间的界线；其二，行政主体和其他活动主体之间的差异性。参照以前对于行政的定义和行政的历史发展，我们给行政法学上所说的行政作如下定义：行政是特定组织运用国家权力积极实现公共利益的活动及其过程。

这一定义涵盖了行政的四个要素：主体、对象、目的及方式。行政的主体：特定的行政组织，这样一来就包括了国家行政机关或特定的社会公共组织，杜绝了依照形式行政的定义而导致行政主体范围过窄的弊端；行政的目的：实现公共利益，这就将行政限制在公共行政的范围内。行政的对象是公共利益的创设及其实现，行政的方式应当是积极作为的。

这一定义揭示了行政活动的权力基础，即行政是主动行使国家行政权的活动，这是行政和其他组织活动不同的重要区别。其一，从宪法上国家权力的分工来看，行政权是和立法权、司法权相对等的一种国家权力；其二，从具体化的行政主体的权利义务来看，是指行政机关及其施行的公务人员所拥有的一种社会形成的权利，并要为此承担相应义务。行政活动的基础就是国

---

〔1〕　江利红：《行政过程论研究——行政法学理论的变革与重构》，中国政法大学出版社2012年版，第200～222页。

〔2〕　章志远：《行政法学总论》，北京大学出版社2014年版，第4页。

家行政权，国家权力运作的基础就是行政活动。所以，国家行政主体实施的各种行政活动权力根本上都属于国家行政权，同其他国家活动之间都有着本质的区别。

这一定义揭示了行政的特有活动内容，其一，行政并不是国家活动的全部内容，其限于国家行政权的范围之内；其二，行政活动是需要积极去作为的；其三，行政的目的是需要追求公共利益的，同时包含了国家强制性。

对于该定义需要说明的是，其一，没有针对行政主体的具体描述，因为作为形式意义上的构成要件，任何个人和组织实施了相应的行为都有可能是行政主体。通过这种定义方式，可以将传统的国家行政机关和新兴的公共组织都纳入到行政法学的研究体系中，为规范这些主体的行为提供有力的理论支撑。其二，没有区分内部行政和外部行政，因为这二者都可能对外产生关系，通过范围上的扩大更有利于将其纳入到规范的管理当中。其三，这一定义是十分宽泛的，适用于这一定义给行政以更加广阔的空间。

（二）新型行政理念在高校行政诉讼案件中的折射

由于我国的高等院校属事业单位，因此，本案是否能作为行政案件受理，行政理念是至关重要的问题。关于高校与学生之间的纠纷，最早、最具有典型性的案例是轰动一时的"田永诉北京科技大学拒绝颁发毕业证、学位证案"。一审中，北京市海淀区人民法院生效裁判指出："在我国目前情况下，某些事业单位、社会团体，虽然不具有行政机关的资格，但是法律赋予它行使一定的行政管理职权。这些单位、团体与管理相对人之间不存在平等的民事关系，而是特殊的行政管理关系。他们之间因管理行为而发生的争议，不是民事诉讼，而是行政诉讼。尽管《中华人民共和国行政诉讼法》（以下简称《行政诉讼法》）第25条所指的被告是行政机关，但是为了维护管理相对人的合法权益，监督事业单位、社会团体依法行使国家赋予的行政管理职权，将其列为行政诉讼的被告，适用行政诉讼法来解决它们与管理相对人之间的行政争议，有利于化解社会矛盾，维护社会稳定。《中华人民共和国教育法》（以下简称《教育法》）第21条规定：'国家实行学业证书制度。''经国家批准设立或者认可的学校及其他教育机构按照国家规定，颁发学历证书或者其他学业证书。'第22条规定：'国家实行学位制度。''学位授予单位依法对达到一定学术水平或者专业技术水平的人员授予相应的学位，颁发学位证书。'《学位条例》第 8 条规定：'学士学位，由国务院授权的高等学校授予。'"

本案被告华中科技大学是从事高等教育事业的法人，原告何小强诉请其颁发毕业证、学位证，正是由于其代表国家行使对受教育者颁发学业证书、学位证书的行政权力时引起了行政争议，可以适用行政诉讼法予以解决。

可以看出，法院除了根据《行政诉讼法》所明确规定的法律授权的形式标准外，还从实质性标准角度提出行使该权力所产生的关系为不平等关系，即高等学校与受教育者之间属于教育行政管理关系，为判断何为"行政"提供了更进一步的标准。

在本案中，最高人民法院针对独立学院、合作办学中高校授予学位行为的可诉性等问题也予以回应，其裁判摘要指出："根据有关行政法规、规章及民办高校办学相关政策、规范性文件的规定，大学作为独立学院的挂名高校，具有授予独立学院符合条件毕业生学士学位的法定职责。学生以独立学院无根据未授予学士学位为由起诉的，大学应为适格被告。因独立学院作出具有终局性的初审行为，对学生的利益有直接利害关系，亦应作为被告。学生坚持起诉大学，而不起诉独立学院的，法院应将独立学院列为第三人。"这实际上肯定了民办高校或者独立学院可以成为行政诉讼中的被告，所作出的与学生的利益有直接利害关系的行为具有可诉性。其裁判理由部分指出："依据《中华人民共和国学位条例暂行实施办法》的规定和华中科技大学与武昌分校之间合作办学协议，华中科技大学具有对武昌分校推荐的应届本科毕业生进行审查和决定是否颁发学士学位的法定职责。因此，华中科技大学是本案适格的被告，何小强对华中科技大学不授予其学士学位不服提起诉讼的，人民法院应当依法受理。"这对高校办学政策、规范性文件规定的理解，特别对如何界定独立学院与其挂名高校诉讼主体资格给出了明确的答案。

除此之外，关于对原告何小强诉高等院校将通过全国大学英语四级考试作为授予学士学位的条件，没有法律依据进行分析。依据《学位条例暂行实施办法》第 25 条规定："学位授予单位可根据本暂行条例实施办法，制定本单位授予学位的工作细则。"该办法赋予学位授予单位在不违反《学位条例》所规定授予学士学位基本原则的基础上，在学术自治范围内制定学士学位授予标准的权力和职责，华中科技大学在此授权范围内将全国大学英语四级考试成绩与学士学位挂钩，属于学术自治的范畴。高等学校依法行使教学自主权，自行对其所培养的本科生教育质量和学术水平作出具体的规定和要求，是对授予学士学位的标准的细化，并没有违反《学位条例》第4条和《学位条例暂行实施办法》第25条的原则性规定。因此，何小强因未通过全国大学英语四级考试不符合华中科技大学学士学位的授予条件，武昌分校未向华中科技大学推荐其申请授予学士学位，故华中科技大学并不存在不作为的事实，对何小强的诉讼请求不予支持。

各高等学校根据自身的教学水平和实际情况在法定的基本原则范围内确定各自学士学位授予的学术水平衡量标准，是学术自治原则在高等学校办学过程中的具体体现。在符合法律法规规定的学位授予条件前提下，确定较高的学士学位授予学术标准或适当放宽学士学位授予学术标准，均应由各高等学校根据各自的办学理念、教学实际情况和对学术水平的理想追求自行决定。对学士学位授予的司法审查不能干涉和影响高等学校的学术自治原则，学位授予类行政诉讼案件司法审查的范围应当以合法性审查为基本原则。作为被授予了法定权力的学位授予权的高校具有行政权和学术权的双重属性。一方面，高等学校是以行政权力组织学校正常运行；另一方面，在这个过程中，又要尊重学术，维护学术自由。把握对学校授予学位行为的司法审查以合法性审查为原则，可以较好地平衡高校自主治校的合理性与以司法审查为代表的合法性。

学位是国家或国家授权的教育机构授予教育者个人，表明其所达到相应的专业水平的一种终身的学术称号。学位授予即是指享有学位授予权限的主体对符合授予资格、具备学位授予条件的毕业生授予学位的行为。对于学位申请者而言，学位是一种管理，授予这一事实是一种不平等的关系，它有支配另一方的强制力量，所以学位授予权是具有国家强制力的权力。同时，学位授予是为了国家的教育事业，它是一种行政公务，因此，学位授予权又是一种行政权。高等学校作为公共教育机构，虽然不是法律意义上的行政机关，但是其对受教育者行使颁发学业证书与学位证书等的权力是国家法律所授予的，其在教育活动中的管理行为是单方面作出的，无须受教育者的同意。华中科技大学作为国家批准成立的高等院校，在法律、法规授权的情况下，负有代表国家向受教育者颁发相应的学业证书的权力，华中科技大学在依法行使这一法律授权时，其作出的是单方面的管理行为。这在之前的"关系不对等性"标准的基础上又新增一个标准即"行政的单方性"，将单方性作为行政关系不对等性的典型体现。

本案中，华中科技大学并非传统意义上做出行政行为的适格主体。但在法律的授权之下，学位授予这一行为实际上是对学生某种学术能力和地位、身份的认定，属于行政确认的性质，是国家通过法律授权学校管理社会的行为。由此可见，国家行政机关并不是认定行政行为的必然要素。

【争议问题探讨】

衡量一个主体是否具有行政诉讼被告资格，起决定性的因素不是该主体本身的性质和地位，而在于其是否运用国家权力积极实现公共利益。《学位条例》第8条第1款规定："学士学位，由国务院授权的高等学校授予；……"本案中的华中科技大学是国务院授权的学士学位授予单位，其作为国家高等教育事业单位，代表国家对受教育者行使授予学位、颁发学士学位证书的职权。一旦其具有国家行政职权的性质，并处分了相对人的权利义务或影响了相对人的权利义务，实现了国家的行政管理职能，就应当认定为行政行为。高等学校作为国家高等教育事业单位和国家公共设施，行使着法律法规所赋予的教育行政职权，这种职能的行使将会给学生带来重大的影响。

把高校列为行政诉讼被告，适用行政诉讼法来解决它与管理相对人之间的行政争议，理顺高校和学生的诉讼法律关系，能够促进高校的良性有序管理，给予学生权利救济的渠道。高校行政诉讼被告主体资格的确认，有利于维护管理相对人的合法利益，监督事业单位、社会团体依法行使国家赋予的行政管理职权，更有利于化解社会矛盾，维护社会稳定。

【深度阅读】

[1] 王名扬：《法国行政法》，北京大学出版社2016年版。

[2] [法] 莱昂·狄骥：《公法的变迁》，郑戈译，中国法制出版社2010年版。

［3］江利红：《行政过程论研究——行政法学理论的变革与重构》，中国政法大学出版社 2012 年版。

［4］章志远：《行政法学总论》，北京大学出版社 2014 年版。

［5］牛凯、毕洪海："论行政的演变及其对行政法的影响"，载《法学家》2000 年第 3 期。

［6］孙森森："公法基础理论的二元构造：公共权力理论与公共服务理论——以《公法的变迁》为中心的考察"，载《金陵法律评论》2016 年第 1 期。

［7］何勤华："法国行政法学的形成、发展及其特点"，载《比较法研究》1995 年第 2 期。

［8］陈天昊："法国行政法的法典化：起源、探索与借鉴"，载《比较法研究》，2021 年第 5 期。

（撰稿人：姬亚平、惠琪萌）

案例2 张某等八人诉晋城市城区钟家庄街道办事处苇匠村村民委员会不履行法定职责案

【案情简介】

（一）基本事实

原告张某等八人系晋城市城区钟家庄街道办苇匠村村民，其承包经营的土地被征收。张某等八人通过政府信息公开得知征地补偿款已于2016年3月23日拨付至苇匠村村委会账户，其中山西省公路局晋城分局拨付11 591 498元，晋城市城区人民政府拨付171 344元，共计11 762 842元。张某等八人认为，村委会具有召集村民会议，讨论制定征地补偿费使用分配方案的职责，该职责属于法律授权事项。苇匠村村委会不召开村民会议并制定补偿费使用分配方案，属于行政不作为。故提起诉讼要求苇匠村村委会履行法定职责。

（二）主要争点

本案的争议点为本案件是否属于行政案件。

（三）裁判要旨

阳城县人民法院一审认为，行政诉讼的被告是行政机关或法律、法规、规章授权的组织。村民委员会并非行政机关，当事人只有对村民委员会依据法律、法规、规章的授权履行行政管理职责的行为不服，方可以村民委员会为被告提起诉讼。村民委员会为村民自治组织，依照法律规定管理本村属于村农民集体所有的土地和其他财产，负责召开村民会议，讨论征地补偿费的使用、分配方案。该职责属其自身的职责，不属法律、法规、规章授权的行政管理职责。村民委员会不依照法律、法规的规定履行法定义务的，可以由乡、镇人民政府责令改正。八原告起诉要求被告苇匠村委履行行政管理职责，不属行政诉讼受案范围。遂裁定驳回张某等八人的起诉。张某等八人不服一审裁定提起上诉，晋城市中级人民法院也认为，根据《中华人民共和国村民委员会组织法》（以下简称《村民委员会组织法》）等法律规定，村民委员会系村民自治组织，是否召集村民会议并制定征地补偿款分配方案应由村集体自己决定，村民委员会自治组织内部事务不属于行政案件受案范围。故裁定驳回上诉，维持原裁定。

【案例解析】

《村民委员会组织法》第 24 条第 1 款规定："涉及村民利益的下列事项，经村民会议讨论决定方可办理：……（七）征地补偿费用的使用、分配方案；……"依照以上规定，讨论征地补偿费的使用、分配方案，属于村民委员会集体组织内部事务。村民委员会属于自治组织，是否召集村民会议并制定征地补偿款分配方案应由村集体自己决定，村民委员会自治组织内部事务不属于行政案件受案范围。对于本案而言，我们需要首先讨论的问题是，村民委员会的该行为是否属于行政权的行使，与村民产生的纠纷是否属于行政纠纷，如果能够成立的话，下一步才能讨论该案件是否属于行政诉讼的受案范围。这就涉及行政的基础理论。

一、行政的基础理论

（一）行政的含义

"行政"一词在不同的历史阶段表达方式也不同，除此之外，对其含义的赋予和解释也不尽相同。从与国家的关联程度来分析，将行政分为两类：一类是认为行政与国家没有特定的联系，是一般的社会管理。例如美国学者怀特在其《公共行政研究导论》中提到：行政艺术乃是为完成某种目的而对许多人的指挥、协调和控制[1]；我国台湾地区的学者把行政的要素总结为 15 个"M"[2]。这种对行政的内涵的理解，将其作为管理学的基本概念是更为妥当的，而如果将其作为行政学中的一个基本单元，则不太恰当。

另一类是把行政看作是国家的活动。行政的主体只能是国家，其他社会组织和个人的管理活动则不属于行政的范畴。但国家的一切活动都是行政吗？

---

〔1〕 ［美］伦纳德·怀特：《公共行政学研究导论》，麦克米伦出版公司 1926 年版，第 3 页。
〔2〕 张金鉴：《行政学典范》，台湾行政学会 1990 年版。

基于这一问题，又分出三类不同观点：第一种观点认为，国家的一切活动都是行政，德国的奥托·迈耶就主张行政是实现国家政治目的的一切活动[1]。日本的田中二郎也主张：行政是依据法律，在法律的约束下，现实中为积极实现国家目的进行的，整体上具有统一性的，连续的形成性国家活动[2]。这两位学者虽然表述有些许差别，但他们都主张行政就是国家的活动，或者说行政是为了实现国家目的而进行的一切活动。第二种观点认为，国家的活动有两部分，一部分是国家意志的制定和表达，另一部分是国家意志的执行和推行，行政就是后者的国家活动。美国学者古德诺在《政治与行政》中提到：在一切政治制度中，只有两种基本的功能，即国家意志的表现和国家意志的执行，前者谓之政治，后者谓之行政[3]。这就是有名的以古德诺为代表的"国家意志执行说"。这种观点开始把国家活动进行不同分类，并限定了行政的范围。第三种观点把国家活动分为立法活动、司法活动和行政活动三部分，行政活动就是除立法、司法活动以外的国家活动。这与孟德斯鸠提出的三权分立思想比较契合，所以被资产阶级普遍接受。正如日本学者美浓部达吉认为行政是除司法、立法以外的一切活动，这就是典型的"除外说"[4]。但这三类观点都有其缺点，第一种观点实际是行政国的观念，与我们现代的行政观不一致。第二种观点虽然进步性地对国家活动进行分类，但未对国家权力细致划分。第三种观点的表述方式就有着自身的缺陷，无法反映行政的实质内容。

目前，学者们采用两种标准来解释行政和划定行政的范围，即实质意义上的行政和形式意义上的行政。实质意义上的行政是从行政的执行性角度出发，不考虑行为主体，只要是国家事务管理和社会公共管理，都属于行政。包括立法机关和司法机关的执行性活动。形式意义上的行政是从执行主体的角度出发，行政机关的一切活动都属于行政范畴，包括行政司法、行政立法。

---

〔1〕　［德］奥托·迈耶：《德国行政法》，刘飞译，商务印书馆2002年版，第8页。

〔2〕　［日］南博方：《日本行政法》，杨建顺、周作彩译，中国人民大学出版社1988年版，第8页。

〔3〕　［美］弗兰克·J.古德诺：《政治与行政》，王元、杨百朋译，华夏出版社1987年版。

〔4〕　胡建淼：《行政法学》，法律出版社2015年版，第4页。

形式意义上的行政又可以分为立法行政、执法行政和司法行政，其主体都是行政机关但其内容完全不同，其中执法行政是最主要的行政，即行政机关执行法律、实施管理的活动。而立法行政和司法行政是现代行政权扩张的结果，现代行政已经不是三权分立意义上的行政，其从立法机关获得一部分立法权，从司法机关获得一部分司法权，由此产生立法行政和司法行政。此外，形式意义上的行政以主体为标准可以进一步分为国家行政、自治行政和委托行政。国家行政就是行政机关作为国家的代表实施的行政活动。自治行政是由于公共事务随着社会发展分化为国家事务和社会事务，社会事务由法律授权的自治组织管理。委托行政是团体或者个人依据行政机关和自治组织的委托而管理特定的行政事务的活动[1]。

我们主张的是实质意义与形式意义相统一的标准，因此，可以将行政定义为：行政主体依法对国家和社会事务进行组织和管理并产生行政法律效果的活动。也可以说行政就是行政主体实施行政权的活动。

（二）行政的演进

1. 早期社会行政。行政，顾名思义就是推行政务，最初意义上的行政就是管理。有了组织就有管理，有了管理就有行政，所以说，行政的历史可以追溯到原始社会，行政的历史源远流长。原始社会时期没有产生国家，但是存在以血缘关系为纽带的部落与氏族，当时社会生产力十分低下且物质严重缺乏，还没有阶级分化。在此时期部落的主要目标是维持自身的生存，因而行政的主要功能是部落首领安排的生产、生活、抚养儿童、照顾老人、进行战争和举行宗教仪式和祭祀等与生存密切相关的活动。这一时期的行政是国家产生之前的社会自治行政。此时的行政不与国家相关，但也并不属于私人行政。之所以与私人行政相区分是因为私人行政是为个体谋私益，在原始社会的这些行政活动是在为社会成员谋公益，故为社会行政。分析行政历史可以发现，行政一词的含义经常发生变化，最初是指私有土地的处理或者商业的管理，后面才被引入政府事务。之所以能被引入政府事务，并不是以国家的存在为前提和基础，而是因为行政一词中包含了"管理"的意思。所以在

---

[1] 姬亚平主编：《外国行政法学》，中国政法大学出版社 2016 年版，第 5 页。

国家产生之前，行政就已经存在了。除此之外，早期的社会行政是自我管理自我发展的自治行政，社会成员既是行政主体也是行政相对人，早期社会行政以社会成员的自觉性为基础。

2. 国家行政。随着生产力的不断发展，逐渐产生了贫富差距，社会成员们的目的不再是统一地维持自身生存，他们之间利益的不一致导致了阶级和冲突的产生。在此情形下，早期的那种社会行政已经不再适宜社会需求，此时国家就成了更有力的载体，社会行政就演变为国家行政。这个时期的行政主要体现在治安、外交、国防等国家事务层面，主要目的是维持国家秩序。与早期社会行政相同的是，早期国家行政也没有行政、立法、司法的划分，但出现了专门的行政组织及行政人员，例如，一个衙门既是行政机关，又是司法机关，普通社会成员无法参与行政，只能作为行政的对象。此外，国家行政以军队、警察、监狱等作为相对人不服从的后盾，此时国家行政的方式具有强制性，相对人处于消极服从的地位。

3. 公共行政。在国家行政模式下，只强调国家对社会的管理，却忽视了公众的需要。由于社会缺乏独立地位，国家和社会关系处理不当，带来了极大的负面影响。二战结束后，在民主浪潮的不断推动下，国家行政逐步转向公共行政，公共行政的出现是对国家行政不足的补充。公共行政的一个重要方面是提高了行政的透明度，吸引社会公众能充分参与到行政活动中，且在进行行政活动的过程中能够听取行政相对人的陈述和意见。另一个重要方面是公共行政追求的是社会正义观念，把满足社会实际需求作为行政目标[1]。公共行政带来了行政实践改革，例如引入听证程序，做到政务公开等都是公共行政的成果。但这并不代表着国家行政没有公众参与也不应当进行行政公开。公共行政是一种参与式行政，其没有完全脱离国家行政的模式，相反，公共行政与国家行政之间存在着密切联系。不同之处在于公共行政中加入了社会的力量。公共行政是介于国家行政和社会行政之间的行政方式。

4. 社会行政。早期的社会行政是在国家未产生的情况下形成的，不以国家存在为基础，而后期的社会行政是国家已经发展到一定高度后形成的，因

---

[1] 牛凯、毕洪海："论行政的演变及其对行政法的影响"，载《法学家》2002 年第 3 期。

此与国家是有关联的。社会行政的形成是基于对国家和社会关系的重新定位，不同于国家行政强调的国家对社会是一种单向管理和公共行政更侧重于强调国家和社会的交互关系，社会行政强调的重点在于社会的自我管理，赋予了社会独立地位，严格划分国家权力和社会自我管理之间的界限。当然，不可能进行完全脱离国家框架的自治。目前，大多数国家都存在自治体系，例如日本的社区法治体系就比较完善，其在地方政府成立了社区建设委员会并出台了《地方自治法》《地方分权一览法》等一系列社区自治法律规范，为基层社会治理法治化提供体系保障。而我国的社会行政主要为两类：基层自治和行业自治。在党的十五大报告中提出了健全和发展城乡基层群众性自治组织，在《中华人民共和国宪法》（以下简称《宪法》）中明确了居民委员会和村民委员会的基层群众自治组织性质，还制定了《中华人民共和国城市居民委员会组织法》和《村民委员会组织法》两部基本法来详细规定自治组织的权利义务。

（三）行政的特征

1. 行政是行政主体的活动。行政主体的定义在学界较为统一，行政主体是指依法拥有独立的行政职权，能代表国家，能够以自己的名义行使行政职权以及独立参加行政诉讼，并能独立承担行政行为效果与行政诉讼效果的组织[1]。在多元化背景下，存在着多元行政利益，传统的行政主体理论往往只注重行政权力而忽视了行政利益，只重视代表国家行使行政权的组织而忽视了社会多元利益团体，此外，传统的行政主体理论只关注到国家行政，而冷落了社会行政。行政有公共行政和私人行政之分，作为行政法学研究对象的行政是公共行政，而公共行政又有国家行政与非国家行政之分[2]。行政法学研究的"行政"主要指的是国家行政，但也包括非国家行政的公共行政[3]。国家行政属于公共行政，但国家行政不等于公共行政。公共行政除了国家行政之外还包括其他非国家的公共组织的行政。大量的非国家的社会组织在公共

---

〔1〕 胡建淼：《行政法学》，法律出版社 2015 年版，第 62 页。
〔2〕 姜明安：《行政法》，北京大学出版社 2017 年版，第 6 页。
〔3〕 薛刚凌："多元化背景下行政主体之建构"，载《浙江学刊》2007 年第 2 期。

管理社会化的趋势下不断涌现出来并发挥重要作用，这些组织在解决一些社会问题上又具有十分突出的能力，发挥出了很好的社会作用，且这些组织的发展能使权利更加多元化和社会化，也能起到防止权利过度集中的作用。非政府组织逐步成为公共事务管理的主体，如工会、妇联等社会团体、律协等行业组织、村民委员会、居民委员会等基层群众自治组织的行政。

2. 行政以行使行政权为核心。即指行政是行政主体实施的国家事务管理和社会事务管理的活动，以国家行政权的运行为核心，也就是说只有行使行政权或体现行政权作用的活动才属于行政活动。由此可知，虽然说法律法规授权的组织、行政机关委托的组织以及各种社会组织都有可能成为行政主体，但前提条件为这些组织只有在行使国家行政权的情况下才能称为行政主体，否则只能是社会组织或者市场主体。

3. 行政是能产生行政法律效果的国家活动。行政是依法行使国家行政权的活动，所以这种活动必须能直接或间接引起行政法律效果。换言之，如果行政主体的活动不会导致行政法律效果或者引发的不是行政法律效果而是其他如民事法律效果的，则不能纳入行政的范围。

（四）行政纠纷的界定

行政纠纷是指在行政活动中，行政主体与行政相对人之间发生的纠纷。实践中，当事人可能会对行政纠纷与民事纠纷的界限不清楚，所以此处围绕行政纠纷的特征来重点阐述行政纠纷与民事纠纷的区别：

1. 争议主体不同。行政争议中必须有一方是行政机关，与行政相对人之间是一种不对等关系，而民事争议中双方当事人处于平等地位。

2. 争议原因不同。行政争议是由行政机关实施行政管理行为引起的，而民事争议是由民事法律行为引起的。

3. 产生前提不同。行政争议是以行政机关行使职权，与相对人之间形成行政法律上的权利义务为前提的。而民事争议则没有此要求。

4. 解决途径不同。行政争议有相当一部分可以通过行政复议、行政裁判、行政诉讼等途径解决，而民事争议经协商不能解决的，都向法院提起诉讼，通过民事诉讼程序解决。

此外，我们需要清楚，不是所有的行政争议都可以进行行政诉讼。是否能提起行政诉讼要看该具体案件是否属于行政诉讼受案范围。

二、村民委员会的地位分析

就社会公权力而言，现代社会大量的社会团体和其他非政府组织因行使公共管理或公共服务职能而成为国家行政机关之外的一种行政主体，国家公权力越来越多地向社会公权力组织转移，尽管在很长一段时期内，国家仍然会是公权力行使的主要主体，但公权力不会再被国家垄断。法律、法规可以授权非行政机关组织行使一定行政职能，使其成为行政主体。本文中主要分析案件中的村民委员会的行为性质。

我国《村民委员会组织法》第2条明确规定村民委员会是村民自我管理、自我教育、自我服务的基层群众性自治组织。但在实践中行使自治权的过程中，村民委员会不可能完全脱离政府的干预。甚至有时会发生主动寻求政府支持的情况，其自治性在很大程度上是被弱化的。还规定了村委会实行民主选举、民主决策、民主管理、民主监督，办理本村的公共事务和公益事业，调解民间纠纷，协助维护社会治安，向人民政府反映村民的意见、要求和提出建议，具体包括发展生产和经济、管理集体土地和财产、宣传法律法规和国家政策等。但从村委会的运行过程来看，村委会行使这些职能的自治行为往往与乡镇政府有关，所以带有行政管理的性质，说其是一种纯粹的自治行为并不妥当。《村民委员会组织法》第3条规定了村委会的设立、撤销、范围调整，由乡、民族乡、镇的人民政府提出，经村民会议讨论同意，报县级人民政府批准。虽然法条中规定必须经过村民会议同意，但实际上启动这一程序必须要看乡镇政府是否提出，而完成这一程序要看县级人民政府是否批准。由此可知，乡镇人民政府和县级政府掌握着村委会能否设立、撤销及范围调整的权力。同时《村民委员会组织法》还规定要在农村基层组织中发挥共产党的领导核心作用，乡镇政府要给予村委会指导、支持和帮助，村委会协助乡镇政府开展工作。由党和村委会以及政府之间的关系可以得出，村委会并非一个单纯的自治组织，其与国家政治存在紧密的联系，在治理过程中对村民的权威性很大程度上依靠乡镇政府的支持。因此，村民委员会具有双重性质：一方面，它是国家的基层权力机构，必然受制于国家；另一方面，它又是国家承认的民间自治机构，享有自治权利。

随着计划经济体制向市场经济体制的转变，非政府组织逐步成为公共事务管理的主体，我国当前的非政府的公共组织包括行业组织、公共事业单位、社区组织等，村民委员会即属于社区组织。而传统行政的权力性的特质已经随着社会的发展和观念的转变，逐渐成为职责性的特质。行政主体的范围也不断扩大，向着公共行政（包含社会行政）延展，不再局限于国家行政。因此使得国家权力从农村抽离，村民委员会代表村民，通过合法途径行使自治权，但村委会在对本村各类事务进行管理时的行为，很多都不会纳入司法监督的途径，而被界定为自治行为，不属于行政活动，因此产生了大量纠纷，所以我们需要根据上文中提到的行政的特征来明确村委会在何种情况下的行为属于行政的范畴。

具体而言，村委会的职能分为以下几类：

第一，法律法规授权的职能。《宪法》和《村委会组织法》只对其职能进行宏观性的规定，并没有授权村委会的某一具体事务，所以此处应该理解为，除《宪法》和《村委会组织法》以外的法律法规为了实现行政管理和服务目的，授予村委会具体行政职权。同时要正确理解法律的"授权"。法律授权必须具备两个条件：一是授权的内容事项要明确；二是授权的组织要明确。比如《中华人民共和国土地管理法》（以下简称《土地管理法》）中授权村民委员会行使经营、管理农村集体土地的权利和依法收回集体土地使用权的权力。在此情况下，村委会是作为被授权组织，在被授权的范围和幅度内以自己的名义独立行使职权，履行行政职责并独立对外承担由此产生的法律效果。其法律地位与行政机关是一致的，其所作的具体行政行为直接影响村民的权利义务，所以属于行政的范畴。但需要注意的是，在非行使行政职能的场合下，村民委员会不享有行政权和行政主体资格，不属于行政范畴。

第二，行政机关委托的职能。我国人口众多，基层社会事务是复杂多样的，仅仅依靠行政机关完全无法全面解决，而村民委员会对乡村治理和村民情况十分熟悉，故政府将部分公共事务委托村民委员会协助完成，与授权事务不同，处理委托事务时村民委员会必须完全按照委托的内容完成委托事务，不能擅自更改。在此情况下，村民委员会实质上是行政机关的代理人，最终产生的法律效果由委托机关承担，而村民委员会作为被委托一方，不具有行政主体资格，不符合行政的特征。

第三，处理自治事务的职能。村民委员会是村民自我管理、自我教育、自我服务的基层群众性自治组织，是在《宪法》和《村民委员会组织法》的授权下对村民事务以村委会的名义独立办理，其自治事务的范围很广，对于涉及村民自己的公共事务以及法律未授权的即为自治范围。包括本村的公共事务和公益事业、提供公共服务、管理村集体财产等。村民自治事务是否属于行政活动，主要是确认村委会实施自治权时是否具有行政主体地位。

自治的目的，无非就是以地方之人治地方之事而间接达到国家行政管理的目的，是国家权力在有关基层群众自治事务上的让渡。当自治事务直接涉及村民集体利益、公共利益和国家利益的时候，村民委员会的自治行为便具有了国家意志性、公共利益性和优越性等特征，属于公共行政的范畴[1]，由此产生行政法意义上的权利义务关系。在这种情况下，村民委员会是具有行政主体地位的，属于行政活动。由于农村自治事务具有多样性和复杂性，村委会在实施自治管理活动时会扮演不同的角色和身份，当村委会实施的是村民会议决定而由村委会执行的自治事务时，由于村委会没有添加其独立意志仅仅是执行这些决定，在这种情况下，村民委员会不具有行政主体的地位，不属于行政活动。

此外，判断村委会的行为是民事行为还是行政行为，一个标准是看其从事活动所要实现的直接目的是什么。根据上文提到的关于村民委员会职权职责的规定可以看出，在一定范围内，村民委员会的活动的目的是实现村民集体利益和公共利益，其行为属于公共行政的范畴。例如，在土地管理、"城中村"改造等领域，村民委员会基于行政法规和规章的授权参与其中，其行为是为了实现国家对特定事务的管理目的，从而直接服务于公共利益。因此，村民委员会的这些活动被视为行政行为，而非普通民事行为。由此产生的争议也不属于平等主体之间的争议，无法通过民事诉讼解决。

---

〔1〕 侯勇、刘白鸽："村民委员会行为纳入行政诉讼受案范围相关问题研究——以"城中村"改造的基层社会治理法治化为视角"，载《山东法官培训学院学报》2021年第3期。

三、小结

在本案例中，张某等八人请求村委会召开村民会议，讨论制定征地补偿费使用分配方案，认为该职责属于法律授权事项，苇匠村村委会不召开村民会议并制定补偿费使用分配方案，属于行政不作为。要解决该争议，实际上就是需要我们厘清村委会的被诉请行为是否属于行政的范围，这需要进行探讨。

界定一个行为是否属于行政的范畴，根据上文所述，要符合行政的特征，其构成要素缺一不可：

第一，主体要素。行政是行政主体所作出的行为。上文提到，我国学界对行政主体的特征认知为：拥有国家行政职权，以自己的名义行使该职权；独立承受因行使该职权产生的后果。我国行政主体目前包括行政机关以及法律、法规授权的组织，但随着国家的成熟，行政机关面对涌现出的各类行政任务显得力不从心，行政主体会逐渐增加，呈现多样化的特点，此时王名扬对行政主体提出的职务性的特征就逐渐显现[1]。国家在不同地域和不同事务之间的分权变得尤为重要，所以，村民委员会等自治组织浮现，在行使自治事务的同时又辅助了国家行政管理职能的实现。其职权包括了管理本村公共事务和公益事业，维护公共秩序、协助基层人民政府开展工作、接受乡镇政府的委托和指导、经营和管理村集体财产等。辨识村民委员会的行为是否属于公共行政的一种，对于村民委员会能否具有行政主体资格有着重大意义。因此，对于村民委员会主体资格的认定，应当考虑到其是在行使法定自治权还是正在承担原本应该由国家行政机关承担的公共行政管理职能，以此来进行界定。当村民委员会履行或者不履行法律、法规、规章授权给它的行政管理职责时，其具有行政主体资格，而在处理行政机关委托其处理的事务以及对本村未涉及村民集体利益和公共利益的自治事务进行管理时，其不具备行政主体资格。在本案例中，村委会召开村民会议，讨论制定征地补偿费使用分配方案属于《村民委员会组织法》第 24 条规定的村民委员会自治权事项，

---

〔1〕 王名扬：《法国行政法》，北京大学出版社 2016 年版。

并非法律、法规、规章授权的行政管理权，因此在该案例中村民委员会不是行政主体，不符合主体要素。

第二，职权要素。要求以行使行政权为核心，进行行政管理。行政职权是行政主体依法享有的对某一类或某一行政事务以特定的行为方式进行管理的权力，是行政主体实施国家行政管理活动的资格及权能。行政主体是行政职权的享有者和实施者，行政职权是国家行政权的外在形式，是行政主体将其本身所拥有的抽象的国家权力具体地表现出来。行政职权依照其来源分为固有职权和授予职权。固有职权随着行政主体的设立伴随而生，随着行政主体的消灭而消失。授予职权则是由法律、法规或有权机关的授权行为而产生的。此外，行政职权是有限度的权利，它是由国家权力机关因社会公共管理分工的不同而进行的功能性划分，并由国家根据这种划分作出授予，被授予者也需要对权力有明确的认知，从而掌好权、用好权。在本案例中，原告诉请的村委会召开村民会议，讨论制定征地补偿费使用分配方案的行为属于本村自治事务，首先其在此情况下并不是行政主体，其次其也没有享有行政主体依法享有的行政职权，再有村委会召集会议，讨论执行补偿使用分配方案也没有与村民之间形成管理与被管理的行政关系，所以这个要素也不具备。

第三，法律要素。行政活动是行政主体实施的能够产生行政法律效果的行为。也就是说应该发生相应的法律效果，进一步说，是发生行政法上的效果。此种行为将会形成相应的法律关系，并足够导致当事人之间的权利义务的得失变更。法律效果以行为作用对象的范围为划分标准，分为内部效果与外部效果，也就是内部行政行为与外部行政行为。外部行政行为是对相对人所作出的发生法律效力的行为；内部行政行为是行政主体在内部行政组织管理过程中所作出的在其内部产生法律效果的行为。一般具有可诉性的是外部行政行为。那么怎么界定有无产生法律效果？法律效果指行为主体通过其意志行为来直接设立、变更、消灭或者确认某种权利义务关系。只有当该主体的这种意思表示具有为相对人设立、变更、消灭或确认了某种权利义务关系，这种意思表示才具有了法律效果。如果该主体的行为没有针对行政相对人设定、变更、消灭或者确认某种权利义务，那么该行为就不具备法律效果，不是法律行为，自然也就不构成行政行为[1]。在本案例中，假设村委会召开了村民会议讨论制定征地补偿费使用方案，那么村委会的此行为是否具有行政法上的法律效果？事实上，村委会召开村民会议并没有想要对相对人设立、变更、消灭或确认行政法上的权利义务关系的意思，此外，土地补偿费是归农村集体经济组织所有的，村委会是否要召开村民会议讨论制定征地补偿费的使用、分配方案是由村集体自行决定，属于村委会集体组织内部事务，内部事务不直接涉及村民的集体利益或公共利益，因此不具有国家意志性、国家利益性等，不属于公共行政的范畴，也不会产生行政法上的权利义务关系。故也不具备该要素。

因此，原告张某等八人诉请苇匠村村委会履行法定职责一案中，其诉请事项并不属于行政活动的范围，而是村民委员会自治事务，因此，其不属于行政纠纷，更不能以此提起行政诉讼。

【争议问题探讨】

文中论述道，当村委会实施自治权不是为了实现国家对特定事务的管理目的时，其没有承担公共管理职能，仅是执行村民会议的决定或履行法定的自治事务，不符合行政的特征故不属于行政活动。但从结果来看，村委会的一些自治行为与村民之间似乎也产生了某种权利义务关系，对村民的权利产生了影响，一方权利可以影响另一方权利的话，那么自治权实质上是否是一种具有支配性质的权利？由此，村委会实施自治权的时候与村民之间是普通的平等主体间的民事关系还是一种不平等的管理关系？其自治行为在本质上是否带有一定的公权力色彩？自治权属于权力还是权利，一种观点认为自治权是村民将某些权利让渡给村委会从而形成自治权，这类似于国家成立之初，公民将其部分权利交给国家使国家拥有了权力；另一种观点认为村委会的自治权是一种权利，是一种村民权利的集合。总之，行政主体的外延在不断扩大，还需进一步思考社会自治组织的具体行为属性，将其更详细地界定，在纯粹的自治行为和带有公共行政管理色彩的自治行为之间确定一条明确的界

---

〔1〕 叶必丰："具体行政行为的法律效果要件"，载《东方法学》2013 年第 2 期。

限，有助于司法实践中法院处理类似棘手问题，防止不同法院对村委会自治行为的行政可诉性产生不同理解。

【深度阅读】

[1]［德］奥托·迈耶：《德国行政法》，刘飞译，商务印书馆 2002 年版。

[2]姬亚平主编：《外国行政法学》，中国政法大学出版社 2016 年版。

[3]［日］南博方：《日本行政法》，杨建顺、周作彩译，中国人民大学出版社 1988 年版。

[4]王名扬：《法国行政法》，北京大学出版社 2016 年版。

[5]胡建淼：《行政法学》，法律出版社 2015 年版。

[6]姜明安：《行政法》，北京大学出版社 2017 年版。

（撰稿人：姬亚平、李千玉）

案例3 陈浩杰诉深圳市律师协会投诉处理答复纠纷再审案

【案情简介】

（一）基本事实

本案中上诉人（原审原告）为陈浩杰，被上诉人（原审被告）为深圳市律师协会。上诉人陈浩杰因与被上诉人深圳市律师协会投诉处理答复纠纷一案，不服广东省深圳市盐田区人民法院（2019）粤0308行初2301号行政裁定，向深圳市中级人民法院提起上诉。

（二）主要争点

本案的主要争议焦点在于上诉人的起诉是否属于人民法院行政诉讼的受案范围，及律师协会对律师的违规处分是否具备行政可诉性。

（三）裁判要旨

二审法院认为，根据《中华人民共和国律师法》（以下简称《律师法》）第46条第1款第7项的规定，律师协会负有受理对律师的投诉或举报的法定职责。律师协会根据《律师法》的授权，针对相关投诉所作出的处理决定，属于人民法院行政诉讼的受案范围。故本案上诉人就被上诉人深圳市律师协会针对其投诉事项所作出的投诉处理决定，向原审法院提出起诉，属于人民法院行政诉讼的受案范围。原审法院以涉案投诉处理不属于人民法院行政诉讼受案范围为由，裁定驳回上诉人的起诉，适用法律错误，依法应予撤销。

【案例解析】

本案从表层上看，是一个有关受案范围的问题，深层上是关于行政的本质是什么，也就是说，行政的内涵和外延是什么的问题。在回答是否属于行政诉讼受案范围之前，首先应当回答行政的特征有哪些，范围有多大。根据《行政诉讼法》第2条第2款之规定，行政行为包括法律、法规、规章授权的组织作出的行政行为，若当事人认为该行政行为侵犯其合法权益的，有权依法向人民法院提起诉讼。同时根据《最高人民法院关于适用〈中华人民共和国行政诉讼法〉的解释》第 24 条第 3 款之规定，当事人对律师协会依据法律、法规、规章的授权实施的行政行为不服提起诉讼的，以该律师协会为被告，进一步明确律师协会依法可以成为行政诉讼中适格的被告。

在另一案件中，即济源市律师协会（被上诉人）作出处分决定，对上诉人党俊卿的实体权利义务产生较大影响，上诉人不服该处分决定提起的诉讼，也属于人民法院行政诉讼的受案范围。该案中律师协会对律师的惩戒权力来源于法律的授权，行为构成法律授权实施的行政行为，惩戒具备行政可诉性，属于人民法院行政诉讼的受理范围。

根据当前观点，律师协会纪律处分决定具备行政可诉性，当然属于人民法院受理行政诉讼的受案范围，因此律师协会具备行政诉讼主体资格，其行为可由行政诉讼法调整是毋庸置疑的。那么，为什么说律师协会的纪律处分具有行政性质，行政行为的认定标准是什么，到底什么叫作行政，行政具有哪些特点。笔者将从以下几个方面来讨论：

一、律师协会纪律处分决定的行为性质分析

（一）主体分析

在探讨律师协会纪律处分决定的行为性质之前，笔者将先对律师协会这一主体性质进行分析。律师协会是依据《律师法》设立的社会团体法人，是律师行业的自律性组织，依法对律师行业实施自律性管理。它并不是一般意义上的行政机关。律师协会有权依据章程对律师进行惩戒，则表明双方并不处于一个平等地位，当律师的合法权益遭到律协的不法侵害后，律师将无法通过提起民事诉讼来维护自己的权益。如果通过行政诉讼渠道来维权，则涉及律师协会行政诉讼主体资格认定问题。

我国现行《行政诉讼法》中规定公民、法人或者其他组织认为行政机关和行政机关工作人员的行政行为侵犯其合法权益，有权依照本法向人民法院提起诉讼。前述行政行为包括法律、法规、规章授权的组织作出的行政行为。由此我们可以看出，行政诉讼法承认行政机关以及授权组织的行政诉讼主体资格。

那么，律师协会的纪律处分权是该组织的自治权还是法律法规授予的行政权？如果是自治权的话，仍然不属于行政的范围。法律思维的基本模式是逻辑学上的三段论，例如，法律规定杀人者偿命，张三杀了人，所以张三应当偿命。本案的讨论也是如此，首先要搞清楚大前提，即什么是行政，然后才能回答律师协会的处分行为是否属于行政行为，下一步才能讨论是否属于法定的受案范围。然而，行政具有一张普罗透斯的脸，从古到今，行政的内涵和外延在不断地演变，这就为确定行政的定义带来了困难。有学者从管理功能的角度解释，认为一切管理都是行政；有学者从三权分立的角度出发，认为行政是与立法、司法并立的"三权"之一；然而由于行政的变动性，从定义出发去学习一门学科，从定义角度去解释行政，这一做法似乎并不可取。正如德国公法学家梅耶叹息道："行政只能描述，而不能定义。"[1]

从传统意义上来说，行政法上的行政即指国家行政，大部分学者认为，行政即指依法拥有独立的行政职权，能代表国家，以自己的名义行使行政职权以及独立参加行政诉讼，并能独立承担行政行为效果与行政诉讼效果的组织。

根据这一定义我们可以看出，一个组织要想成为行政主体必须满足能够独立承担行政诉讼效果这一前提。而根据《行政诉讼法》的规定，具有行政诉讼主体资格的前提是该组织是行政主体。因此我们不难得出这一结论，一个组织要想成为行政主体，必须满足能成为行政诉讼被告这一条件，而想成为行政诉讼的被告又必须成为行政主体。这便陷入一个逻辑怪圈中，导致行政主体与行政诉讼的被告完全等同这一现状。我国行政主体的范围限定在了行政机关以及法律法规授权的组织两类中，而当前行政诉讼主体资格的确认则以行政主体为唯一标准。因此行政诉讼被告的范围仅包括行政机关及授权组织两类，这便导致行政主体与行政诉讼被告相等同，要从根本上解决问题，必须回答行政的本质是什么。

但是，行政的定义不断地随着国家任务的发展而发展。最初行政法上的行政指国家行政，主要是由国家行政机关对国家事务进行管理。但随着公共

---

[1]　陈最霞："论村民自治组织的行政主体地位"，中国政法大学2004年硕士学位论文。

事务变得复杂与多样，单靠国家层面即行政机关来进行调控便显得力不从心，政府以外的社会公共组织开始替国家分担，承担一些管理公共事务的职能。[1] 国家行政观念便逐渐向公共行政转变，行政法的调整范围不再仅着眼于"公共权力"，一些非政府组织从事的公务活动也被纳入考虑范围之内。

我国现行《律师法》第 43 条第 1 款明确规定"律师协会是社会团体法人，是律师的自律性组织"。我国律师业发展之初，行政权力在律师管理中占据主导地位，我国律师最早是作为国家工作人员为民众提供法律服务，律师群体由司法行政机关单一管理。随着律师制度的改革，我们已经逐步建立起司法行政机关的行政管理与律师协会行业管理相结合的管理体制。[2]

正如上文所提到，传统意义上的公共管理由行政机关来行使，但随着日益增长的公共需求，大量非政府组织承担"间接行政"的功能，分担公共行政职能。律师协会便在分担公共行政职能的背景下形成，开始行使过去由政府部门行使的管理职能，比如制定章程、征收会费、对律师进行纪律处分等。律师协会无疑成为非政府公共组织的典型代表之一，成为分担公共行政的主体。

传统的行政主体观念已经发生变化，是否具有公法人身份不再作为界定行政主体的标准，判断某一组织是否是行政主体要结合组织形式、活动规则、权力与行为的性质等来综合判断。由此我们可以推断出，行政主体的范围不再应仅包含行政机关和法律、法规授权的组织，还应当包括分担公共行政的非政府公共组织。行政法的调整对象不应仅限于政府行政，社会组织行使公共权力也应纳入其调整范围当中。

从定分止争的司法角度考虑，我们应将问题的关键放在如何解决问题上，不该再探讨律师协会是否具有行政主体资格、能否成为行政诉讼的被告，我们可以直接把律协作为一类新的自治主体去看待，从而可以更好地研究他们在行使公权力的过程中产生的法律问题。何海波教授在《〈行政诉讼法〉学者建议稿》中提出，主张村委会与其成员在自治管理中发生的权益争议适用行

---

〔1〕 程滔："从自律走向自治——兼谈律师法对律师协会职责的修改"，载《政法论坛》2010 年第 4 期。

〔2〕 王进喜："论《律师法》修改的背景、原则和进路"，载《中国司法》2017 年第 11 期。

政诉讼法的规定。[1]这种做法避开了村委会在哪些情况下是法律法规授权的行政主体的分歧，将村委会的自治行为纳入行政诉讼之中，缓和了村民权利难以救济的尴尬场景。在探讨律师协会对律师进行惩戒的相关问题上，也不应过多纠结其主体资格问题，而应着眼于纠纷的解决。只要是自治组织的活动都属于行政的范围。这也是行政诉讼的起源地法国以及其他大陆法系国家的普遍做法。

最初意义上的行政等于国家行政，然而由于社会公共事务的膨胀，国家行政机关日渐不能完成任务，于是社会行政组织应运而生，协助国家行政机关进行行政活动。这类组织又可以根据其性质分为地域性组织和行业性组织，前者如村委会，后者如律师协会、足球协会等。我国法律至今仍然将自治组织理解为法律法规授权的组织，根据《最高人民法院关于适用〈中华人民共和国行政诉讼法〉的解释》第24条第3款之规定，当事人对律师协会依据法律、法规、规章的授权实施的行政行为不服提起诉讼的，以该律师协会为被告。该条法律规定进一步明确了律师协会依法可以成为行政诉讼中适格的被告。上述案例中法院的裁判理由也认同律师协会的被告资格，律师协会根据律师法的授权，针对相关投诉所作出的处理决定，属于人民法院行政诉讼的受案范围。

这种模式的立法仍然在理论上和司法中留下了争议，即自治组织的自治行为和授权行为如何区分。律师协会对律师的惩戒权力来源于法律的授权，其行为构成法律授权实施的行政行为。但是，律师协会的其他行为，如对律师组织培训属于行政行为还是自治行为仍存在争议。如果律师没有完成培训任务会影响到职业资格的审核，尽管审核工作由司法行政机关进行，但是培训工作是由律师协会组织的。同样，村委会在行使法律授权的行为时自然可以成为行政诉讼被告，但对于村委会的自治行为，如确认村民资格，其是否具有被告资格还存在争议。

（二）行为分析

律师协会对律师行使惩戒权的行为是在行使法律授权的行为，在这种情

---

〔1〕　张震、杨曦："村委会自治行为之行政可诉性分析"，载《湖州师范学院学报》2018年第7期。

况下律协当然可以成为行政诉讼的被告，但律师协会的行为就可以当然被定性为行政行为吗？笔者将在下文展开论述。

行政行为这一概念最早起源于法国，传统意义上的行政行为被称为公共权力行政，类似于法院的判决，行政机关对相对人的处理决定具有法律上的约束力。相对人必须服从主权者单方的决定或命令，这便是行政行为的本质所在。法国学者对行政行为概念的理解主要分为三类。第一类即形式意义上的行政行为。这种分类以行政机关为标准，行政行为便是行政机关实施的，与立法机关、司法机关的行为相区别的行政行为。第二类是实质意义上的行政行为，该分类表明行政行为是普遍性规则作用于具体事件的行为。第三类是功能意义上的行政行为，这是以行为的效果为标准。[1]功能意义上的行政行为是行政机关作出的产生行政法律效果的行为，也包括私人由于法律或行政机关授权执行公务时所采取的某些产生法律效果的行为。功能意义上的行政行为目前已成为法国行政法的通说。

我国的行政法学始于清末维新变法，当时主要学习和借鉴日本的行政法学。行政行为这一概念是在翻译和介绍日本行政法学的过程中传入我国的，而日本又是在明治维新之后对法国德国相关理论进行的引入，因而，大陆法系国家的理论是一脉相承的。我国学界目前关于行政行为概念的观点有近十种之多，行政行为概念的界定与厘清问题逐渐引起了人们的关注。

厘清行政行为概念，有助于争议的解决。我国行政行为这一概念是与民事行为相对的一个概念。行政行为是特定主体具有行政职权因素的行为，行政主体与当事人之间处于一个不平等的地位，这点相异于民事行为。当涉及诉讼程序，行政诉讼与民事诉讼的受案范围、诉讼程序也不尽相同。因此确定一个行为的性质，认定其到底属于行政行为还是民事行为，从而才能准确划分是进入行政诉讼领域还是民事诉讼领域。一个行为是否属于行政行为，对相对人来说，是其是否能获得行政诉讼救济的前提；对人民法院来说，是其是否有权进行司法审查的前提。判断主体行为是否属于行政行为，是相对人能否通过行政诉讼渠道获得救济的关键。

---

〔1〕 王名扬：《法国行政法》，北京大学出版社 2016 年版，第 3 页。

在上述案例中，律师协会对律师进行纪律处分，从主体方面来看，法律授权律师协会对律师进行惩戒，律协作为授权的主体属于行政诉讼法规定的行政主体。律师协会属于行政主体并不能代表其惩戒行为当然属于行政行为，因为行政诉讼法上的行政行为特指外部行政行为，对于内部行政行为是不能提起行政诉讼的，例如公务员不得起诉所属行政机关的处分行为。至于律协对违规律师的处分行为，有观点认为该行为属于律师行业内部管理行为，律师并不能提起行政诉讼。笔者认为，律师加入律师协会并具有会员身份，律协根据内部违规处分规则对律师予以处分，这并不属于单纯的内部管理不可诉行为。因为首先律师协会制定处分规则便是依据《律师法》的授权，其次处分行为对律师的实体权利义务产生较大影响，律师协会是依据法律法规的授权进行处分，这便表明双方处于一个不平等地位，律协的行为影响律师的权益，律协与律师的关系是管理与被管理的关系，律师属于律协的行政相对人，律师协会的行为当然属于行政行为，自然可以划入行政诉讼领域进行调整。

二、律师协会主体性质再分析

（一）"公务法人"概念的引入

经上文分析，律师协会对律师行使惩戒权作出纪律处分决定，是行使法律法规授权的行为，我国行政诉讼法承认行政机关以及授权组织的行政诉讼主体资格。

但当律协作出的其他侵害律师具体权益的但未经法律授权的行为时，因为没有具体授权，律师便无法提起行政诉讼来维护自己的合法权益。因此我们主张概括性地认可自治组织的行政主体资格，即行政主体包括国家行政机关和社会自治组织两种，只要是依法成立的自治组织自然取得行政主体资格。这也是大陆法系国家的普遍做法。当律师协会超过授权行政的范围时，由于其具有行政主体资格，其所做出的侵害律师权益的行为，律师都能通过行政诉讼这一途径来维护自己的权益。

这一做法的理论基础是公务法人。公务法人的理论散见于法国和德国的行政法教材中。公务法人的概念，简而言之，就是承担公共行政事务的组织。

大陆法系国家将行政主体制度分为三种类型，即国家行政主体、地方行政主体和承担公共服务的其他主体。[1]前两类主体都属于行政机关，公务法人则属于第三种类型，是承担公共服务的社会主体，被称作第三部门（政府和个人之外），属于间接行政。

最近几年，我国学界关于公务法人的讨论并不多，在现行法律制度中，行政主体包括行政机关和法律法规授权的组织两大类。不同于法国、德国的行政主体理论，我国将行政机关以外承担公共服务职能的组织称为"法律、法规授权的组织"。正如上文所述，随着行政事务的扩张，越来越多的组织、社会团体开始承担公共服务，而这些公共服务之前都是由政府包揽甚至垄断的，但是政府日益显得力不从心，因而第三部门应运而生并获得立法机关的认可。由于我国一直坚持主体一元论，将国家视为行政的唯一主体，各种企事业单位和社会团体从属于政府，因此虽然大量承担公共服务，但行政主体地位没有得到统一的认可。企事业单位和社会团体疏解政府职能，承担公共行政事务，与相对人之间建立的并非平等的权利义务关系，其掌握的权力难免会侵犯到相对人的具体权益。因我国行政主体理论的单一与僵化，第三部门并不被视为行政主体范畴，相对人被侵害的权益得不到救济。因此我们应对承担公共服务职能的主体从理论和制度层面进行承认和调整，在我国探索建立并引入公务法人制度，完善行政主体理论，并在实践层面上使得行政争议都能得到有效解决。

（二）国外公务法人制度介绍

以法国、德国为代表，公务法人制度在大陆法系国家已经发展得相对成熟，在英美法系国家虽然没有公务法人制度，但存在着相应的行政主体理论。

几乎所有的国家都存在类似法国的公务法人制度，不过各个国家的称呼不同。在英国，类似公务法人的机构被称作"公法人"。[2]英国的公法人存在于中央政府和地方政府之外，是从事某种特定公共事务的机构，享有一定独立性并单独存在，具有独立的法律人格。在19世纪，公共服务事务大量涌

---

〔1〕　王芳："公务法人制度在我国的引入"，载《沿海企业与科技》2010年第10期。

〔2〕　左然："公务法人研究"，载《行政法学研究》2007第1期。

现，而这种事务又不适合用传统的行政方式处理，因此开始出现大量的"公法人"来处理行政事务。

法国作为传统意义上的中央集权单一制国家，关于行政主体主要包括两类。第一类是国家及其下的各级地方自治团体。该类行政主体以国家为典型的代表，涉及所有统治及行政事务，学理上称之为"一般公法人"。这类公法人是以地域为基础的行政主体，具有广泛的行政职能。第二类是"公共服务机构"，学理上称其为"特别公法人"。[1]法国法律称这类具有独立人格的公务机关为公共设施或公共机构，也译为公务法人。公务法人制度在法国产生的根源是基于政治性分权和技术性分权的需要。

在德国，公共行政的承担者，可以是国家行政组织，也可以是法律上有独立法律能力的社会组织。国家行政可以分为直接国家行政和间接国家行政。直接国家行政是指公共行政由行政当局进行，间接国家行政则是由与行政当局分离，具有行政法能力、独立的公法人进行的。

（三）我国公务法人制度的构建

对于我国来说，"行政主体"作为一个舶来品，这一概念和理论体系改良后扎根于本国制度，这便导致我国行政法在理论层面较为肤浅，并且在实践层面难以操作。我国行政法理论中并没有关于公务法人的概念，但基于越来越多的非政府组织与社会团体开始承担公共职能，由此引发的矛盾与争议，导致在我国探索建立公务法人制度也迫在眉睫。

我国当前行政主体理论将行政主体的范围限定为行政机关和法律法规授权的组织两个类别。该理论虽然借鉴于法国、德国，但与国外的行政主体理论差别很大。在我国，行政主体的概念基本上相当于一个拥有行政管理权的组织，在公共服务需求显著增长之前，更多的是由政府作为一个大管家，承揽一切公共服务，各个社会组织和团体还未受政府的委托或者授权来提供服务，此时行政主体一元论便能化解纠纷。但随着我国由计划经济走向市场经济，社会功能逐渐细分，负担过重的政府无法很好地提供公共服务，使得公共服务效率和质量低下，大量非政府组织、不具有行政主体资格的组织开始

---

[1] 姜广俊："公务法人制度探讨"，载《学术交流》2008 年第 4 期。

承担公共行政职能。由于我国当前理论的缺失，社会组织和团体的行政主体地位没有得到普遍、统一的认可，对其引发的公法争议不能提起行政复议或诉讼，造成公众权利救济的真空。

上述案例分析中明确表明当事人对律师协会依据法律、法规、规章的授权实施的行政行为不服提起诉讼的，以该律师协会为被告，进一步明确律师协会依法可以成为行政诉讼中适格的被告。这是因为律师协会的惩戒行为事先有法律的授权，并且我国行政主体理论承认授权组织的行政主体资格。但法律的制定总存在一定的滞后性，律师协会惩戒行为因为法律的事先授权可以认定为行政行为，那么肯定会存在律协行使其他未经授权的行为引发争议的情况，此时受限于我国行政主体理论的缺陷，该争议同样使得相对人权利无法得到救济。因此我们应从行政主体理论出发，在我国探索建立公务法人制度。

我国行政法中没有"公务法人"的概念，但在法律实践中，法律法规授权的组织按其性质应与公务法人非常类似，但也有区别。法律法规授权组织只有在行使被授权职能时，才能成为行政主体。笔者探讨建立的公务法人制度，是想将其纳入行政主体的一种，法律、法规授权组织只有在行使法律、法规所授权的行政职能时才能享有国家行政权力、承担行政法律责任；在没有授权时，它们只是作为一般的民事主体，此时这些组织的行为便无法受到行政法规制。法律、法规授权组织依照具体的法律、法规授权行使特定行政职能，具有公共行政的性质，公务法人行使公共管理的职能，也具有公共行政的性质，二者的行政职能存在一定程度上的重合。因此我们可以把法律、法规授权组织中的一些社会团体、企业与事业组织等设定为公务法人。将律师协会纳入到公务法人范畴，当律协提供非经法律授权的公共服务时，也能做到权责一致，使公众权利得到救济。

三、小结

探讨行政的本质属性，我们应该从概念入手，概念是逻辑思维的基本形式，概念如果不确定、不明确，则不能正确反映客观事物的本质，难以正确思考问题和有效表达思想。学界对于行政的定义问题持有两种不同的态度，即积极定义说与消极定义说。积极定义说主张对行政要进行明确、积极的定义，我国学者更多持积极定义说，给行政下了多种积极定义。消极定义说的学者认为，受各种因素的影响，给行政下一个统一的、能涵盖各种可能的定义非常困难。行政的内容广阔复杂，简短的几句话很难揭示行政的内容及其特性。消极定义说的学者主张对行政的定义采取"排除说""控除说"或者"除外说"等方式。[1]

我国行政法学界对行政的通识定义，是指国家行政机关和法律、法规甚至规章授权的社会组织及其工作人员行使国家行政权力或执行国家公务的活动。该定义对行政就从主体上进行了限制，必须是行政机关以及授权组织作出的行为才有可能属于行政，这就将村委会的自治行为、高校的非授权行为彻底排除在外。村委会的自治行为明显带有公共行政性质，与村民之间不是平等的民事主体关系，但因现有行政主体理论以及法律规定，争议无法诉诸法院，通过行政诉讼法的规定予以解决，村民的合法权益更没有途径来得以保障。

对行政内涵的揭示，应弱化对行为主体的强调，更多对行政符合的属性予以描述，给予非行政性国家机关、一般社会组织的行为纳入行政范畴的可能。为此，行政可进行如下定义：行政是为了执行法律而依法运用行政权对国家事务和社会公共事务进行组织、管理、协调的活动。

其中，国家事务对应的主体为行政机关。社会公共事务的主体除授权组织外，还自然包括村委会、行业协会等组织，因此对行政的这个定义没有从主体方面进行限制，使行政包含了更多种可能。从这个定义出发，目前存在的诸多争议便能得到一定程度的解决，并且随着时代发展，各种新兴组织的行为也有可能属于行政行为，纳入行政诉讼受案范围之中去考虑。

法治国家中，强调法律之外无行政。所有行政必需受制于法，因此行政主体的职权必须法定，但是，根据行政行为对相对人权益的威胁大小不同，不同的行政方式受法律羁束的程度不同，总体上讲，处罚、强制、征收等侵益性行为受法律羁束程度强，授益性行为受法律约束弱。现代政府正在由管理型政府转向服务型政府，法律规定的自由裁量权越来越大，实体控制转向

---

〔1〕　刘志坚："对行政与行政法概念的重新阐释"，载《科学经济社会》2005 第 1 期。

程序控制。法律规定的行政主体的范围应当进行较少的限制来应对社会发展所出现的新兴组织等情形的出现；传统行政还具有强制性的特点，行政主体与相对人之间的关系不同于民事主体之间的平等关系，行政主体可以通过自身职权迫使或者禁止相对人作出某种行为，实施某种活动，具有直接支配相对人的强制命令力量。但是，现代行政强调民主性，行政活动大量使用协议的方式完成，出现了民事合同与行政协议并存的局面，这都给行政的认定带来挑战。

【争议问题探讨】

依据我国当前行政主体理论来看，律师协会这一主体只有在特定条件下才具有行政主体资格。我国现行《行政诉讼法》规定行政主体主要包括行政机关以及法律法规授权组织两类。律师协会对律师进行纪律处分属于行使法律授权的行为，此时律协成为授权组织，因纪律处分产生的纠纷属于行政诉讼的受案范围。社会组织因行使法律、法规授权的行为而产生的争议属于行政诉讼范围，这一点不存在争议。不只将视野放在律师协会这一自律性组织，村委会、高校等组织在行使法律法规授权行为时的主体性质不存在争议。

当该类组织的行为没有法律授权时，依据当前法律规定自然不能成为行政主体，该类组织与当事人之间又确实处于一个不平等的地位。因此，我们应重新思考授权组织的非授权行为的行为性质，探索行政主体理论的重构。以律师协会为例，也应将其非授权行为纳入行政视野。当前关于行政主体的定义从主体角度出发，因而将其他同样具有公权力性质的社会组织排除在外。我们应将关注点聚焦于行政的性质与特点，给社会组织成为行政主体一定的可能。参考法国行政主体理论，引入"公务法人"制度，从主体层面肯定律师协会的行政主体资格，使权益受到侵害的当事人都可以通过行政诉讼维护自己的合法权益。

【深度阅读】

[1] 翁岳生主编：《行政法》，中国法制出版社 2009 年版。

[2] 王名扬：《法国行政法》，北京大学出版社 2016 年版。

（撰稿人：姬亚平、杨森）

专题二　行政法律渊源

案例 1　徐丽娟诉黑龙江省大庆市林甸县住房和城乡建设局行政处罚案

【案情简介】

（一）基本事实

2001 年 10 月，为行走方便，徐丽娟在其购买的林甸县林甸镇大祁街南一段路东侧房产综合楼 16 号楼一室半房产处搭建铁木结构室外楼梯一座。2006 年 7 月 15 日，本案第三人陈淑清通过拍卖形式，竞买到位于徐丽娟搭建室外楼梯下方的半地下商服房产，因该楼梯的存在使第三人陈淑清的经营受限，陈淑清遂举报至林甸县城市管理行政执法局。该局经调查，于 2008 年 8 月 6 日向徐丽娟下达了庆城管林甸罚字（2008）第 0900451 号行政处罚决定书，责令徐丽娟在接到决定 7 日内拆除搭建的室外楼梯。徐丽娟遂向林甸县人民法院提起行政诉讼，要求撤销庆城管林甸罚字（2008）第 0900451 号行政处罚决定。在诉讼期间，林甸县城市管理行政执法局认为其作出的行政处罚决定存在不当之处，主动撤销其作出的庆城管林甸罚字（2008）第 0900451 号行政处罚决定。

2009 年 5 月 31 日，林甸县城市管理行政执法局受林甸县建设环境保护局（现为林甸县住房和城乡建设局）的委托，以林甸县建设环境保护局的名义对徐丽娟作出林建执罚字（2009）第 001 号行政处罚决定书（本案例中简称

001 号行政处罚决定），限定徐丽娟在 2009 年 6 月 8 日前拆除搭建的室外楼梯。徐丽娟不服，在法定期限内向林甸县人民法院提起行政诉讼。林甸县人民法院经审理，于 2009 年 8 月 18 日作出（2009）林行初字第 4 号判决，维持了 001 号行政处罚决定。徐丽娟不服，上诉至大庆市中级人民法院，大庆市中级人民法院以（2009）庆行终字第 73 号裁定书撤销原一审判决，发回重审。

林甸县人民法院于 2010 年 1 月 15 日重新立案。该院一审认为，原告徐丽娟未经行政规划许可部门许可，自行搭建室外楼梯的行为属于私搭乱建行为，该行为从其实施之日起即属于违法行为，原告徐丽娟与开发商之间达成的搭建室外楼梯协议不具有对抗法律规定的效力。被告林甸县建设环境保护局作为林甸县人民政府城乡规划主管部门，处罚主体适格，其依据《中华人民共和国城乡规划法》（以下简称《城乡规划法》）第 40 条第 1 款、第 66 条第 1 项的规定，对原告作出的处罚属正常履行法定职责。原告所举建设部（2008 年 3 月 15 日，根据十一届全国人大一次会议通过的国务院机构改革方案，"建设部"改为"住房和城乡建设部"）关于《中华人民共和国城市规划法》（以下简称城市规划法）的法律溯及力问题的通知，是指对《城乡规划法》颁布之前的《城市规划法》是否具有法律溯及力的答复，而不是对 2008 年 1 月 1 日起实施的《城乡规划法》是否具有法律溯及力的答复，因此，被告适用法律并无不当。综上，001 号行政处罚决定程序合法，事实清楚，适用法律准确，依照《行政诉讼法》第 54 条第 1 项之规定，判决维持 001 号行政处罚决定。

徐丽娟上诉称，原审法院认定事实不清，证据不足，适用法律错误，其搭建的室外楼梯符合该楼的规划设计，且其与该楼开发商之间达成授权搭建协议。其搭建楼梯行为发生在 2001 年，按照当时施行的《城市规划法》的规定只有严重影响城市规划的建筑才应拆除，其搭建的室外楼梯不属严重影响城市规划的建筑，故不应拆除。被告以 2008 年 1 月 1 日起实施的《城乡规划法》确认其在 2001 年的搭建楼梯行为违法，违反法不溯及既往原则。因此，请求依法撤销一审判决。

二审法院大庆市中级人民法院经审理认为，"法不溯及既往"原则是一项基本法治原则，本案中，徐丽娟实施的搭建楼梯行为发生在 2001 年，自 2008 年 1 月 1 日起施行的《城乡规划法》不具有溯及既往的效力，林甸县住房和城乡建设局（原为林甸县建设环境保护局）适用该法的相关规定对徐丽娟进行处罚应认定为适用法律错误。故判决撤销原审判决，及 001 号行政处罚决定，林甸县住房和城乡建设局在本判决生效之日起 60 日内重新作出具体行政行为。

（二）主要争点

本案争议的焦点在于，规划部门在 2009 年对当事人 2001 年实施的违法建设作出行政处罚，是适用 2008 年 1 月 1 日开始施行的新《城乡规划法》，还是适用实施违法建设时有效的旧《城市规划法》。

（三）裁判要旨

按照"法不溯及既往"的基本原则，规划部门在新法实施之后对旧法实施期间的违法建设进行行政处罚，除了新法规定的处罚较轻的情形之外，一般应当适用旧法。

【案例解析】

本案主要涉及新旧法律规范之间的适用关系问题。

本案中，"旧法"指的是《城市规划法》，"新法"指的是《城乡规划法》。《城乡规划法》自 2008 年 1 月 1 日起施行，同时废止《城市规划法》。对于违法建设的认定和处理，旧的《城市规划法》第 40 条规定："在城市规划区内，未取得建设工程规划许可证件或者违反建设工程规划许可证件的规定进行建设，严重影响城市规划的，由县级以上地方人民政府城市规划行政主管部门责令停止建设，限期拆除或者没收违法建筑物、构筑物或者其他设施；影响城市规划，尚可采取改正措施的，由县级以上地方人民政府城市规划行政主管部门责令限期改正，并处罚款。"而新的《城乡规划法》第 64 条规定："未取得建设工程规划许可证或者未按照建设工程规划许可证的规定进行建设的，由县级以上地方人民政府城乡规划主管部门责令停止建设；尚可采取改正措施消除对规划实施的影响的，限期改正，处建设工程造价百分之五以上百分之十以下的罚款；无法采取改正措施消除影响的，限期拆除，不能拆除的，没收实物或者违法收入，可以并处建设工程造价百分之十以下的罚款。"对比新旧两法的规定，可以发现，旧法要求对违法建设进行处罚的前提条件是"严重影响城市规划"，而新法并无此项要求。也就是说，新法对于违法建设的处罚范围更广，力度更大，更为严厉。本案中，徐丽娟搭建室外楼梯的行为发生在2001年，而林甸县住房和城乡建设局（原为林甸县建设环境保护局）的001号行政处罚决定作出在2009年，那么应当适用旧的《城市规划法》，还是新的《城乡规划法》？换言之，新的《城乡规划法》对之前的违法建设行为是否具有溯及力？

法律规范的溯及力，是指新的法律生效后，对新的法律生效以前发生的行为是否适用的问题。如果适用，新的法律就具有溯及力；如果不适用，新的法律就不具有溯及力。各国法律关于溯及力的规定不完全相同，有的采取从旧原则，即一概适用行为时的法律；有的采取从新原则，即一概适用处理时的法律；有的采取从轻原则，即一概适用对行为人有利的法律；有的采取从新兼从轻原则，即原则上适用处理时的新法，但旧法对行为人有利时适用旧法；有的采取从旧兼从轻原则，即原则上适用行为时的旧法，但新法对行为人有利时适用新法。

二审法院认为，新的《城乡规划法》对徐丽娟2001年实施的搭建楼梯行为不具有溯及既往的效力，林甸县住房和城乡建设局（原为林甸县建设环境保护局）适用该法的相关规定对徐丽娟进行处罚属于适用法律错误。进一步而言，本案的裁判要旨申明了行政法律适用的从旧兼从轻原则：规划部门在新法实施之后对旧法实施期间的违法建设进行行政处罚，除了新法规定的处罚较轻的情形之外，一般应当适用旧法。从旧兼从轻原则的意义在于，一方面，基于处罚法定原则的要求，行政法律规范在溯及力问题上应当采用从旧原则，因为如果新法具有溯及力，无异于在法律生效以前甚至颁布以前就要求社会主体遵守尚不存在的法律，这无疑是不公平的；另一方面，出于保护行政相对人权益的目的，当适用新法有利于相对人时，应例外地适用新法。基于此，《中华人民共和国立法法》（以下简称《立法法》）第93条规定："法律、行政法规、地方性法规、自治条例和单行条例、规章不溯及既往，但为了更好地保护公民、法人和其他组织的权利和利益而作的特别规定除外。"

这一原则也被吸收写入 2021 年修订的《中华人民共和国行政处罚法》（以下简称《行政处罚法》），该法第 37 条规定："实施行政处罚，适用违法行为发生时的法律、法规、规章的规定。但是，作出行政处罚决定时，法律、法规、规章已被修改或者废止，且新的规定处罚较轻或者不认为是违法的，适用新的规定。"

【争议问题探讨】

本案涉及的另外一个争议问题，就是违法建设行为是否属于有继续状态的违法行为？所谓违法行为有继续状态，指违法行为实施后，其行为与违法状态在时间上仍处于延续之中。继续状态的特点在于只有一个违法行为，而该违法行为的状态持续存在。对此，在本案的审理过程中有两种不同的意见：一种意见认为，当事人搭建楼梯行为与楼梯搭建后的存续状态应视为一个违法行为整体，即该违法行为一直处于一种继续状态，因此，适用新法并不违反法不溯及既往原则；另一种意见认为，当事人实施的搭建楼梯行为发生在 2001 年，自 2008 年 1 月 1 日起施行的新法不具有溯及既往的效力。最终，二审法院采纳了第二种意见。[1]

在学理和实务中，对这一问题有着不同的观点。2011 年 12 月 29 日，住房和城乡建设部以《关于违反规划许可、工程建设强制性标准建设、设计违法行为追诉时效有关问题的请示》（建法函〔2011〕316 号）专门向全国人大常委会法工委作了请示："近日，地方在执法实践中发现，部分建设项目违反规划许可、工程建设强制性标准，相关责任单位的违法行为在二年后才被发现。地方在查处时大致有两种意见：一是认为依照《中华人民共和国行政处罚法》第二十九条第一款，发现相关责任单位实施违法行为时超过二年，不应再追究其违法责任；二是认为违反规划许可、工程建设强制性标准进行建设、设计、施工，其行为有继续状态，应当自纠正违法行为之日起计算行政处罚追诉时效。我部认同第二种意见，违反规划许可、工程建设强制性标准进行建设、设计、施工，因其带来的建设工程质量安全隐患和违反城乡规划

---

〔1〕 中华人民共和国最高人民法院行政审判庭编：《中国行政审判案例（第 4 卷）》，中国法制出版社 2012 年版，第 74 页。

的事实始终存在，应当认定其行为有继续状态，根据《行政处罚法》第二十九条的规定，行政处罚追诉时效应当自行为终了之日起计算。"2012 年 2 月 13 日，全国人大法工委以《对关于违反规划许可、工程建设强制性标准建设、设计违法行为追诉时效有关问题的意见》（法工办发［2012］20 号）作了答复："你部送来的《关于违反规划许可、工程建设强制性标准建设、设计违法行为追诉时效有关问题的请示》（建法函［2011］316 号）收悉。经研究，同意你部意见"。简言之，该意见认为，违法建设行为因其带来的建设工程质量安全隐患和违反城乡规划的事实始终存在，应当被认定为有继续状态。亦有一些行政案件的裁判持此种观点，需要我们在理解和运用本案例时加以注意。

【深度阅读】

[1] 章剑生：《现代行政法总论》，法律出版社 2014 年版；

[2] 刘恒、所静：《行政行为法律适用判解》，武汉大学出版社 2005 年版。

（撰稿人：钱卿）

案例2　上海中燃船舶燃料有限公司诉上海市质量技术监督局行政处罚案

【案情简介】

（一）基本事实

上海市质量技术监督局（以下简称上海市质监局）接举报，于2016年11月9日对上海中燃船舶燃料有限公司（以下简称上海中燃公司）位于上海市杨浦区军工路3500号经营场所进行执法检查，检查发现其5001、5003储油罐有库存待售的0号普通柴油。上海市质监局对5001、5003罐库存的0号普通柴油进行第一次抽样送检。2016年11月14日，上海市质监局接到上海市石油化工产品质量监督检验站通知，5001、5003罐内两个样品的部分指标不符合相关标准。上海市质监局遂对上海中燃公司5001、5003罐采取查封的行政强制措施，并对两罐内油品进行第二次抽样送检。2016年11月15日，上海市质监局收到上述检验站出具的第一次抽样检验报告，显示5001罐中0号普通柴油硫含量为68.4mg/kg，5003罐中0号普通柴油硫含量为318.1mg/kg。2016年11月21日，上海市质监局收到上述检验站出具的第二次抽样检验报告显示，5001罐中相关油品的硫含量为68.6mg/kg，5003罐中为317.2mg/kg。上海市石油化工产品质量监督检验站出具的四份检验报告中，均载明检验依据是国家标准GB252－2015《普通柴油》（以下简称普通柴油国家标准）0号的技术指标[1]，判定依据为《上海市环境保护局、上海市经济和信息化委员会、上海市质量技术监督局、上海市住房和城乡建设管理委员会、上海市交通委员会、上海市农业委员会关于实施普通柴油与国Ⅳ标准车用柴油相同硫含量要求的通告》

---

[1] 国家标准GB252－2015《普通柴油》规定的普通柴油硫含量指标限值是：2017年6月30日以前，不大于350 mg/kg；2017年7月1日开始，不大于50 mg/kg；2018年1月1日开始，不大于10 mg/kg。

（沪环保防〔2016〕110 号，以下简称"110 号文"）〔1〕。上海市质监局依据上述 110 号文，认定 5001、5003 罐中的 0 号普通柴油硫含量大于 50mg/kg，为不合格产品。上海市质监局分别于 2016 年 11 月 16 日、21 日向上海中燃公司告知两次抽样的检验结果，并于 2016 年 11 月 28 日对上海中燃公司销售不合格普通柴油的违法行为进行立案，上海中燃公司未提出复检申请。

经调查取证之后，上海市质监局于 2017 年 6 月 30 日作出第 2320170043 号行政处罚决定（以下简称"被诉处罚决定"），认定：上海中燃公司销售的 0 号普通柴油经上海市石油化工产品质量监督检验站检验，硫含量大于 50mg/kg，被判定为不合格产品。现查明，2016 年 4 月 1 日至 2016 年 11 月期间，上海中燃公司销售不符合本市规定的质量标准的 0 号普通柴油 687 吨，货值金额 3 281 000 元（人民币，下同），违法所得 41 841.2 元。2017 年 5 月 22 日，执法人员依法向上海中燃公司送达了《行政处罚告知书》，上海中燃公司提出听证申请，上海市质监局依法召开行政处罚听证会，并于 2017 年 6 月 26 日作出同意拟处罚决定的意见。主要证据有调查笔录、检验报告、供应协议、供油记录、销售发票、整改报告及听证笔录等。上海中燃公司的行为违反了《上海市大气污染防治条例》第 47 条第 2 款，依据《上海市大气污染防治条例》第 93 条第 1 款〔2〕、《中华人民共和国产品质量法》第五

---

〔1〕 该文件由上海市环境保护局等六部门于 2016 年 3 月 24 日共同制定，于 2016 年 3 月 25 日在上海市环境保护局官网上公布。内容如下："为贯彻《上海市清洁空气行动计划（2013－2017）》，确保实现国家发展改革委等 7 部门《关于印发〈加快成品油质量升级工作方案〉的通知》（发改能源〔2015〕974 号）有关普通柴油升级要求，全面提升本市非道路移动机械和内河船舶等柴油机用油质量，减少大气流动污染源排放，改善城市空气质量，现将有关事项通告如下：一、自 2016 年 4 月 1 日起，本市全面供应与国 IV 标准车用柴油相同硫含量的普通柴油（即含硫量不大于 50mg/kg 要求）。二、自 2016 年 4 月 1 日起，本市全面停止供应、销售和使用不符合上述含硫量要求的普通柴油。三、各普通柴油生产和销售企业应当根据本通告组织安排生产和销售计划。各销售企业应当在经营场所，明示本通告的有关内容，履行向用油单位和个人告知有关规定的义务。"

〔2〕 本案适用的《上海市大气污染防治条例》（2014 年 7 月 25 日上海市第十四届人民代表大会常务委员会第十四次会议通过）第 47 条第 2 款规定："本市销售的车、船、非道路移动机械燃料必须符合国家和本市规定的质量标准。"第 93 条第 1 款规定："违反本条例第四十七条第二款规定，在本市销售不符合规定标准的车、船、非道路移动机械燃料的，由质量技术监督管理部门依照《中华人民共和国产品质量法》的规定处理。"

十条[1]，决定给予下列行政处罚：①责令停止销售违法产品；②处违法销售产品货值金额 0.5 倍的罚款 1 640 500 元；③没收违法所得 41 841.2 元；罚没款共计 1 682 341.2 元。上海中燃公司不服，向上海市徐汇区人民法院提起行政诉讼，请求：①撤销上海市质监局作出的被诉处罚决定；②对被诉处罚决定所依据的 110 号文的合法性进行审查。

（二）主要争点

双方当事人对上海市质监局具有作出被诉处罚决定的法定职权，被诉处罚决定认定上海中燃公司 2016 年 4 月至 11 月间销售案涉 0 号普通柴油的数量、货值金额、所得款金额和经检验判定硫含量大于 50mg/kg 的结论，以及作出被诉处罚决定的行政执法程序均没有异议。分歧主要在于普通柴油国家标准与 110 号文规定的不一致：普通柴油国家标准要求自 2017 年 7 月 1 日开始，普通柴油硫含量不大于 50 mg/kg，在此之前，适用不大于 350 mg/kg 的指标限值，而 110 号文则要求自 2016 年 4 月 1 日起，对上海市内的普通柴油提前适用硫含量不大于 50mg/kg 的标准。换言之，按照普通柴油国家标准，案涉 0 号普通柴油的硫含量没有超标，属合格产品；按照 110 号文，则硫含量超标，属不合格产品。本案中，上海市质监局依据 110 号文的规定，认定上海中燃公司销售不符合上海市规定的质量标准的产品，进而作出被诉处罚决定。因此在某种意义上，被诉行政处罚决定的合法性，取决于其所依据的 110 号文的合法性，即，110 号文是否具备作为实施行政处罚依据的行政法律效力？这一问题构成了双方当事人争议的焦点。也正因为此，上海中燃公司在不服被诉行政处罚决定提起行政诉讼的同时，一并要求对 110 号文的合法性进行审查。

（三）裁判要旨

一审法院上海市徐汇区人民法院认为：110 号文为减少大气流动污染物源

---

[1] 本案适用的《产品质量法》（2009 修正）第 50 条规定："在产品中掺杂、掺假，以假充真，以次充好，或者以不合格产品冒充合格产品的，责令停止生产、销售，没收违法生产、销售的产品，并处违法生产、销售产品货值金额百分之五十以上三倍以下的罚款；有违法所得的，并处没收违法所得；情节严重的，吊销营业执照；构成犯罪的，依法追究刑事责任。"

排放，改善城市空气质量而制定，且已由相关部门主动向社会进行信息公开，可以作为被告上海市质监局对上海中燃公司销售的油品进行认定的合法依据。因此，上海中燃公司认为该文并非现行有效的地方产品质量标准的主张不能成立。上海市质监局由此认定上海中燃公司销售的 0 号普通柴油不符合本市规定的质量标准，进而作出被诉处罚决定的理由充分，适用法律法规正确。据此，判决驳回上海中燃公司的诉讼请求。一审判决后，上海中燃公司不服提起上诉。

二审法院上海市第三中级人民法院围绕核心争议焦点，对 110 号文展开了合法性审查，回应了当事人提出的诉讼意见：

第一，关于上海中燃公司对制定 110 号文的依据即《上海市大气污染防治条例》第 47 条第 1 款规定的质疑问题，即上海市有关部门能否制定严于国家标准的相关燃料地方质量标准的争议。《行政诉讼法》第 63 条第 1 款规定，人民法院审理行政案件，以法律和行政法规、地方性法规为依据。地方性法规适用于本行政区域内发生的行政案件。《上海市大气污染防治条例》自 2014 年 10 月 1 日起施行，系适用于上海市行政区域内的有效依据。根据该条例第 47 条第 1 款、第 2 款的规定，市质量技术监督管理部门可以根据实际情况，会同有关部门制定严于国家标准的车、船、非道路移动机械燃料地方质量标准。本市销售的车、船、非道路移动机械燃料必须符合国家和本市规定的质量标准。在进一步强化大气污染治理，改善环境空气质量，保障人民群众身体健康，大力推进生态文明建设的指导思想下，《上海市清洁空气行动计划（2013 - 2017）》和经第 90 次国务院常务会议审议通过的《加快成品油质量升级工作方案》中明确要求"增加普通柴油升级内容。2016 年 1 月 1 日起，开始在东部地区重点城市供应与国Ⅳ标准车用柴油相同硫含量的普通柴油"的工作目标，经上海市环境保护局牵头由六部门共同制定 110 号文，提前实施柴油国家标准的有关规定，具有充分的政策、法律基础和现实可行的必要性。因此，上海中燃公司认为《上海市大气污染防治条例》第 47 条的燃料地方质量标准规定与上位法相抵触的诉讼意见，依法不予采纳。

第二，关于上海中燃公司对 110 号文作为地方质量标准的质疑问题，即是否构成"法律、法规的其他规定"的争议。《上海市产品质量条例》于

2012 年 9 月 1 日起施行，亦属适用于上海市行政区域内的有效依据。《上海市产品质量条例》第 27 条明确规定，检验、判定产品质量的依据包括：①国家标准、行业标准、地方标准和企业标准；②产品标识、产品包装上明示的内容，或者以产品说明、实物样品等方式表明的质量状况；③国家和市质量技术监督部门批准的产品质量监督抽查技术规范；④法律、法规的其他规定。该条规定的第 4 项，是为了落实法律、法规其他规定的要求，通过设立兜底条款，保证了规定的全面。结合本案而言，110 号文作为《上海市大气污染防治条例》第 47 条所规定的燃料地方质量标准，严于普通柴油国家标准，同样构成了检验、判定上海市生产、销售的普通柴油产品质量的依据。换言之，以"法律、法规的其他规定"对外的地方质量标准，是独立于《上海市产品质量条例》第 27 条前三项规定的检验、判定产品质量的依据，是与国家标准、行业标准、地方标准和企业标准相区别的检验、判定产品质量的依据。因此，上海中燃公司认为 110 号文违反了相关标准化法律、法规规定，不能构成现行有效的授权立法下的地方质量标准的诉讼意见，依法不予采纳。

第三，关于 110 号文未经备案，能否作为实施行政处罚依据效力的争议。结合本案而言，110 号文经制定、发布、公布、施行，具备作为实施行政管理依据的行政法律效力。110 号文制定后，牵头制定机关未依《上海市行政规范性文件制定和备案规定》相关规定报送上海市人民政府备案，工作上确有不规范之处，应以此为戒。然而，这并不构成 110 号文不得作为实施行政管理依据的足够理由，该问题应通过行政机关内部对规范性文件报备情况督促检查的法定途径予以解决。因此，上海中燃公司认为 110 号文违反《上海市行政规范性文件制定和备案规定》相关规定，不能作为对上海中燃公司行政处罚的依据的诉讼意见，依法不予采纳。

第四，关于被诉处罚决定的量罚是否适当的争议。上海市质监局对上海中燃公司作出被诉处罚决定，已经按照法定的销售产品货值金额 50% 的最低幅度进行量罚，法律适用并无不当。110 号文于 2016 年 3 月 25 日在上海市环境保护局官网上公布后，经上海市质监局调查检查认定，上海中燃公司仍继续销售案涉柴油，时间自 2016 年 4 月起至 11 月累计达 8 个月之久。上海中燃公司诉称其不知道案涉柴油为禁止销售产品，应在销售产品货值金额 50% 幅度以下处罚的诉讼意见，与客观事实和常理不符，依法不能成立。上海中燃公司在上海市销售不符合110号文要求的案涉0号普通柴油的违法行为，应当给予相应的行政处罚，但就本案具体情况而言，案情具有一定的特殊性。由于110号文规定提前实施更为严格的油品标准，自2016年4月1日起在上海市全面停止供应、销售和使用不符合硫含量不大于50mg/kg要求的普通柴油已成必然，故从企业经营角度而言，上海中燃公司之前在上海市储存储备的普通柴油必须退出上海市市场，由此需要一定的时间及成本用于调整经营。故可从行政裁量上依法调整处罚的基数，进一步提升被诉处罚决定的适当性，以更好地体现坚持处罚与教育相结合的行政处罚原则。据此，二审判决变更被诉行政处罚决定的主文内容，对于被上诉人上海市质监局认定上海中燃公司自2016年4月至6月间3个月内共计销售225吨、货值金额973850元所作的行政处罚计486925元依法予以减除，其他事项予以支持。

【案例解析】

本案主要涉及行政规范性文件的合法性审查问题。

行政规范性文件是"除国务院的行政法规、决定、命令以及部门规章和地方政府规章外，由行政机关或者经法律、法规授权的具有管理公共事务职能的组织依照法定权限、程序制定并公开发布，涉及公民、法人和其他组织权利义务，具有普遍约束力，在一定期限内反复适用的公文"。[1]本案中，110号文在性质上即属于行政规范性文件——由上海市环境保护局等六部门共同制定，以通告的方式决定在上海市提前实施普通柴油与国IV标准车用柴油相同硫含量要求，涉及普通柴油生产和销售企业等外部主体的权利义务，具有普遍约束力且可以反复适用。

与行政法规和行政规章不同，行政规范性文件不属于法的范畴，不具备行政法律渊源的地位和效力。在行政实务中，这些俗称"红头文件"的行政规范性文件无处不在，数量庞大，种类众多，深刻地形塑着行政权力的行使和影响着公民权益的实现。行政规范性文件虽然不属于行政法律渊源，但它

---

〔1〕《国务院办公厅关于加强行政规范性文件制定和监督管理工作的通知》（国办发〔2018〕37号）。

是行政主体运用行政权作出的普遍性行为规则，具有相应的法律效力。作为抽象行政行为的结果，行政规范性文件一经制定和作出，对行政主体和行政相对人均产生行政行为所具有的先定力、公定力、约束力、确定力和执行力等效力。[1]例如，行政规范性文件一经发布即生效，行政机关非经法定程序不得随意撤销、修改或废止；行政主体和相对人的行为受到行政规范性文件的限制和约束；对相对人所确定的义务必须履行，等等。与一般的行政行为不同的是，行政规范性文件还具有可适用性。行政规范性文件的效力问题，具体又包括在行政过程中的法律效力和在行政救济中的法律效力这两个方面。

一方面，行政规范性文件在行政过程中的法律效力，主要指向行政规范性文件能否作为行政行为的依据这一问题。对此，国内外行政法学界有着不同的认识。例如，德国和日本的学者普遍认为，行政规则（即我们所说的行政规范性文件）不是法的渊源，不能对公民的权利义务发生拘束力，当然也不能作为行政行为的依据。[2]但是，德国、日本和我国台湾地区的行政法上亦承认行政规则具有一定的外部法律效力。"大量的行政规则都规定了行政机关及其工作人员如何在外部领域、针对公民执行行政任务。通过行政机关适用，行政规则具有事实上的外部效果。……现在普遍承认行政规则事实上的外部效果具有法律意义。"[3]至于行政规则外部法律效力的理论根据，则有行政自我拘束说、信赖保护原则说、直接对外效力说等不同的观点。[4]在我国，学界主流观点尽管也不承认行政规范性文件的法律渊源地位，却认为行政规范性文件可以作为行政行为的依据，对此并无太大争议。例如有学者认为："发布规范性文件的行政机关及所属的下级行政执行机关，在实施具体行政行为时必须遵循相应文件的规定，在作出有关行政决定时必须适用相应文件的规定。行政机关在实施有关具体行政行为，作出有关行政决定时，如果违反

---

〔1〕　叶必丰：《行政行为的效力研究》，中国人民大学出版社 2002 年版，第 25 页。

〔2〕　［德］平特纳：《德国普通行政法》，朱林译，中国政法大学出版社 1999 年版，第 12 页；［日］室井力主编：《日本现代行政法》，吴微译，中国政法大学出版社 1995 年版，第 69 页。

〔3〕　［德］哈特穆特·毛雷尔：《行政法学总论》，高家伟译，法律出版社 2000 年版，第 599 页。

〔4〕　陈敏：《行政法总论》，新学林出版有限公司 2009 年版，第 555～557 页。

相应行政规范性文件的规定，或者不适用相应规范性文件，或者适用错误，都可能导致相应行为、决定的违法和被撤销。"[1]事实上，在行政实务中，大量的行政行为都是直接依据行政规范性文件作出的，而且行政规范性文件也发挥着统一和规范行政机关及其工作人员执法工作的重要作用。现有的法律规定也对此并不完全排斥，例如《行政诉讼法》第34条第1款规定，"被告对作出的行政行为负有举证责任，应当提供作出该行政行为的证据和所依据的规范性文件。"这里所说的"规范性文件"，包括行政机关作出行政行为所依据的法律、法规、规章以及其他行政规范性文件。总的来说，行政规范性文件可以作为行政行为的依据，在行政过程中具有适用效力。本案中，上海市质监局即是适用了110号文的规定，认定上海中燃公司销售不符合上海市规定的质量标准的产品，进而作出被诉处罚决定。

另一方面，在以行政诉讼为典型代表的行政救济环节，对于被诉行政行为背后所依据的行政规范性文件，其法律效力需要接受法院的合法性审查。根据《行政诉讼法》第63条的规定，人民法院审理行政案件，依据法律、行政法规、地方性法规、自治条例和单行条例，参照规章。行政规范性文件不是正式的法律渊源，对人民法院不具有法律规范意义上的约束力，因而不能成为人民法院审理行政案件的依据。但是，这并不意味着行政规范性文件在行政诉讼中完全没有适用效力。人民法院在行政案件的审理中，对行政机关作出行政行为所依据的规范性文件，既不能简单地予以回避和无视，也不能作无条件的援引和适用，而需要对其合法性进行审查。[2]对行政规范性文件的合法性审查，既可以是依职权主动审查，也可以根据公民、法人或者其他组织在对行政行为提起诉讼时提出的一并审查所依据的其他规范性文件的请求而进行审查。人民法院经审查，如果认为被诉行政行为依据的行政规范性文件合法，在认定被诉行政行为合法性时应承认其效力，予以适用，作为裁

---

[1] 姜明安主编：《行政法与行政诉讼法》，北京大学出版社、高等教育出版社1999年版，第173页。

[2] 2014年11月修改的《行政诉讼法》正式确立了人民法院对行政规范性文件的附带审查权。具体可参见该法第53条、第64条。

判说理的依据[1]；如果认为行政规范性文件不合法，则不承认其效力，不予适用，亦即不作为认定行政行为合法的依据，并在裁判理由中予以阐明。公民、法人或者其他组织在对行政行为提起诉讼时一并请求对所依据的规范性文件进行审查，人民法院经审查认为规范性文件不合法的，除了不作为认定行政行为合法的依据之外，还应当向制定机关提出处理建议。在本案中，根据原告上海中燃公司的请求，一二审法院对被诉处罚决定所依据的 110 号文进行了审查。经审查，一审法院认为 110 号文"可以作为被告上海市质监局对上海中燃公司销售的油品进行认定的合法依据"，二审法院亦认定 110 号文"具备作为实施行政管理依据的行政法律效力"。

【争议问题探讨】

行政规范性文件合法性审查在技术上的一个重要的争议问题，在于审查标准的确立：与具体行政行为的司法审查不同，作为一种典型的抽象行政行为，行政规范性文件的司法审查应当从哪些方面来进行？采取什么样的审查标准？哪些情形应当认定为合法，而哪些情形又应当认定为不合法？这在 2014 年修改《行政诉讼法》、建立行政规范性文件附带审查机制后，成为一个棘手的现实难题。《最高人民法院关于适用〈中华人民共和国行政诉讼法〉的解释》（法释〔2018〕1 号）第 148 条第 1 款规定："人民法院对规范性文件进行一并审查时，可以从规范性文件制定机关是否超越权限或者违反法定程序、作出行政行为所依据的条款以及相关条款等方面进行。"该条第 2 款规定："有下列情形之一的，属于行政诉讼法第六十四条规定的'规范性文件不合法'：（一）超越制定机关的法定职权或者超越法律、法规、规章的授权范围的；（二）与法律、法规、规章等上位法的规定相抵触的；（三）没有法

----

[1]　《最高人民法院关于适用〈中华人民共和国行政诉讼法〉的解释》（法释〔2018〕1 号）第 100 条第 2 款规定："人民法院审理行政案件，可以在裁判文书中引用合法有效的规章及其他规范性文件。"《最高人民法院关于裁判文书引用法律、法规等规范性法律文件的规定》（法释〔2009〕14 号）第 6 条规定："对于本规定第三条、第四条、第五条规定之外的规范性文件，根据审理案件的需要，经审查认定为合法有效的，可以作为裁判说理的依据。"需要说明的是，在裁判文书中引用其他规范性文件，应限定在判决的理由部分，作为裁判说理的依据，而不能出现在判决的结果部分，作为裁判结论的依据。

律、法规、规章依据，违法增加公民、法人和其他组织义务或者减损公民、法人和其他组织合法权益的；（四）未履行法定批准程序、公开发布程序，严重违反制定程序的；（五）其他违反法律、法规以及规章规定的情形。"总的来说，上述司法解释的规定还是比较抽象和模糊，需要在司法实践中加以建构和填充，从而形成科学、规范、可操作的行政规范性文件司法审查标准体系。

本案对于行政规范性文件司法审查标准的确立，提供了重要的参考。从本案裁判中，可以总结提炼出以下三个方面的审查标准：

第一，对行政规范性文件制定权限的审查。本案中，上海市相关部门制定的110号文的权限，来自于《上海市大气污染防治条例》第47条第1款的授权，即"市质量技术监督管理部门可以根据实际情况，会同有关部门制定严于国家标准的车、船、非道路移动机械燃料地方质量标准"。上海中燃公司主张该条例违反了当时的《立法法》第72条第1款"省、自治区、直辖市的人民代表大会及其常务委员会根据本行政区域的具体情况和实际需要，在不同宪法、法律、行政法规相抵触的前提下，可以制定地方性法规"之规定。对此，法院基于地方性法规在行政审判中的依据效力，确认该条例"系适用于上海市行政区域内的有效依据"，从而间接认可了110号文的制定权限。此外，法院还引用了《加快成品油质量升级工作方案》《上海市清洁空气行动计划（2013－2017）》等政策文件，指出110号文"具有充分的政策、法律基础"，进一步确认了制定权限上的合法性。

第二，对行政规范性文件制定内容的审查。110号文在内容上主要在于要求提前实施普通柴油国家标准的有关规定，实质上是设定了严于国家标准的地方质量标准。对此，法院是从110号文规定内容的合理性或者说正当性的角度加以审查。具体来说，基于"进一步强化大气污染治理，改善环境空气质量，保障人民群众身体健康，大力推进生态文明建设"的正当理由，法院认为110号文的规定具有"现实可行的必要性"，从而确认了其在制定内容上的合法性。

第三，对行政规范性文件制定程序的审查。上海中燃公司主张，110号文在制定后未报送上海市人民政府备案，因而不具备作为被诉行政处罚决定依据的法律效力。对该问题，法院确立的裁判要旨是，"行政规范性文件经制定、发布、公布、施行，具备作为实施行政处罚依据的行政法律效力。是否报送备案并非行政规范性文件的生效要件；行政规范性文件应当报备而未报备的，该问题应通过行政机关内部督促检查的法定途径予以解决。"这一要旨背后隐藏着两个裁判规则：①行政规范性文件需要遵守制定、发布、公布、施行等法定程序，程序问题属于规范性文件合法性审查的范围；②只有严重违反制定程序，才会导致规范性文件不合法，而轻微的程序瑕疵，不影响规范性文件法律效力的判定。据此，法院驳回了上海中燃公司的诉讼意见，没有因 110 号文在报备程序上的瑕疵而否定其法律效力。

【深度阅读】

　　[1] 叶必丰、周佑勇：《行政规范研究》，法律出版社 2002 年版；

　　[2] 余军、张文："行政规范性文件司法审查权的实效性考察"，载《法学研究》2016 年第 2 期；

　　[3] 王留一："论行政规范性文件司法审查标准体系的建构"，载《政治与法律》2017 年第 9 期；

　　[4] 陈运生："行政规范性文件的司法审查标准——基于 538 份裁判文书的实证分析"，载《浙江社会科学》2018 年第 2 期。

（撰稿人：钱卿）

专题三 行政法的基本原则

案例1 鲁潍（福建）盐业进出口有限公司苏州分公司诉江苏省苏州市盐务管理局盐业行政处罚案

【案情简介】

（一）基本事实

2007年11月12日，原告鲁潍（福建）盐业进出口有限公司苏州分公司（简称鲁潍公司）从江西等地购进工业盐360吨。被告江苏省苏州市盐务管理局（简称苏州盐务局）认为鲁潍公司应当按照《江苏盐业实施办法》的规定办理工业盐准运证方可进行工业盐购销与运输，故鲁潍公司未办理工业盐准运证即从省外购进工业盐涉嫌违法。2009年2月26日，苏州盐务局经听证、集体讨论后认为，鲁潍公司未经江苏省盐业公司调拨或盐业主管部门批准从省外购进盐产品的行为，违反了《盐业管理条例》第20条、《江苏盐业实施办法》第23条、第32条第2项的规定，并根据《江苏盐业实施办法》第42条的规定，对鲁潍公司作出了（苏）盐政一般［2009］第001－B号处罚决定书，决定没收鲁潍公司违法购进的精制工业盐121.7吨，粉盐93.1吨，并处罚款122 363元。鲁潍公司不服该决定，遂向苏州市人民政府申请行政复议。苏州市人民政府作出了［2009］苏行复第8号复议决定书，维持了苏州盐务局作出的处罚决定。

（二）主要争点

本案的争议焦点：一是苏州盐务局是否具有作出行政处罚决定的法定职权；二是《江苏盐业实施办法》设定行政许可与行政处罚是否违反上位法的规定；三是是否应当撤销苏州市盐务局作出的行政处罚决定。

（三）裁判要旨

1. 苏州盐务局系苏州市人民政府盐业行政主管部门，根据《盐业管理条例》第4条和《江苏盐业实施办法》第4条、第6条的规定，有权对苏州市范围内包括工业盐在内的盐业经营活动进行行政管理，具有合法的执法主体资格。

2. 根据《中华人民共和国行政许可法》（以下简称《行政许可法》）第15条第1款、第16条第3款的规定，在已经制定法律、行政法规的情况下，地方政府规章只能在法律、行政法规设定的行政许可事项范围内对实施该行政许可作出具体规定，不能设定新的行政许可事项。法律及《盐业管理条例》没有设定工业盐准运证这一行政许可事项，地方政府规章（即《江苏盐业实施办法》）不能设定工业盐准运证制度。根据《行政处罚法》第14条的规定，在已经制定行政法规的情况下，地方政府规章只能在行政法规规定的给予行政处罚的行为、种类和幅度范围内作出具体规定，《盐业管理条例》对盐业公司之外的其他企业经营盐的批发业务没有设定行政处罚，故《江苏盐业实施办法》不能对该行为设定行政处罚。

3. 被告苏州盐务局认为《行政许可法》《行政处罚法》均在《江苏盐业实施办法》之后施行，根据《中华人民共和国立法法》中法不溯及既往的规定，《江苏盐业实施办法》仍然适用有效。但法不溯及既往是指法律的规定仅适用于法律生效以后的事件和行为，对于法律生效以前的事件和行为不适用。《行政许可法》第83条第2款规定："本法施行前有关行政许可的规定，制定机关应当依照本法规定予以清理；不符合本法规定的，自本法施行之日起停止执行。"《行政处罚法》第64条第2款规定："本法公布前制定的法规和规章关于行政处罚的规定与本法不符合的，应当自本法公布之日起，依照本法规定予以修订……"[1]故苏州盐务局有关法不溯及既往的抗辩理由不成立。

4.《立法法》第79条规定，法律的效力高于行政法规、地方性法规、规章；行政法规的效力高于地方性法规、规章。苏州盐务局的具体行政行为涉及行政许可、行政处罚，故应依照《行政许可法》《行政处罚法》的规定实施。

【案例解析】

（一）下位法抵触上位法的界定

行政合法性原则作为行政法的首要原则，其内容主要包括法律优先与法律保留，两者体现在行政立法方面，一是行政机关的任何规定和决定都不得与法律相抵触，行政机关不得作出不符合现行法律的规定和决定；二是依法只能由法律规定的事项，行政机关除非获得授权，否则不得作出任何规定和决定。下位法不能抵触上位法是我国《宪法》《地方组织法》以及《立法法》确定的一项重要制度，也是地方立法必须遵守的基本原则。但是，关于不抵触原则的界定以及如何认定法律规范之间的抵触，理论界尚未存有清晰的标准。实践中关于抵触的讨论大多停留在抽象层面，并未深入法条内部揭示规范之间抵触的具体形态，并用一系列近义词代为解释，比如"不一致""违背""矛盾""冲突""超越权限"等。

明确调整范围是厘清"不抵触"认定标准的前提。目前，我国中央层面的立法规范包括宪法、法律、行政法规以及国务院各部委所制定的规章；地方层面的立法规范包括地方性法规与地方政府规章。其中，宪法、法律、行政法规与地方性法规在"不抵触"调整范围的确定中不存在争议，主要的争议点在于地方政府规章是否作为下位法受"不抵触"的调整。

首先，现行《立法法》中共有8条法律条文13次涉及"抵触"，从该8条法律条文的内容来看，在阐述中央立法与地方立法的抵触规则时，法律条文并未直接提到地方政府规章。其中，第81条仅以地方性法规为调整对象，

---

〔1〕 2011年4月29日，江苏省苏州市金阊区人民法院作出本案判决，此处的《行政处罚法》系1996年3月17日发布、2009年8月27日第一次修正。

其余 7 条并非仅针对地方性法规。其次，法与法之间的抵触，实际上系上位法与下位法针对同一事项作出规定，下位法与上位法规定的内容不一致，即违背了上位法的原则和条文。凡下位法规违反上位法条者，为直接抵触；下位法规违反上位法的立法目的、基本原则者，为间接抵触。[1]宽严相济的直接抵触与间接抵触为地方立法留有适度的自主空间，使地方立法拥有较为宽泛的立法权限。而《立法法》第 93 条规定，省、自治区、直辖市和设区的市、自治州的人民政府，可以根据法律、行政法规和本省、自治区、直辖市的地方性法规，制定规章，以及没有法律、行政法规、地方性法规的依据，地方政府规章不得设定减损公民、法人和其他组织权利或者增加其义务的规范。足以表明地方政府规章的制定应以上位法的明确规定为前提，否则不可以就某些事项进行立法。此处的"根据"和"依据"与上述的"抵触"不尽相同，"抵触"体现了立法权的下放，授予了地方立法机关更多的立法权限，但"根据"和"依据"体现了对地方行政立法的严格限制。因此，地方政府规章不应被纳入"不抵触"的调整范畴。

基于此，在本案中《盐业管理条例》这一行政法规没有设定工业盐准运证这一行政许可事项，也没有规定对盐业公司以外的其他企业经营盐的批发业务有权进行行政处罚。那么对《江苏盐业实施办法》这一地方政府规章应如何予以评价？《行政许可法》与《行政处罚法》分别对地方立法机关在行政许可的设定与行政处罚的规定方面作了严格的限制，二者都存在法律保留条款，将具体的某一或者某一类事项的规制权限定于其中。如果地方立法机关超越本机关的立法权限，在其制定的地方政府规章中设立了有关新的行政许可、新的处罚对象、新的处罚行为或者种类，那么该条款就与《行政许可法》和《行政处罚法》中的法律保留条款发生冲突。这种"冲突"源于地方立法机关针对本不属于本机关立法权限内的事项进行立法，属于超越权限。那么，"超越权限"与"抵触"之间是否存在着某种联系？

第一，基于《行政许可法》《行政处罚法》等法律中存在的有关地方立法机关制定权限的规定，地方立法机关超越权限的问题即超越"法定权限"，

---

〔1〕 胡建淼："法律规范之间抵触标准研究"，载《中国法学》2016 年第 3 期。

实际上是立法机关违反上位法的一种具体类型。

第二，按照上述"抵触"的界定，以地方性法规为例，如果地方人大超越自身立法权限，在其制定的地方性法规中设立了关于限制人身的行政处罚，那么该条款与《行政处罚法》中的法律保留就发生直接抵触。因此，立法越权应被纳入到"抵触"的界定范畴中。

至于地方立法超越权限能否作为判断抵触的一项标准？一方面，《立法法》第11条对只能由法律所调整的十个具体事项进行了规定，第12条对除过犯罪与刑罚、对公民政治权利的剥夺以及限制人身自由的强制措施和处罚、司法制度之外的其他事项规定了相对保留。因此，可以借助法律保留条款判断地方立法是否越权。另一方面，按照《宪法》规定我国是单一制国家，中央与地方的关系是在中央的统一领导下充分发挥地方的积极性，央地关系模式并没有明确地方独立的自治权。[1]因而并不存在纯粹的地方事务与地方自治，地方立法机关超越权限的问题只是中央与地方不同立法机关之间的关系。加之在宪法解释机制还不足够完善的情况下，将地方立法超越权限的问题直接诉诸地方立法机关的审查机关，权力机关不一定能够中立公正地对其进行界定。由此，上位法中相关法律保留条款可以作为抵触判断的初步参考标准。

（二）地方立法中细化与创制的区别与联系

自修改后的《立法法》将地方立法权下放给全部设区的市之后，地方立法中有相当比例的规定对上位法进行了操作性的细化，且在中央特性较强的立法领域中，地方立法进行细化的比例较高。[2]下位法细化上位法是指下位法在上位法规定的框架内对上位法进行具体化，对抽象的概念和不同的行为进行区分与分类讨论。例如《城市市容和环境卫生管理条例》第34条规定：对随地吐痰、便溺，乱扔果皮、纸屑和烟头等废弃物的行为，城市人民政府市容环境卫生行政主管部门或者其委托的单位除责令其纠正违法行为、采取补救措施外，可以并处警告、罚款。例如《陕西省城市市容环境卫生条例》

---

〔1〕　叶必丰："论地方事务"，载《行政法学研究》2018年第1期。

〔2〕　俞祺："重复、细化还是创制：中国地方立法与上位法关系考察"，载《政治与法律》2017年第9期。

第 45 条对上述条文中不太明确的罚款额度以及罚款所适用的条件进行了操作性细化，规定：对随地吐痰、便溺的，处以十元以上五十元以下罚款；乱丢瓜皮、果核、烟头、纸屑、口香糖、饮料瓶、包装袋等废弃物的，处以十元以上二十元以下罚款。

创制是指下位法超出上位法规定的范围，对上位法未涉及的事项进行规定。比如，《城市市容和环境卫生管理条例》第 36 条第 2 项规定："未经城市人民政府市容环境卫生行政主管部门批准，擅自在街道两侧和公共场地堆放物料，搭建建筑物、构筑物或者其他设施，影响市容的。"《天津市市容和环境卫生管理条例》第 19 条规定："禁止擅自占用道路和公共场所从事摆卖、生产、加工、修配、机动车清洗和餐饮等经营活动。违反规定的，没收其违法所得和非法财物，可以处五千元以下罚款。"此处上位法禁止以有形物体占据公共空间，下位法则根据所在地的实际情况，禁止经营者通过经营活动占据公共空间的行为。可以看到，该种创制方式的下位法规定在上位法中存在对应，这种以上位法规定为基础的补充创制，与上述的细化存在一定相似之处，均体现了上位法的可适用性与地方立法对上位法的遵从。相较于依附性创制，另一种创制方式为独立型创制。例如：《上海市市容和环境卫生管理条例》第 44 条第 1 款规定相关单位需要向有关部门申报方案，并取得垃圾、渣土处置证，还规定了违反该规定的处罚措施。看似是对上位法《城市市容和环境卫生管理条例》第 34 条第 5 项"……不按规定……处理垃圾……"的具体化，实质上下位法在上位法的基础上补充增加了垃圾渣土处置的行政许可，创设了新的权利义务关系。

本案中，地方政府规章《江苏盐业实施办法》在上位法没有规定的情况下，创设工业盐准运制度以及对盐业公司以外的其他经营盐的批发业务设定行政处罚，属于独立型创制而非细化。而上位法《行政许可法》《行政处罚法》要求地方政府规章只能在法律、行政法规的规定范围内具体化，故下位法明显违背上位法内容，与上位法相冲突。

【争议问题探讨】

如何理解"参照规章"。

本案中，人民法院依据当时的《行政处罚法》第 14 条认定鲁潍公司所作行政处罚的合法性，而非适用《江苏盐业实施办法》。关于"参照规章"，主要存在两种观点：一种观点认为，人民法院在审理行政案件时，可以将行政规章作为法律适用的法律渊源之一，但是如果其内容与法律、行政法规的精神相违背，人民法院可以灵活处理；另一种观点认为，"参照"从本质上未显现出其对法院进行法律适用的约束性，因此，法院对于不符合法律、行政法规的规章，可以拒绝适用。根据《行政诉讼法》第 63 条的规定：人民法院审理行政案件，依据法律、行政法规和地方性法规，参照规章。显然，依据与参照有着明显的差异，依据具有与生俱来的权威性与适用的直接性，无须人民法院在适用时再对其进行审查。而参照意味着如果行政行为的作出依据规章，那么法院在决定适用前必须对规章是否符合法律、行政法规进行审查。

【深度阅读】

[1] 杨登峰：《法律冲突与适用规则》，法律出版社 2017 年版。

[2] 城仲模主编：《行政法之一般法律原则》（一），三民书局 1999 年版。

（撰稿人：李大勇、宋希青）

案例2 张道文、陶仁等诉四川省简阳市人民政府 侵犯客运人力三轮车经营权案

【案情简介】

（一）基本事实

1994 年 12 月 12 日，四川省简阳市人民政府（以下简称"简阳市政府"）以通告的形式，对本市区范围内客运人力三轮车实行限额管理。1996 年 8 月，简阳市政府对 240 辆人力客运老年车改型为人力客运三轮车的经营者每人收取有偿使用费 3500 元。同年 11 月，简阳市政府对原有的 161 辆客运人力三轮车的经营者每人收取有偿使用费 2000 元。从 1996 年 11 月起，简阳市政府开始实行经营权的有偿使用，有关部门也对限额的 401 辆客运人力三轮车收取了相关费用。1999 年 7 月 15 日、7 月 28 日，针对有偿使用期限已届满两年的客运人力三轮车，简阳市政府对此发布《关于整顿城区小型车辆营运秩序的公告》（本案例中简称《公告》）和《关于整顿城区小型车辆营运秩序的补充公告》（本案例中简称《补充公告》）。其中，《公告》要求"原已具有合法证照的客运人力三轮车经营者必须于 1999 年 7 月 19 日至 7 月 20 日到市交警大队办公室重新登记"，《补充公告》则要求"经审查，取得经营权的登记者，每辆车按 8000 元的标准（符合《公告》第 6 条规定的每辆车按 7200 元的标准）交纳经营权有偿使用费"。张道文、陶仁等 182 名客运人力三轮车经营者认为简阳市政府作出的《公告》第 6 条与《补充公告》第 2 条的规定构成重复收费，侵犯其合法经营权，遂向四川省简阳市人民法院提起行政诉讼，请求判决撤销简阳市政府作出的上述《公告》与《补充公告》。

（二）主要争点

本案的争议焦点：一是被诉行政行为的前续行政行为存在未告知许可期限情形，是否属于违法？是否影响后续行政行为的合法性？二是若判决撤销被诉行政行为将会给社会公共利益和行政管理秩序带来明显不利影响，应采

取何种判决方式?

(三) 裁判要旨

1. 《行政许可法》第 18 条规定:"设定行政许可,应当规定行政许可的实施机关、条件、程序、期限。"行政机关在设定和实施行政许可的过程中,行政许可期限是一个必备的要素、必备的合法性条件、正当法律程序的组成部分。如果行政机关在设定行政许可时没有告知利害关系人许可期限,构成程序违法,该违法性也将影响到后续被诉行政许可行为的合法性。

2. 行政诉讼是"民告官"的诉讼,人民法院在审理行政案件时,既要坚持对行政行为的合法性进行审查,也要注意私人权益的保障。对于撤销行政行为将会给国家利益、社会公共利益带来严重损害或者不利影响的,人民法院应当进行利益权衡,在注意保障国家利益,社会公共利益的同时,也要保障当事人的合法权益,在确认被诉行政行为违法的同时,确保当事人能够通过行政赔偿等途径解决其实体权益保障问题。

【案例解析】

(一) 正当程序原则在行政审判中的适用情况

本案中,由于行政机关怠于履行告知义务,致使行政相对人误以为行政许可没有期限,进而在二十多年里聚讼不息,引发多次群体性上访事件。截至目前,我国没有统一的行政程序法典,对于违反正当程序的认定,缺少行政程序法层面的直接法律依据。在缺乏制定法作为直接法律根据的背景下,法院能否在行政判决中援引正当程序原则作为判决依据尚存争议。比如,多数观点认为:只有当正当程序原则表现为某一确定具体的法律条款时,才具有强制性的法律效力,否则不能作为评价程序合法与否的根据。当然,从法律规则与基本原则的适用逻辑上看,在已存在行政法规则的情况下,优先适用法律规则。基本原则的适用需具备一定的前提条件,一是穷尽行政法规则,现有法规范无法解释案件;二是为了实现特殊情况下的"个案正义"。那么,正当程序原则在行政审判中是如何被适用的?认定违反正当程序原则的具体内容有哪些?法院对此作出何种定性与判决?

实证分析法在基本原则中的研究意义旨在对大量真实案件与典型案例进

行筛选、分析，掌握具体原则在实务审判中的适用情况，进而观察其适用规律与发展趋势。通过在"中国裁判文书网""无讼"网上检索涉及"正当程序原则"的裁判，共获取有效案件 408 件（截止到 2016 年），样本数据分布如下图所示。从时间线来看，正当程序原则在 1999 年"田永诉北京科技大学"一案中晨光初现，该案件作为正当程序原则在我国司法实践中适用的先例，之后被最高人民法院确定为指导性案例。随后，在 2000 年至 2005 年，样本判决数量为零；在 2006 年至 2013 年，每年的数量维持在一至两件；从 2014 年开始，样本判决数量大幅度增长。

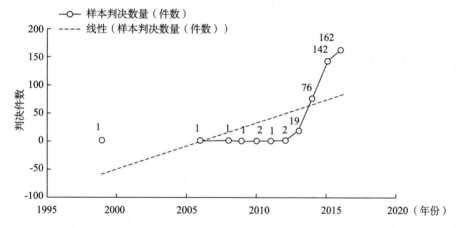

在样本案例中，法院对于正当程序原则的适用方式主要包括三种：其一，将正当程序原则近似看作法定程序。即法院有意模糊二者的界限，在判决中将违反正当程序原则的行政行为认定为违反法定程序。比如，在"李德厚诉龙城区政府、朝阳市政府征收补偿决定及复议决定一案"中，法院在判决书中指出："龙城政府向一审法院提供的证据能够证明涉案地块的征收补偿履行了召开动员大会、协商选定房地产价格评估机构、公示初步评估价格、补偿资金专款专用、附属物调查登记及核价、补偿决定作出前多次搬迁谈话的正当程序，并不存在因违反法定程序而影响李德厚征收补偿合法权益的情形。"[1] 其二，将正当程序原则与具体的法律法规共同作为认定程序违法的依据。在

---

〔1〕 李德厚诉龙城区政府、朝阳市政府征收补偿决定及复议决定案，辽宁省高级人民法院《行政判决书》（〔2016〕辽行终 816 号）。

"崔某某与泗水县城市管理行政执法局一案"中，法院在判决书中提到："行政机关的行政行为同时违反正当程序原则与《中华人民共和国行政强制法》（以下简称《行政强制法》）第八条、第十八条及《山东省行政程序》第九条。"[1]其三，根据正当程序原则的要义与内涵解释行政行为是否违法。体现在判决书中的表述为，例如："行政机关所作的行政行为事实不清，证据不足，不符合正当程序原则的要求"；或者，"依照正当程序原则，行政机关应当在合理期限内告知行政相对人……"

（二）正当程序原则对告知义务的要求

本案中被诉行政行为以及被诉行政行为的前续行政行为发生时，《行政许可法》尚未制定并实施。除相关法律法规明确规定行政机关实施行政行为的告知义务外，正当程序原则的要义与内涵亦有要求。司法实务中，法院通常判定行政行为违反正当程序原则的情形主要包括：未履行告知与说明理由义务、违反听证程序、违反回避制度、执法主体未表明执法身份、剥夺利害关系人的知情参与权、增加或减少或颠倒行政程序步骤、行政决定内容与形式存在瑕疵等。其中，履行告知与说明理由的义务指行政机关在作出不利于行政相对人的行政决定前应当告知相对人拟作出的行政决定所依据的事实、理由以及相对人享有的救济性权利和其他程序性权利。正当程序原则实则对是否告知、告知的对象、告知的内容、告知的程度以及告知的形式均有要求。

1. 告知的对象。正当程序原则的告知对象并非仅指行政相对人，还包括与行政决定有利害关系的人。在"刘清书等不服荣昌县人力资源和社会保障局劳动社会保障行政确认一案"中，荣昌县人民法院最终判决根据正当程序原则的要求，人力资源局在作出涉及陈宗才的近亲属重要权益的工伤认定过程中，理应告知刘清书（陈宗才的近亲属）有提出异议与证据的权利，特别是在所作的行政决定可能对其存有不利时，更应当主动听取刘清书的意见。[2]虽然刘清书并非工伤认定的行政相对人，但其与行政处理结果有直接利害

---

〔1〕 崔某某诉泗水县城市管理行政执法局行政强制拆除案，山东省曲阜市人民法院《行政判决书》（〔2015〕曲行初字第 25 号）。

〔2〕 刘清书等不服荣昌县人力资源和社会保障局劳动社会保障行政确认案，重庆市第五中级人民法院《行政判决书》（〔2014〕渝五中法行终字第 00292 号）。

关系。

2. 告知的内容。正当程序原则要求在告知的内容上尽可能全面、完整，不仅包括相关的事实，还包括相应的理由、依据以及救济权利。在"孙群伦与怀远县人民政府撤销房屋登记二审行政判决书一案"中，法院经审查认为怀远县政府在撤销房屋登记之前，并未按照规定向孙群伦送达撤销决定并告知救济途径，听取相对人的陈述、申辩，致使对孙群伦的权益产生重大影响，违反正当程序原则。[1]在"临沂市人民防空办公室、临沂佰斯特置业有限公司行政监察（监察）二审行政判决书"中，二审法院认为上诉人提交的证据不能证明其作出征收人防工程易地建设费决定时事先告知被上诉人相关的事实、依据和理由，违反正当程序原则，构成程序违法。[2]

3. 告知的程度。在"于艳茹诉北京大学撤销博士学位决定一案"中，北京市海淀区人民法院认为北京大学作出《撤销决定》的程序不符合正当程序原则的原因之一是未尽到"充分"的告知义务。北京大学在作《撤销决定》之前，调查小组仅约谈于艳茹一次，且谈话内容仅涉及《1775 年法国大众新闻业的"投石党运动"》一文是否涉嫌抄袭。北京大学对该问题是否足以导致学位被撤销没有任何提示，一方面于艳茹并未因此意识到学位可能会被予以撤销，另一方面于艳茹也未对此进行充分的陈述、申辩。故正当程序原则不仅要求行政主体要有告知和说明理由的义务，对告知与说明的程度也作有要求。

4. 告知的形式。正当程序原则所要求的告知形式应与法律规定相吻合，如果法律法规未明确规定，行政机关可自由裁量，法院不认为违反正当程序原则。在"潘卫东与广州市公安局交通警察支队车辆管理所道路交通管理（道路）一案行政二审判决书"中，法院指出，被上诉人未通过书面形式向上诉人通知，也未赋予上诉人陈述和申辩权即作出注销的决定，明显违反正当

---

〔1〕 孙群伦诉怀远县人民政府房屋登记案，安徽省高级人民法院《行政判决书》（〔2018〕皖行终 1245 号）。

〔2〕 临沂市人民防空办公室因与临沂佰斯特置业有限公司行政征收、临沂市人民政府行政复议决定一案，山东省临沂市中级人民法院《行政判决书》（〔2021〕鲁 13 行终 63 号）。

程序原则，属于程序违法。[1]而在"王海诉北京市工商行政管理局不履行答复举报职责行政不作为一案"中，北京市海淀区人民法院经审查认为，由于现行法律法规并未明确规定工商行政管理机关应于何时、以何种方式将调查处理情况告知举报人。因此，在保证举报人知情权的前提下，市工商局无论是以口头还是以书面的形式进行告知均无不当。[2]

行政机关在设定和实施行政许可的过程中，行政许可的期限是行政许可合法性的重要组成部分。按照正当程序原则告知内容的全面性与告知程度的充分性，行政机关在作出行政许可行为时告知许可期限，是一个正当法律程序。如果行政机关未告知许可期限，应当认定该许可缺乏合法性。

（三）情况判决的适用情形

撤销违法行政行为作为保障行政相对人合法权益的重要手段，是行政诉讼制度的基本使命。然而，我国《行政诉讼法》第74条第1款第1项规定：行政行为依法应当撤销，但撤销会给国家利益、社会公共利益造成重大损害的，人民法院判决确认违法，但不撤销行政行为。该种判决乃是行政审判的例外情形，即原告提起行政诉讼，被诉行政行为本应当撤销，经过诉讼中的利益衡量，法院最终作出确认违法判决而不予撤销，使得被诉行政行为继续有效。其被称为"情况判决"或者"情势判决"或者"事情判决"。

按照《行政诉讼法》第74条第1款的规定，"行政行为依法应当被撤销"是情况判决适用的前提条件，即首先需准用《行政诉讼法》第70条，至少具备六项撤销的法律原因之一[3]。其次，情况判决适用的一大难点在于界定"国家利益或社会公共利益"这一不确定法律概念。胡建淼教授从辞源学的角度，将公共利益拆分成利益与公共分别进行解释，然后对利益的英语词源与拉丁语词源、公共的英语词源与希腊语词源进行溯源分析，他认为公共利益

---

[1] 潘卫东诉广州市公安局交通警察支队车辆管理所注销最高准驾车型驾驶资格一案，广州铁路运输中级法院《行政判决书》（〔2020〕粤71行终1787号）。

[2] 王海诉北京市工商行政管理局不履行答复举报职责的行政不作为案，北京市海淀区人民法院《行政判决书》（〔2007〕海行初字第00329号）。

[3] 《中华人民共和国行政诉讼法》第70条："行政行为有下列情形之一的，人民法院判决撤销或者部分撤销，并可以判决被告重新作出行政行为：（一）主要证据不足的；（二）适用法律、法规错误的；（三）违反法定程序的；（四）超越职权的；（五）滥用职权的；（六）明显不当的。"

是一个典型的不确定法律概念，该概念本身的涵义也就显得相当丰富。[1]范进学教授从主体、范围和衍生特征三方面揭示了公共利益的本质，他认为：其一，公共利益的提供者主要是政府；其二，公共利益是公众利益或者与公众有关的、为公众所公用的利益，"公众"范围内的公用，则具有公共性；其三，由公共利益的两个基本特征所派生出的第三个特征是非营利性和共同福利性。[2]因此，对于公共利益的理解不能简单依赖于具体定义，而是应当在具体化的不同语境中进行判断。而法院对社会公共利益的认定程序一般先由被诉行政机关证明被诉行政行为涉及或者符合公益，法官在此基础之上再判定存在与否。[3]本案中，法院站在尊重既成事实的角度，基于被诉违法行政行为形成的既成稳定社会秩序、众多法律关系认定公益。法院认为被诉行政行为作出后，简阳市城区交通秩序得到好转，城市道路运行能力得到提高，城区市容市貌持续改善，如果撤销被诉行政行为，将会给行政管理秩序和社会公共利益带来明显不利。再者，就损害程度而言，须为重大。当被诉行政行为的撤销仅仅对公益产生了轻微损害，此时为达到依法行政、保护权利的目的，应当撤销。何谓"重大"？有法官主张对"重大损害"条件应严格适用，不能简单认为只要撤销将给已付出资金或者已开始实施项目造成损失的均成立该条件。[4]本案中，法院将"绝大多数原401辆三轮车已经分批次完成置换"的项目实施进度与辐射人数比例作为重大损害认定的重要依据。

【争议问题探讨】

情况判决与法治原则之间的冲突。

情况判决与法治原则之间的矛盾主要体现在两方面：一是按照法治原则的要求：法律如何规定，法院应当如何判决。而在情况判决中，法院为了保护社会公共利益，维持现成既有的事实状态，对本应当撤销的行政行为只能作出确认违法的判决；二是根据禁止诉外裁判原则，法院的判决不应当突破

〔1〕　胡建淼、邢益精："公共利益概念透析"，载《法学》2004 年第 10 期。

〔2〕　范进学："定义'公共利益'的方法论及概念诠释"，载《法学论坛》2005 年第 1 期。

〔3〕　张宁："行政诉讼中情况判决的适用条件"，载《南大法学》2021 年第 6 期。

〔4〕　江必新主编：《中华人民共和国行政诉讼法及司法解释条文理解与适用》，人民法院出版社 2015 年版，第 493～496 页。

当事人的诉讼请求。对于原告请求撤销行政行为的诉讼请求，情况判决的判决结果既非撤销判决又非驳回判决。对于情况判决与法治原则之间的冲突实质上是法律实然状态与应然状态之间的冲突，完全否定或者完全肯定的理想化态度终会摧残一方，两败俱伤。所以，对于情况判决的存在不能完全否定或者肯定，而是应当限制使用。该判决不仅是为了尊重已然形成的事实、防止资源浪费，对维护社会公共利益具有重要的现实意义，同时也是在实现依法行政、依法治国。

【深度阅读】

[1] 杨登峰：《行政法基本原则及其适用研究》，北京大学出版社 2022 年版。

（撰稿人：李大勇、宋希青）

案例3　胡裕松、王文平诉海口市政府收回国有土地使用权案

【案情简介】

（一）基本事实

2009 年 7 月，胡裕松等人与 125 户购房者签订《认购协议书》，将房屋预售给 125 户购房者，并收取购房款和预收款 1179.4444 万元。2009 年 10 月 12 日，胡裕松等人依法受让位于海口市国际科技工业园科技大道西侧的 4595.37 平方米国有建设用地，并取得海口市国用〔2009〕第 009796 号《国有土地使用证》（本案例中简称 009796 号土地证），土地登记用途为工业用地。2010 年 6 月 25 日，海口国家高新技术产业开发区规划建设土地管理局给胡裕松等人核发《建设工程规划许可证》，建设项目为制衣厂厂房一栋，层数为五层。2010 年 7 月，胡裕松等人在上述工业用地上建成十二层住宅楼。2011 年 4 月 27 日，海口市国土资源局（以下简称海口市国土局）立案调查，并于 4 月 29 日作出市土资执字〔2011〕214 号《责令限期改正国土资源违法行为通知书》（本案例中简称 214 号通知书），责令胡裕松等人于 7 日内改正，逾期不改正的，该局将依法收回土地使用权。2011 年 5 月 10 日，海口市国土局作出市土资执字〔2011〕225 号《行政处罚告知书》。经组织听证并报海口市政府批准后，2011 年 6 月 10 日，海口市国土局作出市土资执字〔2011〕273 号行政处罚决定（本案例中简称 273 号处罚决定），决定收回 009796 号土地证下的 4595.37 平方米土地使用权并注销该证。胡裕松等人不服，申请行政复议。2012 年 2 月 28 日，海南省人民政府作出琼府复决〔2011〕154 号行政复议决定，维持 273 号处罚决定。2012 年 10 月 15 日，胡裕松、王文平以海口市国土局为被告，向海口市秀英区人民法院提起行政诉讼，要求撤销 273 号处罚决定。2012 年 12 月 10 日，海口市秀英区人民法院以处罚主体存在错误为由，判决撤销 273 号处罚决定。海口市国土局不服提起上诉。2013 年 1 月 31 日，海口市中级人民法院作出（2013）海中法行终字第 37 号《司法建议书》，建

议以海口市政府的名义重新作出行政行为。2013 年 9 月 10 日，海口市中级人民法院作出（2013）海中法行终字第 37 号判决，维持上述一审判决。2013 年 5 月 14 日，海口市政府向胡裕松等人作出海府罚字〔2013〕2 号《行政处罚告知书》。2013 年 6 月 18 日，海口市政府组织听证。2013 年 9 月 9 日，海口市政府作出海府罚字〔2013〕3 号《海口市人民政府行政处罚决定书》（本案例中简称 3 号处罚决定）。2013 年 12 月 12 日，该处罚决定在《海口晚报》上予以公告。

（二）主要争点

本案争议焦点主要有：一是胡裕松等人是否存在擅自改变案涉土地用途的行为；二是 3 号处罚决定认定事实是否清楚；三是 3 号处罚决定的程序是否合法。

（三）裁判要旨

1. 按照《土地管理法》第 4 条第 1 款、第 56 条的规定，我国实行严格的土地用途管理制度。建设单位应当依照其与有关人民政府土地行政主管部门签订的国有土地使用权出让合同中约定的或划拨土地批准文件规定的土地用途使用国有建设用地；确需改变土地用途的，应当向土地所在地的土地行政主管部门申请并经其同意，报批准用地的人民政府批准后，再行办理变更登记。

2. 《行政处罚法》除了保障和监督行政机关有效实施行政管理，维护公共利益和社会秩序外，还保护公民、法人或者其他组织的合法权益；行政处罚的作出，应当符合比例原则，不能侵害处罚相对人以外的其他公民、法人或组织的合法权益。行政机关作出处罚决定，应当针对违法行为影响的程度，选择适当的处罚方法、种类、幅度等，既要保证行政管理目标的实现，又要兼顾保护相对人的权益，应以达到行政执法目的和目标为限，尽可能使相对人的权益遭受最小的侵害。

3. 《行政处罚法》规定行政机关负责人集体讨论是给予较重行政处罚必须履行的法定程序，是与一般行政处罚相区分的特殊程序，旨在更好地保障行政处罚相对人的合法权益，规范行政机关的执法行为。

【案例解析】

（一）比例原则的构成

比例原则起源于德国的警察法。德国行政法学家奥托·迈耶最早在其著作《德国行政法》中揭示了比例原则的重要原理，他认为：“行政权追求公益应有凌越私益的优越性，但行政权对人民的侵权必须符合目的性，并采行最小侵害之方法。”[1]按照对比例原则的传统定义，“公益凌越私益的优越性”强调了均衡性；“对人民的侵权必须符合目的性”强调了适当性；“采取最小的侵害方法”强调了必要性。“行政目的”与“行政手段”之间的关系是比例原则的关键与核心。行政主体进行行政执法时，在目的——手段的关系上，首先必须是适当的；其次，选择对人民权利最小的侵害方式；再者保持措施与目的之间权衡相称。显然，非狭义的比例原则并非一个单一的概念，而是一个广义的范畴。对比例原则的理解相当于对其数个子原则的理解，对比例原则的不同定义实则是对其所涵盖的子原则的不同认识。因此，关于比例原则所包含的子原则的范围问题，主要存在“二阶理论”“三阶理论”以及“四阶理论”。“二阶理论”认为比例原则包括均衡性原则和必要性原则两大子原则，对手段是否符合目的的考量完全可以纳入必要性原则的审查之中。而是否将目的正当性原则单独作为比例原则的审查层级是区分“三阶理论”与“四阶理论”的明显标志。传统“三阶理论”并不直接关心公权力行为目的的正当与否，只对公权力行为所选择的手段予以评价，“如果说目的与手段关系自身包含着一个逻辑完备的论述体系的话，那么，比例原则在第一层次的适当性审查时，就对这个论述体系进行了‘截流’，目的正当性成为比例原则审查的‘绝迹之地’”。[2]我国台湾地区“行政程序法”第7条规定也从三方面展现了比例原则的三阶理论。[3]

---

[1] 黄学贤：“行政法中的比例原则简论”，载《苏州大学学报》2001年第1期。

[2] 蒋红珍：《论比例原则——政府规制工具选择的司法评价》，法律出版社2010年版，第111页。

[3] 我国台湾地区“行政程序法”第7条：“行政行为，应依下列原则为之：一、采取之方法应有助于目的之达成；二、有多种同样能达成目的之方法时，应选择对人民损害最小者；三、采取之方法所造成之损害不得与预达成目的之利益显失均衡。”

在行政审判实务中，不同地域、不同层级的法院对比例原则的适用标准存在不同认识。通过在中国裁判文书网上检索关键词"行政案件""比例原则""目的正当性"，从比例原则的构成形式来看，大部分法院在涉及比例原则的行政审判中遵循"三阶理论"，少部分法院遵从"四阶理论"，明确对行政行为的目的进行审查。比如在"陈期顺与重庆市奉节县规划和自然资源局重庆市奉节县人民政府申请再审行政裁定书"中，重庆市高级人民法院对奉节县规划局实施行政处罚时所具有行政目的的正当性进行阐释说明，"陈期顺及谢膜平自认案涉房屋未办理规划许可手续，原奉节县规划局经过调查后认定案涉房屋属于违法建筑并作出《限拆决定》，并无不当。征收补偿与违法建筑的认定及责令限期拆除属于不同的行政法律关系，陈期顺主张房屋所在地块已纳入征收范围，故原奉节县规划局作出《限拆决定》目的不正当于法无据。"[1]再如在"石柱土家族自治县人民政府南宾街道办事处与徐星华叶小华行政处理二审行政判决书"中，人民法院在审查南宾街道办作出《危房拆除行政处理决定书》的行政目的是否正当时，提到"行政行为目的正当性系行政行为比例原则的重要组成部分。"[2]

作为调整目的与手段关系的比例原则，当然应对目的正当与否进行评判。只有合乎宪法上所确认的目的，对权利的限制才是正当的。[3]实际上，法官在运用比例原则对手段进行审查时，会不可避免地涉及手段欲达到的目的，诸多法院在案件的审理中已将目的正当性原则运用其中。在本案中，虽然最高人民法院并没有直接明确提出海口市政府所作行政处罚的目的正当性，但通过分析案件事实，认定行政机关收回案涉住宅楼项下土地的缘由为行政相对人擅自改变土地用途。此处的目的显然为规制相对人的违法行为，没有违反宪法法律的规定，所以是正当的。

---

〔1〕 陈期顺诉重庆市奉节县规划和自然资源局限期拆除违法建筑决定及重庆市奉节县人民政府行政复议决定一案，重庆市高级人民法院《行政裁定书》（〔2020〕渝行申312号）。

〔2〕 石柱土家族自治县人民政府南宾街道办事处与徐星华、叶小华行政处理案，重庆市第四中级人民法院《行政判决书》（〔2021〕渝04行终20号）。

〔3〕 范进学："论宪法比例原则"，载《比较法学研究》2018年第5期。

（二）均衡性原则的审查标准

比例原则规范结构中"最小侵害""相称性""均衡性"等经济学术语，在客观上为该原则的准确适用提出要求。但是，究竟如何判断目的的正当性与手段的适当性、必要性、均衡性，比例原则本身对此并没有提供明确具体的标准。均衡性原则属于权衡性标准，在判断的过程中不可避免地涉及主观因素。对于如何判断均衡性，最高人民法院提出应当进行权衡。本案与"哈尔滨市规划局与黑龙江汇丰公司行政处罚纠纷案"（比例原则第一案）中，最高人民法院阐述了均衡性原则的本质："既要保证行政管理目标的实现，又要兼顾保护相对人的权益。"[1]此处的均衡表现为维护公共利益与保障公民权益，即要求行政机关所采取的手段，既要保证目的的实现，又要保障相对人的权益。在"皮芳、姚柳飞等诉金溪县建设局城乡建设案"中，江西省高级人民法院认为均衡性应表现为行政相对人因被诉行政行为损失的利益小于现所增获的利益；[2]在"郭建军诉诸暨市国土资源局行政处罚案"中，绍兴市中级人民法院认为，"行政执法中行政裁量的执法成本与执法收益应当保持均衡"。[3]由此，均衡性并非要求行政手段所增进的利益大于其所造成的损害，二者之间存在合适的比例即可。

而比例原则精确性不足的缺陷往往使合比例性的分析充满不确定性。对此，有学者提出适度引入成本收益分析方法，降低合比例性分析的主观性与不确定性，提高权衡的理性。具体而言，有必要构建类型化的比例原则审查基准体系，根据比例原则的规范内涵与逻辑结构，综合考量受侵害权利的属性与种类、侵害的方式与程度、公共利益的属性与种类、事务的专业性程度等因素，构建比例原则的宽松审查、中度审查和严格审查三种审查基准类型。[4]

〔1〕　黑龙江省哈尔滨市规划局不服黑龙江省高级人民法院对哈尔滨市汇丰实业发展有限责任公司诉黑龙江省哈尔滨市规划局所作行政处罚一案，中华人民共和国最高人民法院《行政判决书》（〔1999〕行终字第 20 号）。

〔2〕　皮芳、姚柳飞等十八户诉金溪县建设局规划、城建行政许可一案，江西省高级人民法院《行政裁定书》（〔2016〕赣行申 16 号）。

〔3〕　郭建军诉诸暨市国土资源局土地行政处罚一案，浙江省绍兴市中级人民法院《行政判决书》（〔2008〕绍中行终字第 37 号）。

〔4〕　刘权："比例原则审查基准的构建与适用"，载《现代法学》2021 年第 1 期。

即在宽松审查中，只要不存在明显违反比例原则的情形，法官就应当推定争讼行为符合比例原则；在中度审查中，法官应持合比例性保留态度，对争讼行为进行过程性审查，立法者、行政者应当提供可支持性的证据证明合比例性分析过程的谨慎合理性；在严格审查中，法官应主动作出不合比例性推定，立法者、行政者必须提供足够充分的实质证据证明争讼行为符合比例原则。当然，不断累积的司法实务经验对发挥比例原则，真正实现实质公平与切实保障人权也具有至关重要的影响。

【争议问题探讨】

行政合理性原则与比例原则的关系。

合理性原则与比例原则都是我国行政法学界从外移植于国内的两大制约行政裁量权的原则。对于两者的关系问题，理论界主要存在以下两种观点：一种观点是比例原则是一项独立的行政法原则，相较于合理性原则的审查标准更为明晰、操作性更强，故可完全替代合理性原则；[1]另外一种观点为行政合理性原则包括一切使行政行为合理化的理论，比例原则只是其中的一个方面，故行政合理性原则包含比例原则。通过上面的论述，可以看到，衡量标准上，比例原则涵盖适当性原则、必要性原则与均衡性原则，其主要是通过行政手段与行政目的之间的关系来衡量行政行为；而行政合理性原则没有统一、具体的衡量标准，多从社会道德与社会伦理角度来审查行政机关的行政行为。因此，比例原则的标准更为明晰、确切，操作性更强，更容易把握。当然，行政合理性原则与比例原则也有功能重合的部分。

【深度阅读】

[1] 刘权：《比例原则》，清华大学出版社 2022 年版。

[2] 周佑勇：《行政法基本原则研究》，法律出版社 2019 年版。

[3] 胡建淼主编：《论公法原则》，浙江大学出版社 2005 年版。

（撰稿人：李大勇、宋希青）

---

〔1〕 杨登峰："从合理原则走向统一的比例原则"，载《中国法学》2016 年第 3 期。

专题四　行政行为（含行政协议）

案例1　王明德诉乐山市人力资源和社会保障局工伤认定案

【案情简介】

（一）基本事实

本案是一起工伤行政案件。2013 年 3 月 18 日，四川嘉宝资产管理集团有限公司峨眉山分公司（以下简称嘉宝公司）职工王雷兵驾驶摩托车上路行驶，行至省道 S306 线 29.3 千米处驶入道路右侧与隔离带边缘发生刮擦，并翻覆至该路段隔离带内，此次事故导致摩托车车体严重受损，王雷兵本人亦当场死亡。四川省峨眉山市公安局交警大队出警后，经过多次调查仍然无法确定导致王雷兵驾驶的摩托车翻覆的具体原因，便在同年 4 月 1 日依据《道路交通事故处理程序规定》第 50 条之规定，作出《道路交通事故证明》（乐公交认定〔2013〕第 00035 号）。

2013 年 4 月 10 日，嘉宝公司就其职工王雷兵因前述交通事故致死亡，向乐山市人力资源和社会保障局（以下简称乐山市人社局）申请工伤认定，同时提交了峨眉山市公安局交警大队出具的《道路交通事故证明》（乐公交认定〔2013〕第 00035 号）等证据材料。乐山市人社局认为，认定交通事故工伤需申请人提交《交通事故认定书》，嘉宝公司提交《道路交通事故证明》（乐公交认定〔2013〕第 00035 号）与《交通事故认定书》不同，故作出《工伤认定时限中止通知书》（乐人社工时〔2013〕05 号，本案例中简称《中止通知》），决定对工伤认定程序中止。《中止通知》作出后，乐山市人社局履行了向嘉宝公司及王雷兵父亲王明德告知的法定义务。

2013 年 6 月 24 日，王雷兵父亲王明德向乐山市人社局提交了恢复工伤认定的书面申请，请求其恢复对王雷兵的工伤认定程序，乐山市人社局没有恢复。王明德据此在同年 7 月 30 日向法院提起行政诉讼，诉请撤销前述《中止通知》。

（二）主要争点

本案的争点为《中止通知》的法律性质以及《中止通知》是否具有可诉性。

（三）裁判要旨

法院经过审理后认为："被告作出《中止通知》，属于工伤认定程序中的程序性行政行为，如果该行为不涉及终局性问题，对相对人的权利义务没有实质影响的，属于不成熟的行政行为，不具有可诉性，相对人提起行政诉讼的，不属于人民法院受案范围。但如果该程序性行政行为具有终局性，对相对人权利义务产生实质影响，并且无法通过提起针对相关的实体性行政行为的诉讼获得救济的，则属于可诉行政行为，相对人提起行政诉讼的，属于人民法院行政诉讼受案范围。"

【案例解析】

（一）问题的提出

《工伤保险条例》第 20 条第 3 款规定："作出工伤认定决定需要以司法机关或者有关行政主管部门的结论为依据的，在司法机关或者有关行政主管部门尚未作出结论期间，作出工伤认定决定的时限中止。"因此，被告有作出《中止通知》的职权依据。问题在于，本案峨眉山市公安局交警大队已经作出了《道路交通事故证明》，被告作出的《中止通知》属于适用法律、法规错误，应予撤销。法院是否能够审查行政主体的活动并对其进行司法判断的前提是该活动在法律规定的受案范围或者法院的行政争议主管范围之内，行政行为是一个核心判断标准。

本案发生时，《行政诉讼法》尚未修改，用新法衡量一个已经发生的行政案件，或许并非完全妥当。新《行政诉讼法》对行政行为的规定及提供的司法救济确实与旧法有不同之处，就行政诉讼的制度定位而言，当然是一种涉及行政法律关系的关系之诉，但行为之诉仍是此种关系之诉中的最为基本、同时也是相当重要的一个组成部分，就此而言，新法与旧法并不存在根本冲突。因此，对于本案而言，需要把握的更为一般的问题在于：在《行政诉讼法》修改的背景下，行政主体的哪些程序性活动能够被归结为程序性行政行为？而程序性行政行为的可诉性又应该满足哪些特定标准？

（二）行政行为的构成要素：基于学理的考察

德国行政法学鼻祖奥托·迈耶有云："没有行政法的制度，就没有法治国家；没有行政决定的制度，就没有行政法。"[1]法院判决与行政行为被视为法治国家的两大支点，行政行为制度的意义主要体现在行政救济方面，换言之，行政主体的活动能否提出行政诉讼，关键在于是否为行政行为。

《行政诉讼法》的修改，用行政行为替代了以往的具体行政行为的表述，如果考虑到"在司法实践中，对于行政行为的理解，也并不包括抽象行政行为"的认知，[2]行政救济制度视野下的行政行为显然与我国多数行政法教科书中的行政行为存在内涵和外延的分野，前者从保护相对人合法权益的角度，显示出尽量扩张具体行政行为（即新法中的行政行为）范围的倾向，后者则更讲求逻辑的自洽以及在此之下行政行为的类型化，结果是"法定行政行为的泛化将导致作为学术用语的行政行为的含义进一步稀薄"。[3]

我国实定法上的行政行为虽然深受大陆法系影响，但同时表现出强烈的本土特色，行政行为不仅不同于德日的行政决定，"这一狭义的行政行为概念甚至小于具体行政行为概念，绝不是我国修订后的行政诉讼法中行政行为的

---

〔1〕　陈新民：《中国行政法学原理》，中国政法大学出版社 2002 年版，第 132 页。

〔2〕　梁凤云：《新行政诉讼法讲义》，人民法院出版社 2015 年版，第 12 页。

〔3〕　闫尔宝："论作为行政诉讼法基础概念的'行政行为'"，载《华东政法大学学报》2015 年第 2 期。

概念"。[1]也与法国的行政行为并非完全重合。实定法上的行政行为究竟如何理解并且其范围是什么?《行政诉讼法》第2条与原《最高人民法院关于适用〈中华人民共和国行政诉讼法〉若干问题的解释》均未有明确的概念界定,以拓展行政诉讼受案范围为目的的行政行为内涵究竟应当拓展到什么程度?有学者认为,应从以下四个方面把握行政行为的类型:"一是行政行为不包括行政机关的规范性文件;二是行政行为既包括作为,也包括不作为;三是行政行为包括事实行为;四是行政行为包括行政机关签订、履行协议的行为。"[2]这一说明对于理解行政行为的外延有所帮助,却并未揭示其内涵。此问题涉及某一行政活动是否构成行政行为的判断,因而相当关键。

有人认为,"行政行为是指行政机关或者法律、法规、规章授权的组织在实施行政管理过程中的所有作为、不作为行为"。[3]此种观点实际上将行政行为完全等同于行政活动,忽视了行政行为的扩展实际上是在回应公众面对行政权时需要获得司法救济的客观需求,体现的是"有权利必有救济""救济是权利的本质性特征"等公平正义的理念,某些行政活动虽然系行政主体作出,但如果对相对人的权利义务没有任何的实际影响,则不存在进行司法救济的必要,"司法诉讼的宗旨是解决权利保护问题,公民、法人、其他组织的权利义务被行政主体职务侵犯时,就需要(也只有通过诉讼)获得救济"。[4]将其理解为行政行为从管理学意义讲可以接受,但若视为一个诉讼法上的法律概念则其不免失之过宽。另有学者指出,"大体来说,公共机构行使行政职能所作的具有权利义务内容的行为,都可以被称为行政行为"。[5]相比前者观点,此种界定看到了权利义务在行政行为界定中的重要性,但忽视了行政行为具有权利义务的内容不等于对相对人的权利义务产生实际影响。一般而言,从内容到影响还存在一个行政行为是否对外产生法律约束力的问题,原则上,

---

〔1〕 江必新主编:《中华人民共和国行政诉讼法理解适用与实务指南》,中国法制出版社2015年版,第58页。

〔2〕 信春鹰主编:《中华人民共和国行政诉讼法释义》,法律出版社2014年版,第8页。

〔3〕 江必新主编:《中华人民共和国行政诉讼法理解适用与实务指南》,中国法制出版社2015年版,第56页。

〔4〕 杨小君:《行政诉讼问题研究及制度改革》,中国人民公安大学出版社2007年版,第37页。

〔5〕 叶必丰:《行政行为原理》,商务印书馆2014年版,第143页。

法律上产生了效力的行政行为才会对相对人的权利义务产生影响，否则只能是一项"未成熟"或者尚未完成的活动。

笔者认为，《行政诉讼法》上的行政行为，应该在借鉴大陆法系行政决定理论的基础上，结合我国行政与司法实践，从以下三个方面进行界定：

第一，主体要素。主体必须是拥有行政管理职权的组织，具体形态可以是人民政府、人民政府工作部门或直属机构、派出机关、被授权组织等，此点理论与实务争议不大，也非本文论述中心；

第二，职权要素。该行为必须是与行使行政职权相关的活动，行政主体基于民事权利、司法权力的行使，公务员基于公民权利的行使而作出的行为，[1]均不是行政行为。在此前提下，行政行为既包括以意思表示为要素并依照意思表示的内容发生法律效果为目的的法律行为，亦应包括事实行为，即"以某种事实结果而不是法律后果为目的的所有行政措施。"[2]这说明，我国实定法上的行政行为包括但不限于大陆法系的行政决定，实际上，那些非直接行政职权行使，但是与行政职权存在密切关系的延伸行为或者关联行为，都可能被涵盖在实定法上的行政行为范围内。

第三，法效要素。该行为需具有法律效果，能够通过权利义务的增减或者事实、地位的确认等方式对相对人产生影响。考虑到我国行政行为范围的宽泛性，法律效果存在不同的判断标准：对法律行为而言，行为对相对人产生的法律效果排除了对相对人权利义务不具有影响的"观念通知"与重复处理等行为，而是否产生法律效果则首先应视该行为是否遵循生效规则而产生法律拘束力，如果未生效或者不生效，当然没有法律效果的问题。当然亦不排除有些行政行为依照法律没有生效，但事实上行政机关已经开始执行，这时，执行行为就是法律效果产生的开始；对事实行为而言，如果违法当然会产生法律效果，"行政机关有义务去除违法行为造成的现实，并且在可能的和可预期的范围之内恢复合法的状态。"[3]但是，此种法律效果并非行政机关作

---

〔1〕 江必新主编：《中华人民共和国行政诉讼法理解适用与实务指南》，中国法制出版社 2015 年版，第 58 页。

〔2〕 ［德］哈特穆特·毛雷尔：《行政法学总论》，高家伟译，法律出版社 2000 年版，第 391 页。

〔3〕 ［德］哈特穆特·毛雷尔：《行政法学总论》，高家伟译，法律出版社 2000 年版，第 391 页。

出行为时主观意志之体现，而是基于法律强制规定产生的后果，事实行为就其本身不以实现法律后果为目标，也就只能以行为是否实施作为法律效果有无的判断标准。

（三）本案中程序性行政行为的认定

自行政行为理论在我国出现以来，分类问题就相伴而生，分类的意义在于从不同角度对行政行为作更加细微精准的特征概括，进而构建底线基础上各有特色的制度体系。但是，"几乎每一本行政法教科书都会单独列出一个章节分析行政行为的分类，大大小小的分类单从统计学角度计算就不下于40多种，……行政行为的分类已经细化到行政行为的每个毛孔，不仅不能穷尽，反而越来越复杂，给包括行政复议、行政诉讼在内的司法救济活动带来了更多的迷茫和混乱。"[1]学界总结的行政行为类型中，程序性行政行为与实体性行政行为的提出始见于1988年出版、应松年教授主编的《行政法学教程》，并在朱维究、闫尔宝的《程序行政行为初论》一文中系统阐发，"所谓程序行政行为，是指由法律设定，规制行政主体行使行政职权的方式、形式与步骤的一系列补充性、辅助性措施的总称；它直接产生行政程序法律关系，引起该行政程序的运行，并对行政实体法律关系产生间接作用或影响。"[2]此后，程序性行政行为的探讨问津者不多。直到2010年，最高人民法院在其公布的《关于审理行政许可案件若干问题的规定》中第3条明确："公民、法人或者其他组织仅就行政许可过程中的告知补正申请材料、听证等通知行为提起行政诉讼的，人民法院不予受理，但导致许可程序对上述主体事实上终止的除外。"程序性行政行为及其可诉性才开始引起较多人的关注。

行政行为的展开必然通过一系列的步骤、顺序、方式、方法，故行政权的实施过程必然存在大量的程序性行为，例如交通违法行为的告知、行政处罚预先告知、重大决策或决定作出前的听证等，多数情况下，这些行为不具有可诉性，理由在于：

---

〔1〕 黄学贤主编：《中国行政法学专题研究述评（2000－2010）》，苏州大学出版社2010年版，第129页。

〔2〕 朱维究、闫尔宝："程序行政行为初论"，载《政法论坛》1997年第3期。

第一，并非涉及程序的行为都可以归结为程序性行政行为。有些程序虽由法律规定，但是该程序规范却是行政体系内部权力运行的流程，例如为确保某项决策内容的科学性及合理实施，行政机关被要求在作出该决定之前应向其他行政机关征询意见，此种活动不应被视为行政行为。学界对程序性行政行为的理解呈现出某种程度的泛化倾向，认为"程序行政行为系指，为实现行政行为的实体内容所采取的步骤和形式等行为，旨在解决该行政行为采取什么步骤、遵循什么时限、采用什么形式等问题"。[1]其实，程序性活动不等于程序性行政行为，是否符合前述主体要素、职权要素、法效要素是其是否构成行政行为的判断基准，其中法效要素尤为重要。司法诉讼以权利为关注点，程序性行政行为只有能够对程序性权利产生影响，而且这种影响又没有被实体性权利的影响所吸纳时才有独立存在的必要。

第二，在某项程序行为构成行政行为的前提下，如果允许相对人起诉程序性行政行为，会造成下列后果：①导致行政程序过程的中断，以致实体性行为无法做出或者遭到延误，极大干扰行政机关的执法效率。程序性权利受到侵犯的时候，相对人当然需要救济途径，行政过程的程序抵抗权、司法审查、行政自律都是可供选择的方案，但是"高的行政效率是行政执法的内在要求"[2]，这就要求要疏通整个行政过程，使其成为一个完整的运行系统，不至于发生阻塞、梗死等现象，这恰恰是程序性行政行为被诉后可能导致的结果；②通常而言，程序性行政行为的瑕疵是否会影响实体性权益在实体性行为作出之前并不完全确定，甚至不能排除有的有瑕疵的程序行为还可能产生对相对人有利后果的可能，"诉最终能够获得审理判决取决于诉的内容，即当事人的请求是否足以具有利用国家审判制度加以解决的实际价值或者必要性。"[3]这意味着，相对人单独提出就程序性行政行为起诉缺乏实益。

在例外的情况下，如果程序性行为同时具备以下两个要素，应该认为是可诉的：其一，终局性。即该程序导致行政过程事实上已经封闭，无法或者

〔1〕　胡建淼：《行政法学》，法律出版社 2003 年版，第 209 页。

〔2〕　关保英：《行政法的价值定位——效率、程序及其和谐》，中国政法大学出版社 1997 年版，第 154 页。

〔3〕　[日]原田尚彦：《诉的利益》，石龙潭译，中国政法大学出版社 2014 年版，第 1 页。

不能向前推进，前述行政效率的考量已经不再重要；其二，涉权性。该程序影响到相对人权益，如果一味要求相对人必须等待行政机关作出实体决定才能起诉，不仅可能错失司法诉讼的有利时机，而且还存在行政机关永远不会作出实体决定的可能，从而导致权利无法救济的后果。因此，从权利保障与司法最终解决的角度，当事人对此类行为享有诉权，正是在这个意义上，有学者主张，如果该程序行为能独立于实体决定而存在，其存在的瑕疵又无法通过实体决定补救，应允许相对人就程序行为单独起诉[1]，笔者对此持赞同态度。

进一步需要解决的问题是，此种程序性行政行为影响的权利义务中是否包括程序性权利？最高人民法院法官认为，"这里所说的权利义务包括哪些呢？一是按照 1989 年行政诉讼法第 11 条第 8 项规定，主要包括人身权和财产权；二是按照最高人民法院《若干解释》第 13 条第 1 项规定，包括相邻权或者公平竞争权；三是按照《若干解释》第 8 条的规定，也包括企业经营自主权；四是在司法实践中，还包括与人身权、财产权相关的教育权和就业权等合法权益。"[2]对照《行政诉讼法》第 12 条中关于"认为行政机关侵犯其他人身权、财产权等合法权益的"之规定，法律上的"等"并未将其他权利限制在与人身权、财产权相关的范围之内，事实上，有些权利与人身权、财产权相关，例如公平竞争权，有些权利则具有相当的独立性，例如环境权，前述理解是对修改前《行政诉讼法》"认为行政机关侵犯其他人身权、财产权的，属于人民法院受案范围"的延伸理解，在当时的确有利于扩大受案范围，但在新法颁布后仍做这种理解反而产生限缩受案范围的后果。人身权、财产权以外的其他合法权益包括政治权利、社会权利、知情权利及救济权利等，知情权利、救济权利都属于程序性权利的范畴，故程序性行政行为影响的除了实体权利以外，也应包括程序权利。

本案中的《中止通知》无疑属于这种情形，其与相对人的人身权、财产权相关，但直接或者首先影响的应该是相对人的申请救济权。申请救济权虽

─────────────

〔1〕 洪家殷："行政程序法与行政救济之关系"，载《月旦法学杂志》1999 年第 7 期。

〔2〕 江必新主编：《中华人民共和国行政诉讼法理解适用与实务指南》，中国法制出版社 2015 年版，第 124 页。

然不在《宪法》明确列举的公民基本权利之列，但依据自然权利先于法定权利存在的理论，申请救济权仍为公民保有，或者基于第41条中关于申诉控告权利的规定，借助于宪法解释学的技术将申请救济权理解为申诉控告权利的具体表现形态亦并不存在障碍。台湾学者称，"法令中若明文规定当事人于程序中有参与机会，该参与同时也具有形成当事人实体权利的作用时，一旦行政机关对人民为相关程序行为，即可认为对当事人的实体权利及程序权利造成影响。"[1]《中止通知》不仅影响了相对人的权利义务，而且也在法律保护的合法权益范围之内。

【争议问题探讨】

本案中，法官的推理分为三步：①《中止通知》在性质上应归为程序性行政行为；②程序性行政行为如果不成熟，相对人没有诉权，如果已经终局，并产生法律效果，且无法通过起诉实体性行政行为的途径获得司法救济，该行为应有可诉性；③《中止通知》属于②中的第二种情形，因此应该属于法院受案范围。

在笔者看来，法官的推理存在微小瑕疵，如果行政活动中的程序性行为并不能对相对人的权利义务产生影响，这种行为根本就不属于《行政诉讼法》上的行政行为，又怎么能称为程序性行政行为？相比之下，对行政活动中的程序性行为的概念提炼，台湾学者使用的"行政程序行为"或者"行政机关程序行为"要更为精确一些。

《行政诉讼法》意义上的行政行为虽然是一个外延相当宽泛的概念，但仍需具备主体、职权、法效等构成要素；行政活动中会出现大量与程序相关的行为，并非每一个程序性行为都是程序性行政行为，只有当其满足终局性、涉权性标准时，才是可诉的行政行为。

【深度阅读】

[1] 江必新：《中国行政诉讼制度之发展：行政诉讼司法解释解读》，金

---

〔1〕　辛年丰："对环境影响评估程序提起诉讼之法理分析——以开发行为评估之评估程序为中心"，载《东海大学法学研究》2011年第6期。

城出版社 2001 年版。

　　［2］陈新民：《中国行政法学原理》，中国政法大学出版社 2002 年版。

　　［3］杨科雄："试论程序性行政行为"，载《法律适用》2010 年第 8 期。

　　［4］王振宇："行政诉讼的诉权保护"，载《人民司法》2010 年第 7 期。

　　［5］于立深、刘东霞："行政诉讼受案范围的权利义务实际影响条款研究"，载《当代法学》2013 年第 6 期。

　　［6］宋烁："论程序行政行为的可诉标准"，载《行政法学研究》2018 年第 4 期。

（撰稿人：杜国强）

案例2　甘肃百盛广告策划有限公司诉甘肃省兰州公路路政执法管理处行政强制案

【案情简介】

（一）基本事实

2009年12月18日，第三人永登县城市管理行政执法局作出《永登县户外广告设置审批表》（永广告设批字〔2009〕第10号），同意原告甘肃百盛广告策划有限公司在机场路K4＋200M、K4＋500M、K4＋850M、K5＋500M、K5＋900M、K6＋500M、K17＋600M、K18＋50M、丹拉高速外设置户外广告，且原告缴纳了户外广告牌设置费用。

2009年12月，原告在机场路K6＋500M处设置广告牌一块，后因高速公路扩建，该处名称变更为S1机场高速K6＋380M处。

2016年5月10日，被告甘肃省兰州公路路政执法管理处对该处广告牌设置现场进行了勘查，并向原告法定代表人做了调查和询问，原告法定代表人向被告陈述了该广告牌经过永登县城市管理行政执法局审批的事实。2016年5月13日，被告经集体讨论，认定原告在S1机场高速K6＋380M处设置的广告牌没有公路部门的审批手续，属于违法设置，决定责令当事人在限定期限内自行拆除，如当事人不自行拆除，将依法强制拆除。2016年5月26日和6月21日，被告将兰州至中川机场高速公路沿线广告牌进行清理的相关事项分别在《甘肃日报》和《兰州晨报》进行了公告和催告。2016年6月15日，被告作出甘兰处树屏执行催告〔2016〕011号《行政强制执行催告书》，限原告于2016年6月20日前自行拆除位于S1机场高速K6＋380M处公路用地设置的非公路标志牌，告知原告有陈述和申辩的权利，并通过中国邮政快递邮寄至原告法定代表人，但被拒收退回，后又以彩信形式向原告法定代表人发送催告书相关内容。

2016年9月6日、2016年9月13日，被告分别作出甘兰处树屏路政执行决定［2016］008 号《行政强制执行决定书》和甘兰处树屏路政代履行［2016］008 号《代履行决定书》，决定"对原告擅自在 S1 机场高速公路 K6 + 380M 处公路用地内设置的单位立柱钢结构广告牌 1 块进行强制拆除。"拆除方式为代履行，排除隐患，恢复原状，并告知原告有陈述、申辩和提起复议及行政诉讼的权利。

决定作出后，被告以中国邮政快递邮寄至原告法定代表人，但被拒收退回，后又以彩信形式向原告法定代表人发送了决定书相关内容。2017 年 4 月 4 日，被告对该广告牌进行了强制拆除。

原告认为被告的行为严重侵害其合法权益。因此提起诉讼，请求法院依法确认被告的拆除行为违法，并恢复原状。

（二）主要争点

本案的争点为被告的行政强制拆除行为是否违法。

（三）裁判要旨

法院经过审理后认为："第三人就该广告牌的设置向原告给予行政许可后，原告即对此许可产生信赖，原告因该信赖而产生或获得的利益是基于行政行为的确定力和执行力，应当受到法律的保护。虽然后期甘肃省政府出台的《甘肃省公路沿线非公路标志牌管理办法》中对非公路标志牌许可期限限定为 5 年，但原告获得的该许可在该规章出台之前。该许可在未被依法变更或者撤回之前，仍然具有法律效力。被告在对涉案广告牌的设置情况进行调查取证时，原告的法定代表人对取得许可的事实进行了陈述，被告行政机关提交本院的证据材料亦可以证明这一事实。但被告根据上级部门的要求对公路沿线非交通标志广告牌进行整治时，未区分具体情况，在明知原告设置的广告牌已经获得有关部门许可的情况下，仍认定原告擅自在 S1 机场高速公路 K6 + 380M 处设置广告牌，并在未对相对人给予相应补偿的情形下，作出强制执行决定，属认定事实错误，作出的行政强制执行决定证据不足。此后的行政强制执行行为亦不具有合法的依据。因此该行政强制拆除行为违法。"

【案例解析】

行政行为的合法性分为形式合法性与实质合法性。形式合法性包括行政行为应该由有管辖权的行政主体作出、遵守法定程序、依据法定形式；实质合法性要求行政行为有事实根据且证据确凿、正确适用法律依据、合乎立法目的等。

具体到本案，第三人就 K6+380M 处广告牌的设置授予原告行政许可，许可期限为 15 年。但后来，现实情况发生变化，高速路扩建导致 K6+380M 处广告牌位置处于距离高速公路 30 米范围内，后期出台的《甘肃省公路沿线非公路标志牌管理办法》中对非公路标志牌许可期限限定为 5 年。

原告是否存在"擅自在 S1 机场高速公路 K6+380M 处设置广告牌"的行为？这涉及行政许可的效力、对行政相对人的信赖利益保护等问题。

（一）行政许可的效力问题及情势变更后行政相对人信赖利益的保护

行政行为具有公定力。公定力即行政行为一经成立，在法律上推定其合法有效，任何个人和组织都应当予以承认和尊重，而不得否认与拒绝。公定力是一种推定的法律效力，与行政行为是否真正合法没有必然联系。除非重大、明显违法，在由法定机关经法定程序对之进行撤销、变更或宣布无效之前，都应承认其合法性；公定力是一种对世权，不但对行政主体与相对人具有相应法律效力，而且对其他机关、组织或个人同样有效，均应予以遵守或服从。公定力是行政行为确定力、拘束力、执行力的基础与前提。[1]

具体到本案，原告在 K6+380M 处设置广告牌的行为取得了第三人颁发的行政许可，案发时该行政许可尚处于有效期内，且包括第三人在内的国家机关并未将行政许可予以撤销、撤回。因此，即便第三人作出行政许可决定时的条件、情形已经发生变化，但该行政许可仍然具有公定力，任何组织与个人均应对其予以尊重，不得否定或者怀疑该许可的合法性，或者作出与该行为相抵触的行为。这意味着，对原告而言，并不存在所谓的"擅自在 S1 机场高速公路 K6+380M 处设置广告牌"，对被告而言，更不能以"擅自在 S1 机场高速公路 K6+380M 处设置广告牌"为由，对原告作出强制执行决定。

当然，"行政行为必须与时俱进，否则无法适应快速变化的环境，因此行政行为的修正、变更、撤销或废止乃是常见现象；但人民对于国家既有法律秩序之信赖亦必须加以重视。两者间冲突如何调和，乃是信赖保护原则之任

---

〔1〕 章志远：《行政行为效力论》，中国人事出版社 2003 年版，第 52 页。

务。"[1]"信赖保护原则要求行政机关应确保行政活动的连续性、稳定性，保护相对人对行政权正当、合理的信赖。"行政机关不得随意变更或撤销已生效的行政行为，如果确因保护公共利益或其他法定原因需要变更或撤销已生效的行政行为，由此给相对人或其他利益相关者值得保护的信赖利益造成的损害，行政机关应给予正当合理的补偿或赔偿。

一般而言，信赖利益保护原则的适用需要满足三个方面的要求：其一，存在信赖基础。即需要具有已经成立并生效的授益性行政行为；其二，已经具有信赖表现，即行政机关作出的行政行为生效后，行政相对人基于善意而信赖该已生效的行政行为并作出了具有处分性的客观行为，而非仅具有意思表示；[2]其三，信赖值得保护，信赖是否值得保护的判断标准主要是无过错原则，强调行政相对人对于违法行政行为没有过错。本案所涉的行政许可是一种典型的授益性行政行为，行政机关的撤销或者废止受到信赖利益保护原则的限制。

《行政许可法》第2条规定："本法所称行政许可，是指行政机关根据公民、法人或者其他组织的申请，经依法审查，准予其从事特定活动的行为"；第8条规定："公民、法人或者其他组织依法取得的行政许可受法律保护，行政机关不得擅自改变已经生效的行政许可。行政许可所依据的法律、法规、规章修改或者废止，或者准予行政许可所依据的客观情况发生重大变化的，为了公共利益的需要，行政机关可以依法变更或者撤回已经生效的行政许可。由此给公民、法人或者其他组织造成财产损失的，行政机关应当依法给予补偿。"依据以上两条规定可知，公民、法人或其他组织依法取得的行政许可受法律保护。同时，只有在符合《行政许可法》第69条规定的情形时，有权机关才可以依法撤销行政许可。

结合本案案情，第三人授予原告设置相应广告牌的行政许可，期限为15年，原告基于其对行政许可的信赖进行了广告牌的设置，并且不存在过错。原告因该信赖而产生或获得的利益应当受到法律的保护。尽管随着高速公路

---

〔1〕　萧文生：《行政法：基础理论与实务》，五南图书出版股份有限公司2019年版，第76页。

〔2〕　胡若溟："行政诉讼中'信赖利益保护原则'适用——以最高人民法院公布的典型案件为例的讨论"，载《行政法学研究》2017年第1期。

的扩建，该广告牌位置案发时位于距离高速公路 30 米范围以内，且在后期甘肃省政府出台的《甘肃省公路沿线非公路标志牌管理办法》中将非公路标志牌许可期限限定为 5 年，但原告获得的该许可在该规章出台之前，15 年许可期限尚未到期。因此，被告的正确做法应该是向实施许可的第三人反映，在其作出撤回许可的决定后，再依照法定程序对广告牌予以拆除。该许可在未被依法变更或者撤回之前，依然具有法律效力。本案被告在对涉案广告牌的设置情况进行调查取证时，原告的法定代表人已经对取得许可的事实进行了陈述，被告行政机关提交法院的证据材料亦可以证明这一事实。但是，被告在对广告牌进行整治时，并未区分具体情况，也没有依照法定程序对原告已经获得的行政许可启动撤回程序，径直作出强制执行决定与强制执行行为，究其实质，是在行政强制的过程中直接否定了第三人所作出的行政许可的效力，违反了信赖利益保护原则，侵害了原告的合法权益。

（二）作出行政强制执行决定前的考量

行政强制执行决定是行政机关对不履行行政义务的相对人以强制力促使其履行义务或实现与履行义务相同状态的行政行为。行政强制执行决定是行政主体实施行政强制执行的直接法律依据，也是行政强制执行程序的基础环节。行政强制执行决定攸关相对人的财产权及人身权益，因此该决定的作出应当遵循依法、适当、强制权不得滥用等原则，调查程序必不可少。

杨海坤、刘军曾将作出行政强制执行决定前调查的结果总结为三种情形：一是发现行政相对人想履行而客观情况不允许，则应暂缓强制执行；二是撤销行政处理决定，不予行政强制执行。在调查的过程中如果发现原行政处理决定不符合法律的规定或立法宗旨，行政机关应立即依据法定程序予以撤销或变更；三是作出行政强制执行决定。能够直接作出强制执行决定的前提是在调查后认为行政处理决定合法而且合理，行政相对人有能力履行而拒不履行的情况下才发生。[1]

我国《行政强制法》并未对行政强制执行决定作出前的调查程序进行规定。但该法第 35 条规定：“行政机关作出强制执行决定前，应当事先催告当

---

〔1〕　杨海坤、刘军：“论行政强制执行”，载《法学论坛》2000 年第 3 期。

事人履行义务。催告应当以书面形式作出，并载明下列事项：（一）履行义务的期限；（二）履行义务的方式；（三）涉及金钱给付的，应当有明确的金额和给付方式；（四）当事人依法享有的陈述权和申辩权。"第 36 条规定："当事人收到催告书后有权进行陈述和申辩。行政机关应当充分听取当事人的意见，对当事人提出的事实、理由和证据，应当进行记录、复核。当事人提出的事实、理由或者证据成立的，行政机关应当采纳。"复核的方式方法之一即为行政机关对当事人陈述、申辩是否属实的调查。从这个意义讲，调查程序是行政强制执行决定的必要环节。当行政相对人逾期不履行行政决定确定的义务时，行政机关不能直接强制执行，应当再向相对人催告后，详细地听取其陈述与申辩，确保行政强制执行决定的合法、适当。

在本案中，被告在明知原告设置的广告牌已经获得有关部门许可的情况下，仍认定原告"擅自在 S1 机场高速公路 K6 + 380M 处设置广告牌"，并在未对相对人给予相应补偿的情形下，作出强制执行决定。可知被告或者未进行调查或者虽然进行了调查但是没有区分情况处理，没有考虑原告已经取得的行政许可仍然具有效力的具体情况，这就直接导致其作出的行政强制拆除决定被认定为认定事实错误，证据不足。依此实施的行政强制执行行为亦不具有合法的依据。正确的做法应当是先撤回或废止行政许可决定，消灭其法律效力，对原告的合法利益进行补偿后，再启动拆除程序。

【争议问题探讨】

第一，公定力的学术争议。[1] 就源头而言，"公定力"一词产生于德国，后经日本学者明确表述，进入中国行政法学界的视野中。

公定力理论依据有以下几种：其一，"自我确信说"。该观点认为，由于法律具有强制性约束力，因此合法的行政行为的效力与合法的判决的效力一样，都来源于法律；即使是相对人有异议的行政行为也具有这样的法律效力，这是因为行政主体是确信或确认自己做出的该行政行为是符合法律规定的。也就是说，行政机关行使的是国家赋予的行政权，因而它就具有像法院那样

---

　〔1〕 王雅琴："再论行政行为的公定力"，载《国家行政学院学报》2015 年第 5 期。

的确信和确认自己的意思表示合法的法定权力。其二，"法安说"。该观点认为，行政行为的公定力是基于对实定法的尊重和维护，作为行为主体的内在意志的表达，法律行为的效力是实定法确认的结果，它本身并不天然具有得到社会各方承认的效力，是基于维护法律关系的安定性的目的，法律对其效力加以确认。因为行政主体与社会之间存在着的是一种基于服务、基于合作的社会连带关系，那么实定法赋予了行政主体行为的公定力，也就体现出了法律的作用即在于保护社会的秩序即保护社会的连带关系。[1]其三，"既得权说"。该观点认为，不同于私法上的私人之间的意思表示，行政行为是行政权力的享有者执行法律、适用法律的行为，因此行政行为的权威是源于行政权、从根本上来说是源于法律的。"无论是行政行为的相对人或其他的公众对行政行为的信赖、对法律的信念，都必须得到保护和维护。行政行为的效力如果被随意地否定会严重地损害法律的权威。由此，肯定行政行为具有完全的公定力，即是保护社会对行政行为的信任和对法律的信赖。"[2]

　　我国行政法学界关于公定力的争论。关于公定力的讨论，围绕两大问题：一是公定力是否应当作为行政行为的效力之一？其理论依据何在？二是公定力应否受到限制？关于第一个问题，认为公定力不应作为行政行为效力的学者占少数，而且他们提出的效力概念实际上并没有否定公定力的存在，只是对公定力概念的修正。在普遍承认公定力存在的前提之下，关于公定力的争论集中在后一个问题。

　　关于公定力是否应当受到限制，学术界有"完全公定力"与"有限公定力"两种不同的观点。"完全公定力说"认为："行政行为未经法定国家机关按法定程序认定，都一律被作为合法行为来对待，即使行政行为具有一些瑕疵，"而反对者认为，作为设定或处分权利的意思表示，行政行为若要得到法律保护，必须符合"公共利益"，绝不可仅仅因为它有权力为后盾而理所当然地视为应当得到保护。国内持"完全公定力说"的学者也主张行政行为在被依法否定前都应当具有完全的公定力，不论其是否违法或存在瑕疵。即使行

---

〔1〕　罗豪才主编：《行政法学》，中国政法大学出版社 1999 年版，第 187 页。

〔2〕　〔日〕南博方：《行政法》，杨建顺译，中国人民大学出版社 2009 年版，第 132 页。

政行为确实具有重大或明显的瑕疵，也只能由法定有权的国家机关来判断并进行否定。国内持"完全公定力"观点的最具代表性的是叶必丰教授。"有限公定力说"则认为公定力的存在有例外，行政行为因为它的瑕疵对公定力的影响被划分为无效行政行为和可撤销行政行为，其中无效行政行为不具有公定力，而可撤销的行政行为具有公定力。

笔者赞同这样一种观点，即公定力是一种形式上的、程序性效力。行政行为的公定力与行为合法与否无关，程序完整、一经成立的有公定力的行政行为，虽然不一定合法、不一定实质有效，但一经生效，行政行为的存续性得以保障。既是一种形式效力，就应当因其违法的程度对其存在产生影响，就可以受到限制，而不是毫无例外地存在。这既符合行政行为概念创建及公定力理念产生的初衷，也使公定力理论更加完善、合理，围绕公定力的一些理论难点、实定法问题也可以迎刃而解。

第二，撤销判决与确认违法判决的选择。当某一行政行为合法要件缺损时，有权机关应当对其作出否定性评价是毋庸置疑的，那么究竟是确认该行政行为违法还是撤销该行政行为？

根据《行政诉讼法》第70条规定，行政行为主要证据不足的，人民法院判决撤销或者部分撤销，并可以判决被告重新作出行政行为。该法第74条第2款规定，行政行为违法，但不具有可撤销内容的，人民法院判决确认违法。就撤销判决而言，其一经宣判生效即恢复到行政行为作出前的状态，即视为该行为不存在，从而实现权利的保护。但在一些情况下，行政主体作出的具体行政行为内容一旦实现，其所产生的客观事实往往具有不可撤销性或不可逆转性，这使得撤销变为不可能或者撤销判决并无实质意义。此时，人民法院仅仅对该具体行政行为的违法性予以宣示，而不否定其法律效力。

确认违法判决与撤销判决之间既存在关联之处又呈现出较大差异。尽管确认违法判决属于一种独立的判决形式，与撤销判决存在差别，但本质上确认违法判决可以视为对撤销判决这一形式的补充。其与撤销判决的相似之处在于，这两种判决形式都是对被诉具体行政行为合法性的否定，撤销判决的适用条件同样符合确认违法判决。

它们最大的不同体现在对行政行为的效力影响上。撤销判决是对违法行为效力的完全否定，具体行政行为被撤销后，行政行为溯及至作出之时不产生法律效力，由该行为而产生的任何对有关公民、法人或其他组织权益的影响将不复存在，并且之后也不会产生其他效力；而确认违法判决却是在承认被诉具体行政行为违法的前提下继续维持该行为的效力。其存在的意义在于，对作为原告的行政相对人而言，提起诉讼的直接目的是为自己的合法权益寻求救济，而要求法院撤销被诉具体行政行为仅仅是实现其目的的途径之一。法院通过确认违法判决，使被诉行政行为不能生效或要求行政主体承担相应的法律责任，或者免除、改变、消除该行政行为造成的法律后果，行政相对人可直接向有关行政机关请求赔偿，或者提起赔偿诉讼，从而仍然能够实现原告的诉讼目的。对于作为被告的行政机关而言，虽然法院维持了其行政行为的效力，但在性质上已确认该行为违法，这意味着，作出被诉行为的行政机关将承担相应的赔偿责任。因此，确认违法判决的适用合理地弥补了不宜适用撤销判决的情形。

在本案中，被告对原告经许可设置的广告牌认定为违法设置的广告牌予以强制拆除，虽然在强制拆除前履行了公告、催告等相关程序，但是由于对原告设置广告牌的行为性质认定错误，最终导致被告的行政强制拆除行为违法。撤销判决的前提在于所提起的行政诉讼在现实中具有可撤销的内容，因为广告牌已经被强制拆除，该行政强制行为已经不具有可撤销的内容，撤销判决在此时已经失去了其救济性，随之应该转换为确认判决。

任何可能影响到公民、法人或者其他组织权利、义务的行为都必须有法律依据，否则这些行为将构成违法并可能产生侵权的后果，行政相对人有权请求赔偿。《行政诉讼法》第76条规定了行政行为被确认违法后的补救措施，即人民法院判决确认违法或者无效的，可以同时判决责令被告采取补救措施；给原告造成损失的，依法判决被告承担赔偿责任。本案中原告除了请求确认被告的行政强制行为违法外，还请求判令原告恢复原状。

在一般意义上，恢复原状是指行政机关的行为侵害他人财产，对受到损害的财产采取修理（包括自己修理和委托他人代为修理）等手段，使之恢复到受损害前的形状和性能的赔偿方式。恢复原状要求行政机关必须以尽可能地恢复到原有水平的方式对相对人予以救济。从应对受害人给予尽可能公正和充分的救济这一立场出发，恢复原状是较为充分地履行赔偿义务的方式。但是，在具体实践中，返还财产操作起来较为复杂并且须具备一定条件，加之某些损害结果已确实无法或很难恢复到原有状态，并非在任何情况下都能达到比较理想的效果。通常恢复原状的赔偿方式只有在比金钱赔偿更便捷的情况下才采用。

采用恢复原状的方式必须具备以下条件：其一，恢复原状具有可能性。即受到侵害的财产能够恢复原状，如果财产损害已经导致物的功能降低甚至丧失，则不能适用恢复原状，其二，恢复原状具有必要性。被损坏的财产有无修复必要，要结合其社会效益、经济效益、所有人需要等多种因素综合考虑；其三，恢复原状不会造成违法后果。如果恢复原状的行为带有违法性，并可能造成违法后果，则不能适用恢复原状的赔偿方式。其四，恢复原状不影响正常公务的进行。恢复原状在具体操作上较为复杂，它要了解需恢复标的物的原本状态及详细资料，为最终恢复提供模板。具体的恢复工作在耗费人力、物力、财力上也会因标的物的复杂程度而有差异，如果采用这种方式影响到赔偿义务机关的公务正常履行，即是不必要的。

本案法院没有支持原告关于恢复原状的诉讼请求。原因在于，被告的强制拆除行为虽然违法，但是甘肃省和兰州市有关部门对公路沿线的非公路标志广告牌进行专项整治，有利于改善公路沿线通行环境，其目的是维护国家和社会公共利益。如判令被告恢复原状，则与此公益目的相悖，而且会产生违反《甘肃省公路沿线非公路标示牌管理办法》的后果。这是法院经过利益衡量后作出的决定。当然，法院仍然判决被告应根据实际情况，采取相应的补救措施，保护因违法行政强制拆除行为对原告合法权益造成的不利后果。这种补救措施既可以是给予原告相应的经济补偿，也可以是许可原告在其他场地另行设置广告牌或者其他。行政机关可以在法律法规和政策允许的范围内，以不侵犯公共利益和他人合法权益为前提，合理选择措施，以达到实质性解决纠纷的目的。

【深度阅读】

[1] 陈新民：《中国行政法学原理》，中国政法大学出版社 2002 年版。

［2］罗豪才、应松年主编：《行政诉讼法学》，中国政法大学出版社 1990 年版。

［3］叶必丰：《行政行为的效力研究》，中国人民大学出版社 2002 年版。

［4］周佑勇：《行政法基本原则研究》，武汉大学出版社 2005 年版。

［5］章剑生："论利益衡量方法在行政诉讼确认违法判决中的适用"，载《法学》2004 年第 6 期。

［6］郑春燕："论'基于公益考量'的确认违法判决——以行政拆迁为例"，载《法商研究》2010 年第 4 期。

［7］王天华："行政行为公定力概念的源流——兼议我国公定力理论的发展进路"，载《当代法学》2010 年第 3 期。

［8］耿宝建、王亚平："法规变动与信赖利益保护"，载《法学》2011 年第 3 期。

［9］胡若溟："行政诉讼中'信赖利益保护原则'适用——以最高人民法院公布的典型案件为例的讨论"，载《行政法学研究》2017 年第 1 期。

（撰稿人：杜国强、纪宁）

案例3　杭州金菱印花有限公司诉中华人民共和国上海吴淞海关行政处罚案

【案情简介】

（一）基本事实

2008年3月7日至2009年3月30日期间，金菱公司向海关申报从日本天间公司（TENTOK CORPORATION）进口半透明纸、装饰用半透明纸20票，共计501 971千克；印刷木纹用纸2票，共计27 929千克，上述纸品申报价格共计CIF493 532.16美元。

因涉嫌偷逃税款，上海海关缉私局于2009年4月1日对金菱公司以走私普通货物为由立案侦查，于2011年6月2日向检察机关移送起诉。2011年7月20日，上海市人民检察院第一分院出具退回处理函，以金菱公司犯罪情节轻微为由，退回作行政处理。2011年11月8日，上海海关缉私局将案件移送中华人民共和国上海浦东国际机场海关（以下简称浦东机场海关）。同月15日，浦东机场海关行政立案。2013年4月11日，因吴淞海关为案涉货物主要进口口岸，浦东机场海关将案件移送吴淞海关处理。

2014年9月9日，吴淞海关向金菱公司作出《行政处罚告知书》，告知拟处罚事实、理由、依据及金菱公司依法享有的权利。金菱公司于同月12日提出听证申请。同年10月11日，吴淞海关组织听证。在听证过程中，金菱公司提出其在刑事侦查阶段曾提供过一套原始发票。上海市公安局物证鉴定中心受吴淞海关委托，对金菱公司提供的材料进行鉴定并出具鉴定书。2015年5月8日，吴淞海关再次发出《行政处罚告知书》，金菱公司再次提出听证申请。同年6月5日，吴淞海关组织第二次听证，听取金菱公司申辩意见。同年7月24日，吴淞海关经最终复核，认为金菱公司违法事实清楚，证据确凿，其申辩理由不成立。

2015年10月14日，吴淞海关作出被诉处罚决定并于次日送达。金菱公司提起行政诉讼，请求撤销该处罚决定。

上海市第二中级人民法院于 2016 年 7 月 7 日作出（2016）沪02 行初 16 号行政判决，驳回金菱公司的诉讼请求。金菱公司不服提起上诉后，上海市高级人民法院于 2016 年 11 月 9 日作出（2016）沪行终 641 号行政判决，驳回上诉，维持一审判决。金菱公司仍不服，在法定期限内向最高人民法院申请再审。

（二）主要争点

本案争议焦点可以总结为以下五个方面：一是吴淞海关是否具有本案行政处罚管辖权；二是本案行政处罚是否超过法定处罚时效；三是被诉处罚集体讨论程序是否合法；四是金菱公司是否构成走私普通货物；五是被诉处罚决定处罚结论是否适当。

（三）裁判要旨

最高人民法院经过审理后认为：

1. 关于吴淞海关是否具有本案行政处罚管辖权的问题。根据当时有效的《行政处罚法》第 20 条："行政处罚由违法行为发生地的县级以上地方人民政府具有行政处罚权的行政机关管辖。法律、行政法规另有规定的除外。"与当时的《海关行政处罚实施条例》第 3 条第 1 款规定："海关行政处罚由发现违法行为的海关管辖，也可以由违法行为发生地海关管辖。"由于案涉货物进口口岸主要发生在吴淞海关，即吴淞海关依法属于主要违法行为发生地海关，移送吴淞海关处理，不违反相关管辖规定。

2. 关于本案行政处罚是否超过法定处罚时效的问题。根据当时有效的《行政处罚法》第 29 条第 1 款："违法行为在二年内未被发现的，不再给予行政处罚。法律另有规定的除外。"与当时的《中华人民共和国海关法》（以下简称《海关法》）第 62 条："进出口货物、进出境物品放行后，海关发现少征或者漏征税款，应当自缴纳税款或者货物、物品放行之日起一年内，向纳税义务人补征。因纳税义务人违反规定而造成的少征或者漏征，海关在三年以内可以追征。"上海海关缉私部门于 2009 年 4 月 1 日对金菱公司以走私普通货物为由立案侦查，表明已经对违法行为开始查处，也即该违法行为已经在 2

年内被发现，并不属于超过处罚时效不能给予行政处罚的情形。

3. 关于被诉行政处罚集体讨论程序是否合法的问题。根据当时有效的《行政处罚法》第 38 条第 2 款"对情节复杂或者重大违法行为给予较重的行政处罚，行政机关的负责人应当集体讨论决定。"与当时的《海关行政处罚实施条例》第 50 条第 2 款的规定，因海关监管关涉国家主权和税收利益，对相关行政案件是否需要提交集体讨论以及具体讨论形式等，宜由海关监管部门综合涉案单位和人员、违法情节、案件影响、认定偷逃税款数额、处罚后果等具体因素，遵照海关监管政策和行政惯例，裁量决定。本案中，吴淞海关经考量案涉货物价款、拟认定偷逃税款、拟追缴税款、刑事与行政处理相互衔接等具体因素，决定与浦东机场海关缉私分局共同集体讨论，并形成相关案件审理委员会会议纪要，不违反上述法律法规规定，且也表明，吴淞海关决定行政处罚前已充分考虑行政程序的完整性和对行政相对人权利救济的可得性，依法应当予以支持。

4. 关于金菱公司是否构成走私普通货物的问题。根据当时有效的《海关法》第 82 条第 1 款与《海关行政处罚实施条例》第 7 条的规定，认定是否构成走私普通货物，是否承担相应法律责任，取决于当事人是否存在瞒报、低报进口货物价格的情形。因此认定金菱公司是否构成走私普通货物，是否承担相应法律责任，取决于金菱公司是否存在瞒报、低报进口货物价格情形，即金菱公司自主向海关申报的 CIF 价格，是否低于其与日本天间公司发生案涉交易时所真实发生的 CIF 价格，根据已有证据不能确证金菱公司所主张的案涉实际交易价格低于高价发票反映的交易价格之事实，难以推翻吴淞海关已经举证证明的案件事实，更无法证明其"特惠价绝密约定"。因此，吴淞海关根据金菱公司向海关申报纳税数额及高价发票反映的交易价格，依法认定金菱公司属于走私普通货物，具有事实和法律根据。

5. 关于被诉处罚决定处罚结论是否适当的问题。根据当时的《海关法》第 82 条第 2 款规定："有前款所列行为之一，尚不构成犯罪的，由海关没收走私货物、物品及违法所得，可以并处罚款；……"与当时的《海关行政处罚实施条例》第 9 条第 1 款第 3 项规定："偷逃应纳税款但未逃避许可证件管理，走私依法应当缴纳税款的货物、物品的，没收走私货物、物品及违法所得，可以并处偷逃应纳税款3倍以下罚款。"第56条规定："海关作出没收货物、物品、走私运输工具的行政处罚决定，有关货物、物品、走私运输工具无法或者不便没收的，海关应当追缴上述货物、物品、走私运输工具的等值价款。"此外，当时有效的《海关总署政策法规司关于〈湛江海关关于对伪报、瞒报进出口货物价格案件法律适用问题的请示〉的批复》（政法函〔2005〕49号）第2条规定："对伪报货物价格偷逃应纳税款的走私行为，应当没收与偷逃税款占应纳税款比例相对应的走私货物。"上述政法函〔2005〕49号文件，是海关总署政策法规部门结合海关监管实际需要，从有利于保障行政相对人合法权益的角度，对法律法规有关没收走私货物、追缴等值货款规定所作出的限缩性解释，不违反法律法规规定，且已形成行政惯例。《最高人民法院关于适用〈中华人民共和国行政诉讼法〉的解释》第100条第2款有关"人民法院审理行政案件，可以在裁判文书中引用合法有效的规章及其他规范性文件"的规定，依法可以作为本案中吴淞海关作出被诉处罚决定的合法性根据。

【案例解析】

（一）关于海关行政处罚的管辖权

当时有效的《行政处罚法》第20条规定："行政处罚由违法行为发生地的县级以上地方人民政府具有行政处罚权的行政机关管辖。法律、行政法规另有规定的除外。"自我国《行政处罚法》颁布实施以来，一直延续着违法行为发生地管辖的基本原则。相关释义与解释中将"违法行为发生地"解释为"既包括实施违法行为地，也包括危害结果发生地"。实施违法行为地包括违法行为的实施地、开始地、途经地、结束地等与违法行为有关的地点；违法结果发生地，包括违法对象被侵害地、违法所得的实际取得地、藏匿地、转移地、使用地、销售地。

虽然2021年修改后的《行政处罚法》对管辖的事务、时间等内容作出调整，但由"违法行为发生地"管辖的基本原则没有发生改变。

有学者将《行政处罚法》中管辖的基本原则设置为"违法行为发生地"的初衷总结为两个：其一，发生地是核心要素。无论是违法行为的处理还是及时维护被违法行为破坏的社会秩序，均是基于发生地的因素。其二，兼顾执法效率。违法行为发生地的处置更有利于行政机关及时、准确地发现违法行为，同时便于在规定时间内调查取证，减轻行政机关管理成本，提高工作效率。[1] 可以看出，将"违法行为发生地"的行政机关规定为相关案件的管辖机关，能够发挥行政管辖制度中地域管辖的优势。首先，"违法行为发生地"的行政机关行使管辖权，有助于提高行政机关及其工作人员的责任心，避免出现行政违法案件处理上可能出现的相互推诿；其次，"违法行为发生地"的行政机关处理案涉行政处罚案件的管理成本较低。能够查找到案涉违法行为相关证据的地点往往是"违法行为发生地"，相比较其他有权管辖主体，"违法行为发生地"的行政机关处理案件往往时间更快，获取证据资料更加便利；[2] 最后，确定由"违法行为发生地"的行政机关管辖严格划定了行政机关的职能，防止权力滥用。

虽然大部分法律规范以违法行为发生地管辖为基本原则，但也存在由法律、行政法规、部门规章规定的例外情况。[3] 例如《商标法实施条例》第89条规定："商标代理机构有商标法第六十八条规定行为的，由行为人所在地或者违法行为发生地县级以上工商行政管理部门进行查处并将查处情况通报商标局。"经常居住地是指公民离开户籍所在地最后连续居住一年以上的地方，但在医院住院就医的除外。《船舶登记条例》第53条规定："违反本条例规定，使用他人业经登记的船舶烟囱标志、公司旗的，由船籍港船舶登记机关责令其改正；拒不改正的，可以根据船舶吨位处以本条例第五十条规定的罚款数额的10%；情节严重的，并可以吊销其船舶国籍证书或者临时船舶国籍证书。"此外，长三角、京津冀、粤港澳等地区存在跨区域管辖问题，地方部

---

〔1〕 熊樟林："行政处罚地域管辖权的设定规则——《行政处罚法（修订草案）》第21条评介"，载《中国法律评论》2020年第5期。

〔2〕 章剑生："行政管辖制度探索"，载《法学》2002第7期。

〔3〕 关于规章是否有权作出行政处罚地域管辖方面的规定，学界有不同的意见。有观点认为，授权部门规章可以对地域管辖作出规定，但地方性法规却不行，这与常理不符。有观点主张，行政处罚地域管辖权的规范形式只能由法律加以设定，而不能由行政法规或行政规章设定。还有人认为，不仅部门规章可以创设行政处罚地域管辖的规则，地方政府规章也应该可以创设，上述观点在《行政处罚法》修改过程中没有得到立法机关的采纳。参见江必新、夏道虎主编：《中华人民共和国行政处罚法条文解读与法律适用》，中国法制出版社2021年版，第71页。

门采取的方法是协议管辖、相互委托处罚权等。[1]本案所涉的海关行政管理领域亦是例子。《海关行政处罚实施条例》第3条第1款规定："海关行政处罚由发现违法行为的海关管辖，也可以由违法行为发生地海关管辖。"该条规定以发现违法行为的海关管辖为首要原则，违法行为发生地管辖为例外。原因是在我国涉及海关处理的相当一部分违法行为发生于外国或我国较偏远海域，违法行为难以及时发现，且取证成本较高，执法效率低，因此我国边境口岸大多为违法行为结果的发生地，该条规定发现地海关管辖是适应海关工作实际现状的体现。

虽然由发现地海关管辖具有其独特优势，但还是要结合海关执法案件的具体实践来确定管辖机关，"发现"违法行为，主要依靠相关执法人员的主观判断和客观行为，发现违法线索并调查核验的情况与执法人员的业务能力、相关法律知识的掌握水平密切相关，[2]由发现地海关管辖在很大程度上增加了各个海关机关查处违法行为的力度与能力要求。此外，执法人员发现违法行为则要采取进一步的调查处罚程序，而不发现反而轻松，这一规定可能会反向激励现场执法人员不要主动去发现违法行为线索，从而避免执法过程中可能产生的风险。实践中，某些海关为了提高处罚案件数量、金额或者基于特定处罚指标而增加针对通关船舶各种类别的检查频次以发现违法线索，从而导致通关的成本增加。这是值得关注的现象。

具体到本案，案涉货物进口口岸主要发生在吴淞海关，即吴淞海关作为主要违法行为发生地海关。案件中上海海关缉私局根据检察机关要求，于2011年11月8日将案件移交浦东机场海关处理，浦东机场海关于2011年11月15日将其作为行政案件立案后，基于吴淞海关系案涉交易纸品主要进口口岸，由吴淞海关调查取证和作出相应处理，有其行政便宜性，故又于2013年4月11日将该案件移送吴淞海关处理，针对我国法律规定以及实际情况而言，由吴淞海关作出行政处罚有利于提高行政效率，并且能够及时查处违法行为，且未违反管辖规定，有利于平衡和明确各机关对行政处罚事务的分工和权限。

---

[1]　袁雪石：《中华人民共和国行政处罚法释义》，中国法制出版社2021年版，第163页。

[2]　赵裕珩："海事行政处罚地域管辖权分析"，载《中国海事》2021年第10期。

（二）关于海关行政处罚的追诉时效

行政处罚追诉时效并非我国立法上的规范表述。在理论层面上，行政处罚时效分为四种：追诉时效、裁决时效、执行时效及救济时效，我国《行政处罚法》仅仅规定了追诉时效、裁决时效。学界对行政处罚追诉时效的研究相对匮乏，即使是法律已有规定追诉时效这一概念，学界的表述也并不统一，有学者使用追究时效或追罚时效，甚至还有学者采"追溯时效"，但含义基本上是一致的，这也暴露出该制度存在落后、关注不足等问题。行政处罚追诉时效是指对违法行为人追究责任，给予行政处罚的有效期限，超出该期限则不能对违法行为人给予处罚。这是一种对行政处罚予以时间限制的程序性规定。

追诉时效制度的目的在于，督促行政机关及时履行法定的行政处罚职责，从而实现行政效率原则。[1]追诉时效制度体现在当时有效的《行政处罚法》第 29 条中，即"违法行为在二年内未被发现的，不再给予行政处罚。法律另有规定的除外。前款规定的期限，从违法行为发生之日起计算；违法行为有连续或者继续状态的，从行为终了之日起计算"。该条在《行政处罚法》修改后，虽然增加了"涉及公民生命健康安全、金融安全且有危害后果的，上述期限延长至五年"的规定，但是核心要点并未发生变化。其一，行政机关对于追诉时效没有裁量权。"发现"之后必须启动行政处罚程序。而民事主体则是在"知道或者应当知道权利被侵害"后，也可以不行使权利，体现了民事领域的意思自治原则。其二，允许特别追诉时效的存在。长于 2 年的，例如《税收征收管理法》第 86 条规定："违反税收法律、行政法规应当给予行政处罚的行为，在五年内未被发现的，不再给予行政处罚。"短于 2 年的，例如《治安管理处罚法》第 22 条规定："违反治安管理行为在六个月内没有被公安机关发现的，不再处罚。前款规定的期限，从违反治安管理行为发生之日起计算；违反治安管理行为有连续或者继续状态的，从行为终了之日起计算。"其三，追诉时效的起算点。追诉时效的起算点分为一般违法行为和有连续或

―――――――――

〔1〕 张泽想："行政处罚的时效制度——兼析《行政处罚法》第 29 条"，载《法学杂志》1997年第 2 期。

继续状态的违法行为两种情况讨论。原则上处罚期限从违法行为发生之日起计算，如何理解违法行为的发生，具体时点是行为着手之时还是完成之时，在某些特定情况下需要进一步分析，具体到本案中这一点并不存在争议。相比之下，针对有连续、继续状态的违法行为的认定，实践中存在很多问题。最典型的就是违章建筑拆除案件，违法建设作为行政违法行为是没有疑问的，但往往该类案件不容易被发现，很可能违法建筑已经建成两年之后才被有权机关发现，此时是否可以处罚？相应的就出现了分歧。一般认为，连续或者继续违法行为是指一个违法行为发生之后，其行为及由此造成的不法状态一直处于连续或者继续状态的违法行为。违法建设属于继续违法行为，在违章建筑存在期间，对法益的侵权是持续状态而非终结状态，因此，应当自违法行为终了之日起计算。全国人大常委会法工委曾对此作出明确结论，在《关于违反规划许可、工程建设强制性标准建设、设计违法行为追诉时效有关问题的意见》（法工办发〔2012〕20 号））中规定，违反规划许可、工程建设强制性标准进行建设、设计、施工，其行为有继续状态，应当自纠正违法行为之日起计算行政处罚追诉时效。这里主要考虑到违法建筑带来的建设工程质量安全隐患和违反城乡规划的事实始终存在，应当认定其行为有继续状态。在此之前，最高人民法院行政审判庭也曾作出《关于如何计算土地违法行为追诉时效的答复》（〔1997〕法行字第 26 号），基本采取相同的立场。其四，何谓"未被发现"的"发现"？这在实践中尤为关键。在刑法理论上，有学者称之为追诉时效的终止，即公安司法机关立案之日，即日起犯罪嫌疑人享有的因超过追诉时效而不受追诉的特殊"奖励"消灭，国家开始启动追诉程序。这一概念可以为行政处罚时效制度所借鉴。理论界对"发现"的看法，分别是控告或举报标准、行政处罚主体受理标准、行政处罚主体掌握相对人的违法事实标准、行政处罚主体立案标准。相比之下，行政处罚主体立案标准较为合理。首先，行政机关经过群众举报、受害人报案或行政机关获得的其他线索，知晓有行政违法行为发生或存在的可能，这个阶段还只有可能，因为并未查证属实。显然，不能以此知晓或可能来确定法律上的"发现"。对于行政处罚追诉时效来讲，本质的问题是行政机关是否有"追诉"的意思，而不是行政机关是否知晓某些线索。其次，行政机关知晓初步线索以后，如果进行所谓的"案前调查"行为，仍然不能理解为"发现"，因为这种"案前调查"并未表明行政机关有追诉的意思，倒是有试探有无必要追诉的意思。最后，是行政机关立案调查。立案是表明行政机关有追诉的意思，应当以立案标准来理解《行政处罚法》上规定的"发现"，如果行政机关在追诉时效内没有立案调查，则表明该机关没有追诉的意图，如果在追诉时效以内立案调查了，则不受 2 年追诉时效的限制。所以，所谓行政机关"发现"违法行为，实质上是发现并有追诉意图的涵义，由于违法行为人逃避而没有调查完毕或处罚不能作出，是追诉时效以外的问题。行政处罚追诉时效不能像刑事追诉时效那样，以是否采取强制措施为标准。因为行政处罚绝大多数情况下并不需要也没有规定要对违法行为人采取强制措施，这就使刑事追诉时效的强制措施不能适用于行政处罚。[1]

本案中的特殊之处是，金菱公司的违法行为发生于 2008 年 3 月 7 日至 2009 年 3 月 30 日期间，上海海关缉私局于 2009 年 4 月 1 日对该案以走私普通货物为由立案侦查，表明其此时已经发现金菱公司的违法行为，并于 2011 年 6 月 2 日向检察机关移送起诉。2011 年 7 月，上海市人民检察院第一分院以杭州金菱公司犯罪情节轻微为由，退回作行政处理。上海海关缉私部门于 2011 年 11 月 8 日将该案件移送浦东机场海关后，浦东机场海关于 2011 年 11 月 15 日将其作为行政案件立案，2013 年 4 月 11 日，吴淞海关作为货物的主要进口口岸，浦东机场海关将案件移送吴淞海关处理。吴淞海关经听证调查最终作出被诉行政处罚决定。

针对这种由刑事案件撤案转为行政处罚案件。有司法实务专家称之为"追诉时效的计算转换"：当案件由刑事程序转为行政程序处理时，此时违法行为的发现之日应当以刑事立案侦查的日期来确定。[2]除此之外，海关总署《关于转发和具体适用〈最高人民法院关于审理走私刑事案件具体应用法律若干问题的解释〉的通知》中关于"走私行为案发时"的说明："走私行为案发时"系指走私案件被揭发之时，具体执行中应以查获案件的立案之日（包

---

[1] 杨小君：《行政处罚研究》，法律出版社 2002 年版，第 239 页。
[2] 茆荣华、王岩："海关行政处罚程序转换及域外证据采信"，载《人民司法（案例）》2017 年第 8 期。

括行政执法部门的立案之日）计算；同一案件因办案部门转换出现不同立案日期的，以接近走私行为发生时的立案之日为准"。虽然该通知目前已被废止，但是海关机关在处理该种类型的行政违法案件时，多参考这一解释。

本案中上海海关缉私局于 2009 年 4 月 1 日立案，因此应当认为该违法行为发现之日为 2009 年 4 月 1 日，吴淞海关并未超过行政处罚规定的追诉时效，而杭州金菱公司主张以行政案件立案日作为违法行为发现日。对此，《全国人大常委会法制工作委员会关于提请明确对行政处罚追诉时效"二年未被发现"认定问题的函的研究意见》（法工委复字〔2004〕27 号）规定："《行政处罚法》第 29 条规定的发现违法违纪行为的主体是处罚机关或有权处罚的机关，公安、检察、法院、纪检监察部门和司法行政机关都是行使社会公权力的机关，对律师违法违纪行为的发现都应该具有《行政处罚法》规定的法律效力。因此上述任何一个机关对律师违法违纪行为只要启动调查、取证和立案程序，均可视为'发现'……"据此，其他国家机关发现的，应当及时向具有行政处罚权的行政机关移送。可以看出，虽然刑事侦查与行政处罚是两种截然不同的程序，却在海关执法实践中存在交叉，针对此类案件的时效问题，似乎持"以刑事立案时间作为海关发现行为违法行为之日"更符合立法机关的本意，实务中也多是沿用此类做法。这一做法为刑事不起诉与后续行政处罚的衔接作以铺垫，但是其中的具体内涵，还需要更多的理论研究与法律规范作为支撑。

（三）关于行政处罚适用集体讨论程序的情形

集体讨论是行政机关的内部程序要求，目的在于通过合议的方式查清案件事实，准确适用法律规范。周海源认为，集体讨论决定制度是对接危害性评价结果的处罚幅度的调整机制之一，对"情节复杂或者重大违法行为给予较重的行政处罚"进行更为严格的程序限制，方能避免量罚权的滥用。[1]许若群认为，集体讨论决定制度本质上属于一种集体决策制度，通过执法机关内部资源解决某些重大案件在事实认定和法律适用方面的问题，进而避免办

---

〔1〕　周海源："危害性评价应纳入行政处罚制度的基本范畴"，载《法学》2020 年第 6 期。

案人员违规操作甚至枉法裁断的情况，防止某些人为因素导致错案。[1]行政处罚的集体讨论程序既能保证行政处罚决定的正确性，又能有效规范行政自由裁量权。

当时有效的《行政处罚法》第38条第2款规定："对情节复杂或者重大违法行为给予较重的行政处罚，行政机关的负责人应当集体讨论决定。"同时，根据《海关行政处罚实施条例》第50条第2款规定："对情节复杂或者重大违法行为给予较重的行政处罚，应当由海关案件审理委员会集体讨论决定。"这两条法律规定是行政处罚集体讨论程序的法律依据。

研究行政机关的集体讨论程序，便绕不开其核心要素：集体讨论程序的适用范围。其范围的确定核心是对"情节复杂""重大违法行为""较重处罚"的判断。

根据行政机关的执法实践，可以将"情节复杂"大致总结为以下四种情形：一是行政执法人员对案件处理结果存在较大的争议的情形，行政执法人员自身对案件处理具有一定的专业处理技能，执法人员之间存在争议则证明此案件的事实情节较为复杂，多名行政执法人员对处理结果持有不同意见，因此需要交由行政机关负责人集体讨论作出裁决，实践中常见的争议主要有案件事实与案件性质认定不一、发生执法管辖竞合、证据的采信与否等。二是行政处罚案件的处理结果可能与裁量基准存在出入，虽然裁量基准制度在行政处罚领域应用较多，但已有的行政裁量基准规则并不能涵盖所有行政处罚类案件可能出现的情形，因此当出现裁量基准之外的状况时则需要通过行政机关的集体讨论程序来作出最终的处理决定。[2]三是那些可以从轻、减轻、免除或者从重处罚的案件，这些案件通常是因为行为本身或者行政相对人具有特殊性而可以作出裁量基准之外的处理结果，从而满足"过罚相当原则"的要求，因此需要通过集体讨论程序实现行政处罚结果的公平公正。四是除了前三种常见情形之外的复杂情节，比如多个行政机关之间共同执法案件或是从未接触过的新型案件的处理，经过集体讨论程序使其处罚决定更加合理、

---

〔1〕 许若群："行政执法内部规控研究——兼论重大行政执法决定法制审核制度的设计"，载《云南行政学院学报》2019年第3期。

〔2〕 参见《浙江省民政行政处罚裁量基准实施办法》第9条。

科学。

"重大违法行为"主要指那些行为本身和行为的后果较为严重，以及对社会影响较大的案件。通常包括：其一，违法行为性质恶劣、危害严重，这类案件多指那些违法行为会危及公共安全、人身安全，违法行为对行为对象能够造成较大的损害结果，由于该类案件本身的严重性，其处罚结果相应也更重，因此需要行政机关谨慎处理，通过集体讨论准确定性，作出决定。其二，那些影响较大或者影响范围较广的案件，在互联网时代信息传播速度极快，存在争议的案件极其容易引起舆论的关注。有些行政处罚案件本身的事实认定，性质认定等可能并不复杂甚至谈不上严重，但是往往由于涉及了敏感因素或者是公众人物就容易引发舆论的热议，这要求行政执法人员在处理此类案件时更加谨慎。针对前述类型案件可能发生的状况，多数行政机关都要求在作出处罚决定前必须经过负责人的集体讨论，保证法律效果与社会效果的统一。还有那些牵涉辖区内的大型企业的处罚案件，这类案件因为涉及该地区的就业、经济等情况，影响面较广，也需要通过集体讨论程序平衡各方面要素。[1]除此之外，还有部分案件是由当地党委、政府等上级机关对案件提出过处理建议，这就需要经过集体讨论程序来研究处理建议的采纳与适用问题。

"较重处罚"，虽然2021年《行政处罚法》经过修改取消了原38条中"较重的"行政处罚这一规定，但是结合行政执法实践来看，由于较重的行政处罚对行政相对人权利的影响程度更深，因此通过集体讨论程序更能保证相关处罚决定的合法与合理。且《海关行政处罚实施条例》中也有对较重的行政处罚经过集体讨论程序的要求，因此对于那些可能作出"较重处罚"的行政处罚决定仍然需要适用集体讨论程序的规定。这一范围通常参考需要经过听证程序的行政处罚，如较大数额的罚款等、没收较大数额违法所得、没收较大价值的非法财物、降低资质等级或吊销许可证，以及责令停产停业、责令关闭、限制从业等，这些类型的案件处理结果通常较为严重，对行政相对

---

〔1〕 章琼麟："行政处罚中的行政机关负责人集体讨论程序研究"，华东政法大学2018年硕士学位论文。

人的权利义务影响较大，故其仍然需要集体讨论程序来把关。

而有关集体讨论程序的具体要求，由于全国各地各级行政机关的工作实践不同，行政处罚集体讨论的形式也呈现多样性的特征，但总体都遵守一些基本的规则。首先是集体讨论程序前的法制审核，需要经过集体讨论程序的案件通常属于重大行政执法决定，因此对于这类案件，需要经过行政机关法制机构的严格审查，重点审核执法主体、管辖权限、执法程序、事实认定、行政裁量权运用和法律适用等情形。其次是集体讨论的形式应该体现为负责人之间当面的会议讨论，充分了解各参会成员的意见，避免集体讨论流于形式，经过集体讨论使案件处理结果尽可能地公平公正。至于参与集体讨论的行政机关负责人，可以参照《最高人民法院关于行政机关负责人出庭应诉若干问题的规定》第2条第1款的规定，包括行政机关的正职负责人、副职负责人、参与分管行政处罚行为实施工作的副职级别的负责人以及其他参与分管的负责人。最后是集体讨论程序必须要有会议纪要或者其他类似的记录证明，这是体现讨论全过程意见的翔实记录。会议纪要的存在既能证明集体讨论的存在，也可以作为行政复议或者行政诉讼的证据存在，[1]是重大行政处罚案件中的必要程序。

从集体讨论程序在《行政处罚法》中的位置来看，集体讨论程序是行政处罚决定程序的组成部分。行政机关实行首长负责制，在作出处罚决定时，既可以是行政机关负责人决定，也可以是行政机关负责人以会议集体讨论形式作出处罚决定。此时，往往已经经过了告知程序，问题是，如果集体讨论后改变拟作出的行政处罚决定内容的，是否要再次进行告知？一般认为，对于集体讨论决定减轻拟作出的行政处罚决定的，可以不再告知当事人。对于集体讨论决定加重处罚的，应当再次告知当事人决定的内容、依据等，陈述申辩权是当事人重要的程序权利，为了充分保障当事人的权利，同时也为了确保行政处罚决定的事实基础和法律基础扎实稳固，行政机关应当依法再次履行告知义务。

在本案中，行政处罚案件是涉及海关监管的走私案件，因为该事项涉及

---

〔1〕 陈新民：《中国行政法学原理》，中国政法大学出版社2002年版，第132页。

国家的主权及税收完整，属于涉及国家利益的重大违法行为，该案件的处理需要综合涉案单位和人员、违法情节、案件影响、认定偷逃税款数额、处罚后果等多种具体因素，遵循海关监管政策和行政惯例裁量决定，因此该案符合行政处罚集体讨论程序的适用条件。案件处理中，吴淞海关经考量案涉货物价款、拟认定偷逃税款、拟追缴税款、刑事与行政处理相互衔接等具体因素，决定与浦东机场海关缉私分局共同集体讨论，并在集体讨论中形成相关案件审理委员会会议纪要，符合相关程序的要求。综合来看，经过对行政机关程序范围以及适用要求的梳理，该案件的集体讨论程序完整，并且充分考虑到行政相对人的权利，符合法律规定。

（四）关于是否构成走私普通货物

对于应当缴税的普通货物、物品，只要合法缴纳应当缴纳的税款就可以自由出境或入境。因此，在普通货物的进出口过程中，缴纳税款与否在中间起着重要作用，如果缺少关税这一环节，那么该项交易就可能违法，构成走私犯罪。常见的走私犯罪表现为两种方式，一种是绕关走私货物、物品，通常是指没有经过海关行政机关的批准，从海关设立地点之外的地方入境等。另一种是通关走私货物、物品，这种方式在司法实践中层出不穷，主要有谎报、瞒报：即利用货物运输的过程来掩盖走私事实的行为；伪装：通常将走私货物做形态上或者表面的改变，以伪装后的物品向海关申报入境的行为方式；伪报：这是指对进出口货物的数量、价格等要素进行虚假申报，从而使未缴纳或者未足额缴纳税款的货物通过海关关口。本案中，吴淞海关对金菱公司构成走私普通货物的判断主要为伪报货物价格，对高价商品报以低价意图通过海关，逃避关税。

根据当时的《海关法》第82条和《海关行政处罚实施条例》第7条的相关规定，对于金菱公司是否构成走私普通货物取决于金菱公司是否存在瞒报、低报进口货物价格情形，即金菱公司自主向海关申报的CIF价格，是否低于其与日本天间公司发生案涉交易时所真实发生的CIF价格。在此问题的讨论中并没有太多的理论争议，更多的是证据之间的博弈，吴淞海关提交的证据材料，能够证明金菱公司存在故意隐瞒高价发票而利用低价发票申报价格从而构成走私普通货物的违法事实。而金菱公司提供的低价发票与确认真实的高价发票，外文签名字迹不是同一人书写、红色印文不是同一枚印章盖印形成。且金菱公司主张与日本天间公司之间存在"特惠价绝密约定"并无充分证据证明该约定的真实性。以上种种证据皆表明金菱公司并不能证明低价发票为真实的交易价格。通过证据之间的比较、认定可以明显看出吴淞海关根据金菱公司向海关申报纳税数额及高价发票反映出来的交易价格，依法认定金菱公司属于走私普通货物，具有事实和法律根据，并无不当。

（五）关于海关行政处罚结论是否适当

法无明文规定不为罪，法无明文规定不处罚。行政机关能否正确适用行政处罚直接关系到行政机关作出的行政处罚决定是否合法、正确和适当，关系到行政相对人的合法权益。如果不依照法定的依据随意实施行政处罚，那么行政处罚法定原则将成为一句空话。行政处罚必须遵守处罚法定的原则，没有合法依据，不得实施处罚。当时有效的《行政处罚法》第 3 条规定："公民、法人或者其他组织违反行政管理秩序的行为，应当给予行政处罚的，依照本法由法律、法规或者规章规定，并由行政机关依照本法规定的程序实施。没有法定依据或者不遵守法定程序的，行政处罚无效。"当时有效的《行政处罚法》第 14 条规定："除本法第九条、第十条、第十一条、第十二条以及第十三条的规定外，其他规范性文件不得设定行政处罚。"以上两款法条虽然经过 2021 年《行政处罚法》的修改，内容有所调整，但核心意思并未发生改变。行政处罚应当由法律、法规、规章规定，其他规范性文件在没有法律、法规、规章依据的前提下，不能设定行政处罚。

具体到海关部门的实践来看，海关行政处罚的做出必须遵守"以事实为依据，以法律为准绳"的原则，这是关系到该处罚行为本身是否合法、适当的核心问题。没有法律依据，不能随意作出处罚，有了法律依据，还要准确适用，不能随意套用或者前后矛盾。处罚决定的作出必须依据现行有效的法律、法规、规章和与法律法规规章不相抵触的规范性文件，并准确援引有关条款。在地方性法规和国家法律、行政法规交叉、不一致的情况下，应依据国家法律、行政法规。[1]

---

〔1〕 韩丽："论海事行政处罚的合法性要件"，载《青岛远洋船员学院学报》2008 年第 1 期。

在本案中，吴淞海关作出处罚的主要依据为，《海关法》第 82 条第 2 款："有前款所列行为之一，尚不构成犯罪的，由海关没收走私货物、物品及违法所得，可以并处罚款；……"《海关行政处罚实施条例》第 9 条第 1 款第 3 项规定："偷逃应纳税款但未逃避许可证件管理，走私依法应当缴纳税款的货物、物品的，没收走私货物、物品及违法所得，可以并处偷逃应纳税款 3 倍以下罚款。"第 56 条规定："海关作出没收货物、物品、走私运输工具的行政处罚决定，有关货物、物品、走私运输工具无法或者不便没收的，海关应当追缴上述货物、物品、走私运输工具的等值价款"，同时参考了《海关总署政策法规司关于〈湛江海关关于对伪报、瞒报进出口货物价格案件法律适用问题的请示〉的批复》（政法函〔2005〕49 号）第 2 条规定："对伪报货物价格偷逃应纳税款的走私行为，应当没收与偷逃税款占应纳税款比例相对应的走私货物。"这一规定是对法律法规有关"没收走私货物、追缴等值货款"规定所作出的限缩性解释，不违反法律法规规定，且已形成行政惯例。根据上述法律、规章、行政惯例，且金菱公司被认定为走私涉及的货物已经通关，无法没收，因而吴淞海关作出追缴等价值货款的决定符合依法行政的要求，该处罚决定并不违法。

除此之外，当时的《行政处罚法》第 27 条规定："当事人有下列情形之一的，应当依法从轻或者减轻行政处罚：（一）主动消除或者减轻违法行为危害后果的……"本案中，吴淞海关考虑到金菱公司积极缴纳担保金 50 万元，属于依法从轻或者减轻行政处罚情形，因此在作出行政处罚决定时，合理行使了裁量权，综合考虑了这一情节，同时也是出于对"过罚相当"原则的考虑。《行政处罚法》第 4 条第 2 款规定："设定和实施行政处罚必须以事实为依据，与违法行为的事实、性质、情节以及社会危害程度相当。"明确行政处罚要遵守"过罚相当"原则，行政处罚的种类和幅度必须要与违法行为的性质、情节、危害程度相适应，处罚决定要适度与适当。既不能过度处罚，滥用行政处罚权，加重行政相对人负担甚至侵害其合法权益；也不能行政责任缺位，对违法行为放任不究或者无原则地轻缓处理，导致矫正效果不足，公共利益受损。

【争议问题探讨】

第一，海关行政处罚的时效起算问题。本案中这种追诉时效的计算的情形可以总结为：起初海关缉私部门以涉嫌走私罪刑事立案，但后来经一系列侦查发现难以证实，或者检察机关不起诉、人民法院判决无罪或免于刑事处罚。该类型案件的常见争议是有的案件在刑事立案之初就已经超过了2年的行政处罚追究时效，有的案件则是在刑事办案期间2年时效期满。针对此类情形的案件海关发现之日如何确定？即是否超过《行政处罚法》规定的2年的时效？

此类问题的解答可能存在争议，但是可以看到实践中对此类情况存在常见的做法，有实务工作者总结为："将'走私行为案发时'看作走私案件被揭发之时，具体执行中以查处案件的立案之日计算；同一案件因办案部门转换出现不同立案日期的，以接近走私行为发生时的立案之日为准；实际操作时则一般认定刑事立案时间作为海关发现之日。如果刑事立案时已经距违法行为发生超过两年的，刑事案件撤销之后，海关查私部门也不会行政立案；但如果还未超过两年，则行政处理追究。"这种处理方式较为常见。但是实践中仍然存在不同的意见，有人认为刑事侦查与行政处罚属于两种截然不同的程序，其法律依据也不尽相同，直接将两种不同程序中"发现违法行为"的日期作以衔接可能对被处罚人并不公平。因此，这一问题尚存在讨论的空间。

第二，行政机关的二次审查听证是否适当的问题。该案件中吴淞海关在作出行政处罚决定前，曾举行了两次听证，该做法在二审期间曾遭到金菱公司的质疑，金菱公司认为行政处罚的程序不可逆。行政处罚案件中，行政相对人申请听证，行政机关在听取当事人的陈述和申辩后，发现事实不清的，能否再次调查取证，并举行二次听证，《行政处罚法》没有明确规定，对此存在不同观点，实践中的做法也不完全一致，在此简要介绍两种对立但具有代表性的观点：

一种观点认为，听证结束，就是调查程序结束，行政机关不能再补充调查证据，即便补充的证据又再次告知当事人有陈述和申辩的权利，也属于是程序违法。持该种观点的理由是，听证程序是在案件调查已经结束之后，作出行政处罚之前，听取当事人陈述、申辩和质证的程序。而调查、听证、处罚作为三个完全不同的程序，在顺序上不能颠倒。如果在处罚程序结束后，发现有问题，又回到听证程序或者调查程序，会使得整个行政处罚决定的作出带有很大的随意性，也更可能会对行政相对人的权益产生影响。

另一观点认为，听证结束后，行政机关可以调查取证，但新的证据应当再次告知当事人有陈述和申辩的权利，如果能做到保障当事人的陈述与申辩权，就不认为是程序违法，但如果调查取得的新证据没有保障当事人的陈述申辩权，则该程序违法。理由是行政处罚中的听证程序是指在作出行政处罚决定之前，依法听取听证参加人的陈述、申辩和质证的程序，也就是作出行政处罚前，听取当事人陈述、申辩和核实证据的过程，在听证中发现证据不足或者不清楚的，可以继续查清案情、取得充分的证据后再给予处罚，避免出现放纵违法等情况，本案判决中则是体现这一观点。

以上两种观点并不存在绝对的对错之分，具体操作要结合案件实际情况。就听证程序本身而言，它是案件事实调查的一个环节，是一种特殊的调查处理程序，查证当事人主张的事实、理由和证据是否成立，就有可能需要再进行必要的调查核实。本案中，金菱公司在第一次听证时提出刑事侦查阶段其曾提供了一套低价发票，主张其未低报价格，吴淞海关据此委托鉴定机构对该低价发票进行鉴定，系为了查证金菱公司的申辩理由是否成立，而非补充收集用于认定金菱公司行为违法的证据，也未对金菱公司产生更为不利的影响，主要是确保全面、客观、公正地调查取证，维护当事人的合法权益与行政处罚权的正确行使的做法，是行政机关经过裁量后慎重选择的结果，应予以支持。

【深度阅读】

［1］江必新、周卫平编著：《行政程序法概论》，北京师范学院出版社1991年版。

［2］应松年主编：《行政处罚法教程》，法律出版社2012年版。

［3］关保英主编：《行政处罚法新论》，中国政法大学出版社2007年版。

［4］孙笑侠：《程序的法理》，商务印书馆2005年版。

［5］周佑勇："论行政裁量的情节与适用"，载《法商研究》2008 年第
3 期。

［6］丁丽柏："论海关行政处罚"，载《现代法学》1997 年第 3 期。

［7］余凌云："听证理论的本土化实践"，载《清华法学》2010 年第
1 期。

［8］熊樟林："应受行政处罚行为模型论"，载《法律科学（西北政法大
学学报）》2021 年第 5 期。

（撰稿人：杜国强、纪宁）

案例4　崔龙书诉丰县人民政府行政允诺案[1]

【案情简介】

（一）基本事实

根据江苏省丰县县委、江苏省丰县政府2001年6月18日丰委发〔2001〕23号《关于印发丰县招商引资优惠政策的通知》（本案例中简称《23号通知》）的精神和承诺，原告崔龙书从2003年初起招商引资，并为丰县引进并建成投产了徐州康达环保水务有限公司（以下简称徐州康达公司），该项目总投资额6733.9万元，为此，丰县人民代表大会常务委员会以及丰县建设局于2003年10月13日、2005年6月18日出具了相关证明和函件，徐州市妇女联合会（以下简称徐州市妇联）因此对崔龙书配偶给予荣誉证书。因政府没有兑现对原告招商引资奖励允诺，原告向江苏省徐州市中级人民法院提起诉讼，主张政府应按照《23号通知》履行招商引资奖励允诺。2015年6月19日，被告丰县政府提供了（一审审理期间）丰县发展改革与经济委员会（以下简称丰县发改委）出具的《关于对部分条款的解释》（本案例中简称《招商引资条款解释》），解释《23号通知》第25条引资仅限于"外资"以及附则规定，"本县新增固定资产投入300万元人民币以上"的引资人仅限于对"原有企业，追加投入，扩大产能"的"本县新增固定资产投入"之引资人，排除了通过"BOT模式投资建设"的"新企业的建成投产"。

（二）主要争点

如何正确适用法律，准确理解《23号通知》中的有关规定以及被上诉人丰县政府是否应当依法、依约履行相应义务等问题。

（三）裁判要旨

一审："丰县发改委在一审期间作出的《招商引资条款解释》，将'本县

---

〔1〕　本文部分内容转引自李龙贤："诚信原则与行政优益权"，载章剑生等主编：《行政法判例百选》法律出版社2020年，第15～19页。

新增固定资产投入'定义为，仅指丰县原有企业，追加投入，扩大产能。"为由，驳回上诉人崔龙书诉讼请求。

二审（[2016]苏行终字第90号）："该解释不能作为认定被上诉人丰县政府行为合法的依据。主要理由是：①《招商引资条款解释》系对被上诉人业已作出的招商引资文件所做的行政解释，在本案中仅作为判定行政行为是否合法的证据使用，其关联性、合法性、真实性理应受到司法审查。②《招商引资条款解释》是在丰县政府收到一审法院送达的起诉状副本后自行收集的证据，根据最高人民法院《关于行政诉讼证据若干问题的规定》第60条第1项的规定，该证据不能作为认定被诉具体行政行为合法的依据。③我国统计指标中所称的'新增固定资产'是指通过投资活动所形成的新的固定资产价值，包括已经建成投入生产或交付使用的工程价值和达到规定资产标准的设备、工具、器具的价值及有关应摊入的费用。从文义解释上看，《23号通知》中的'本县新增固定资产投入'，应当理解为新增的方式不仅包括该县原有企业的扩大投入，也包括新企业的建成投产。申言之，如《23号通知》在颁布时需对'本县新增固定资产投入'作出特别规定，则应当在制定文件之初即予以公开明示，以避免他人陷入误解。"认为，"本案中丰县政府所属工作部门丰县发改委，在丰县政府涉诉之后，再对《23号通知》中所作出的承诺进行限缩性解释"，违背了"诚实守信是法治政府的基本要求"。

【案例解析】

（一）以往的判例观点

在"辽宁省本溪市民族贸易公司清算小组与荣成市人民政府经济行政允诺纠纷上诉案"（山东省高级人民法院《行政判决书》[2000]鲁行终字第1号）中，要求"所有的管理均具有行为法上的依据并不现实，在服务于公共利益的前提下，政府有权在缺少法律依据的情况下从事积极的管理活动。而宪法与政府组织法已经对政府承担的职责作了概括性规定，对缺少行为法依据，但具有组织法依据的行政允诺行为，不能以缺少行为法上的明确授权而否定其效力"。此外在"陈增月诉东台市富安镇人民政府履行行政允诺义务纠纷案"（江苏省东台市人民法院《行政判决书》[2006]东行初字第00047

号）中，法院认为："被告做出富发［2002］04号《关于开展'百日招商竞赛'活动的意见》，允诺包括全社会不特定的人在特定的期限内招商引资成功给予奖励，属于被告自由裁量的范围，不违反政策、法律，是被告为自己设定一定义务的行政允诺。"明确了依法行政原则应包含行政允诺的积极立场。涉及"黄银友等诉湖北省大冶市政府、大冶市保安镇政府行政允诺案"[1]中，最高法院行政庭明确指出："行政机关为促进辖区经济社会发展而制定的奖励文件，如所含允诺性内容与法律法规不相违背，应视为合法有效。"对行政允诺的合法性予以了肯定。由此可见，本判例之前，各级法院以及最高院行政庭，初步显现出对行政允诺行为的积极进行解释的动向。

（二）本判例的意义

1. 正式确认了行政允诺作为"诚实守信法治政府的基本要求"。本案二审确认，"本案涉及的《23号通知》系被上诉人丰县政府为充分调动社会各界参与招商引资积极性，以实现政府职能和公共利益为目的向不特定相对人发出的承诺，在相对人实施某一特定行为后，由自己或其所属职能部门给予该相对人物质奖励的单方面意思表示。根据该行为的法律特征，应当认定《23号通知》属于行政允诺"。也就是说，本案的二审再次确认了最高人民法院法发（2004）2号《关于规范行政案件案由的通知》中的行政允诺形式之后，进行了积极拓宽解释，其包括以下几个方面的内容：

（1）行政允诺的主体是：政府或相关部门（二审）；

（2）行政允诺目的为："以实现政府职能和公共利益"（二审）；

（3）行政允诺的性质为："向不特定相对人发出的承诺，在相对人实施某一特定行为后，由自己或其所属职能部门给予该相对人物质奖励的单方面意思表示"（二审）。

2. 积极适用诚信原则，司法审查行政的优益权。本案二审认为，"丰县政府相关行为的审查，既要审查合法性，也要审查合约性。不仅要审查丰县政府的行为有无违反行政法的规定，也要审查其行为有无违反准用的民事法

---

[1] 湖北省高级人民法院判决书［2009］鄂行终字第46号，载最高人民法院行政庭编：《中国行政审判指导案例》（第1卷），中国法制出版社2012年版，第22号案例。

律规范所确定的基本原则。"并认定，"基于保护公共利益的需要，赋予行政主体在解除和变更中的相应的优益权固然必要，但行政主体不能滥用优益权。行使优益权既不得与法律规定相违背，也不能与诚实信用原则相抵触。在对行政允诺关键内容的解释上，同样应当限制行政主体在无其他证据佐证的情况下，任意行使解释权。否则，将可能导致该行政行为产生的基础，即双方当事人当初的意思表示一致被动摇。"据此对行政机关"滥用优益权"的政策性行政允诺行为，提供了司法审查途径。

（三）行政允诺学理框架

1. 行政允诺的概念。行政允诺作为一种单方意思表示行为，最终会因相对人承诺而成为类似于行政协议的结果，又因当事人要求行政主体履行允诺义务而会涉及近似行政奖励行为。此外，如本案一审中被告丰县政府辩称，"原告崔龙书据以提起诉讼的根据是《23号通知》，该政策在民法上应该属于一种要约或者要约邀请，从原告诉求的理由和依据的事实看，原告与丰县政府之间产生的是民事权利义务关系，而不是行政管理或行政奖励关系。"也可以从民事中要约行为的角度进行解释。

2. 行政允诺与行政协议。因行政允诺行为是行政机关对不特定的相对人所发出的，既具有一定法定约束力的承诺性，又具有单方面意思表示性[1]，因此会更多地去约束行政机关本身，是行政机关中的"自我紧箍咒"。这与基于双方均享权利承担义务的行政协议具有一定的距离。

3. 行政允诺与行政奖励。如本案二审法院认定，行政允诺属于"相对人实施某一特定行为后，由自己或其所属职能部门给予该相对人物质奖励的单方面意思表示。"由此可见，法院在一定程度上承认了基于相对人引资行为，行政机关所需给予"物资奖励"，即行政允诺的行政奖励性。然而，行政允诺的设定更贴近政策[2]，规范性文件可作为行政允诺的依据，具有一定的灵活

---

[1] 以行政允诺"单方性"为由与行政协议进行区别，近期似乎已得到学界的共识。具体参见章剑生：《现代行政法总论》，法律出版社2019年版，第201页；刘烁玲："行政允诺及其法律控制"，载《行政与法》2008年第7期等。

[2] 招商引资类型行政允诺所具有政策性的主张，具体参见阎尔宝：《行政法诚实信用原则研究》，人民出版社2008年版，第212~216页。

性和多样性。

与行政允诺相比较时，行政奖励更接近于规范化的行政行为，尤其是其条件的设定更依赖于法律和法规，行政机关更没有绝对的自由裁量之权。本案中二审法院认为，"《23 号通知》第 25 条的规定履行奖励义务的观点缺乏事实根据"否定了《23 号通知》中的行政奖励性。

但是就 BOT 项目模式由单一的外商投资（合资、合作）向多元化社会资本（包括国内社会资本）渗入的近期时代背景[1]而言，一审和二审将"外资"解释为"引进自其他国家和地区（包括港澳台地区）的资金"部分，其理由未免有些牵强。

4. 行政允诺与要约。民事法律关系中，民事主体应是处于平等的法律地位，任何一方都不得将自己的意志强加给另一方，当事人之间所建立的法律关系应基于意思的合致。法律主体的平等性决定了要约等基于诚信原则的民事法律关系中，要求双方当事人都具有善意真诚、恪守信用以及公平合理地承担民事责任和义务，不能强调其中一方具有任何特殊性。本案中，原告在下达《23 号通知》履行奖励的"允诺"之后，在一审审理期间，丰县发改委在没有征得另一方当事人的同意之下，出具了《招商引资条款解释》，用来解释《23 号通知》第 25 条引资仅限于"外资"以及附则规定，此种行为恰恰能证明在行政管理过程中，当事人与行政机关的法律地位的不平等性，也无形中证明了本案中的行政允诺与民事要约行为的疏远性。

5. 行政允诺与 BOT 模式投资建设项目。BOT（Build-Operate-Transfer，建设 - 经营 - 移交）模式，是行政机关就某个新建基础设施项目与私人部门签订协议，赋予私人部门一定权限的特许经营权。在该期限内，社会资本和项目公司通过收取费用或出售商品等方式收回其成本获取利润，在协议期限届满后（一般期限为 20 年 ~ 30 年）私人部门应当将项目资产和所有权等相关权利有偿或无偿移交给行政机关（私人部门即使在营运期间内也不享受项目资产的所有权），而行政机关则通过监督权，对整个项目的招标、实施、营运维护以及移交各个环节进行管理和监督。BOT 在我国的发展始于，1984 年香

---

〔1〕　具体参见本文"（三）行政允诺学理框架　5. 行政允诺与 BOT 模式投资建设项目"部分。

港合和实业公司和中国发展投资公司等发起人在深圳所建设的沙角 B 电厂，之后触动政府发布了相关的规范性文件。从 1994 年外贸部所发布的第一个有关 BOT 项目模式的规范性文件《关于以 BOT 方式吸引外商投资有关问题的通知》开始，到本世纪初，我国的 BOT 项目模式主要是通过吸引外商投资，引导外商投资方向为主要导向的。但是近期 2014 年国家发改委颁布"关于开展政府和社会资本合作的指导意见"和上海市嘉定区南翔污水处理工程（财政部 PPP 示范项目，社会资本方为中国环境集团）〔1〕，从此可以看出我国 BOT 项目模式的社会资本方向多元化趋势发展的轨迹。

本案的相关争议恰逢 BOT 项目模式迅速发展以及由单一的外商投资（合资、合作）向多元化社会资本（包括国内社会资本）渗入的近期时代背景。因此二审法院否定了一审法院所认定的，引资限定为"本县新增固定资产投入 300 万元人民币以上者"排除"BOT 模式投资建设运营的新企业"的观点。二审法院认为："新增的方式不仅包括该县原有企业的扩大投入，也包括新企业的建成投产"，从而积极拓宽了 BOT 模式投资建设中的引资范围。

6. 行政允诺的时效。本案中《23 号通知》和《招商引资条款解释》是基于规范性文件〔2〕，但此种规范性文件的时效问题一直被学界所忽略。有材料表明，我国的规范性文件有效期一般为 5 年〔3〕。在本案一审中被告曾辩称，"既然原告从 2001 年即知晓《丰县招商引资优惠政策》的规定，则时隔十余年才要求奖励早已超过诉讼时效，其诉求也不应得到法律的支持与保护"的主张。笔者认为，虽然在某种程度上设置规范性文件的时效，可加快规范性文件迈入法治化轨道的进程（其制定过程可受法律法规的约束），但就本案中的原告方的诉讼时效问题而言，需具体问题具体分析。本案中所适用的是

---

〔1〕 杨伟东等编著：《PPP 项目法律实务》，人民法院出版 2017 年版，第 104～115 页。

〔2〕 在行政允诺的概念的法源问题上，国内学术界尚存许多争议，大概分为"行政行为"与"政策"的二元划分。具体参见，杜仪方："行政承诺不履行的法律责任"，载《法学论坛》2011 年第 4 期；汪燕："行政承诺不作为的司法救济研究"，载《政治与法律》2009 年第 9 期；高家伟主编：《行政行为合法性审查类型化研究》，中国政法大学出版社 2019 年版，第 547 页。本文是基于本案中所涉及的《23 号通知》和《招商引资条款解释》政策性较强为由，在本案解释中认定为政策性规范性文件。

〔3〕 周勤华："论规范性文件的有效期制度"，中国政法大学 2011 年硕士学位论文，第 8～9 页。

BOT 项目模式的规范性文件（二审认定），其项目的一般期限为 20 年～30 年，那么可以假设本案的行政允诺的时效最少为 20 年～30 年，但遗憾的是一审和二审法院对此没有进行任何解释。

【争议问题探讨】

目前并没有专门的立法对行政允诺作出限制，因此，如何确定某一行政行为是否属于行政允诺仍然存在争议，实践中也经常容易与行政协议、行政奖励、要约等相似行政行为发生竞合。因此在具体行政行为的判断中必须梳理行政允诺的内涵与外延，结合行政行为本身的特性，从而判断是否属于行政允诺行为，避免可能出现的随意解释。并且，在具体的判断中，司法机关必须合理权衡社会公共利益和行政相对人的信赖利益，当行政相对人的利益可能受到侵害时，使其能够得到相应的救济，保护公众的合法预期。

【深度阅读】

［1］杨伟东等：《PPP 项目法律实务》，人民法院出版 2017 年版。

［2］高家伟主编：《行政行为合法性审查类型化研究》，中国政法大学出版社 2019 年版。

［3］阎尔宝：《行政法诚实信用原则研究》，人民出版社 2008 年版。

［4］李玉敏、陈志力、蔡靖："行政承诺案件的性质及审理对象"，载《法律适用》2003 年第 12 期。

［5］耿宝建、殷勤："行政协议的判定与协议类行政案件的审理理念"，载《法律适用》2018 年第 17 期。

［6］应松年："关于行政法总则的期望与构想"，载《行政法学研究》2021 年第 1 期。

［7］张怡静："行政允诺裁判思路的体系整合"，载《浙江社会科学》2022 年第 5 期。

［8］章剑生："行政允诺的认定及其裁判方式——黄银友诉湖北省大冶市政府、大冶市保安镇政府行政允诺案评析"，载《交大法学》2016 年第 2 期。

（撰稿人：李龙贤）

专题五　行政赔偿与行政复议

案例1　张文胜诉沈阳市于洪区人民政府行政赔偿案

【案情简介】

（一）基本事实

张文胜在自家承包菜田上建设的彩钢房，于2013年3月13日被行政机关认定为违法建筑，并于同年5月被于洪区人民政府强制拆除。张文胜对强制拆除行为不服，诉至法院。一、二审法院均认为，于洪区人民政府对违反《土地管理法》的行为适用《城乡规划法》实施强制拆除，适用法律错误、程序违法，故判决确认于洪区人民政府于2013年5月20日对张文胜彩钢房实施的强制拆除行为违法。张文胜在这一个胜诉判决的基础之上，另案要求行政赔偿。

（二）主要争点

本案的争点在违法建筑是否适用《中华人民共和国国家赔偿法》（以下简称《国家赔偿法》）上可保护的合法权益的问题。

（三）判决要旨

沈阳市于洪区人民法院和辽宁省高级人民法院[1]一审、二审认为：一、二审法院均以"彩钢房系违法建筑，当事人不具有合法权益可保护"为由，

---

〔1〕（2014）辽行终字第130号。

判决驳回了张文胜的赔偿诉讼请求。

最高人民法院经审查认为：违法建筑物、构筑物中的建筑材料，属于当事人的合法财产。行政机关对违法建筑物、构筑物实施强制拆除，手段、方式必须科学、适中，不得以野蛮方式实施强制拆除。因强制拆除手段、方式不当，造成当事人建筑材料合法权益损失的，行政机关应当依法予以赔偿。本案中，于洪区人民政府组织人员使用铲车等大型机械，强行将当事人建设的彩钢房拍倒，可能造成当事人彩钢房建筑材料合法权益的损失。一、二审判决以彩钢房系违法建筑，当事人不具有合法权益可保护为由，判决驳回原告的诉讼请求，主要事实不清。张文胜的再审申请符合《行政诉讼法》第91条第3项规定的情形。

【案例解析】

违法建筑，是非法建设行为形成的建筑。"违法建筑"乃基于规划理性之建筑管制的结果，在管制性法律出现之前，本无所谓建筑之合法或违法。实施建筑管制的法律主要有土地法、规划法、建筑法等，管制方式主要是许可，如规划许可、建设用地许可、建设工程施工许可等。根据是否可从程序上补正，违法建筑可分为程序违建和实质违建。王泽鉴论述道："程序违建，指该建筑物并未妨碍都市计划，建造者得依一定程序申领执照。实质违建，则是指建筑物无从依程序补正，使其变为合法建筑物。"《城乡规划法》第64条中关于"限期改正"的规定，实际上就是对程序违建和实质违建的区分。

那么根据本案，违法建筑材料是否具有合法权益？拆迁案件赔偿数额是否应适用补偿标准？

（一）违法建筑本身无合法权益

在本案中，行政机关首先作出了《责令停止土地（矿产）违法行为通知书》，载明"你户未经县级以上人民政府批准，擅自占用于洪街道姚家村耕地建房，其行为违反《土地管理法》第43条、第44条规定，现责令立即停止违法行为，限10日内自行拆除违法建筑"，认定了案涉建筑为应当拆除的违法建筑，即实质性违法建筑，而且该违建认定行为已过法定的争议期限，具有不可争力。非法建设行为形成的实质性违法建筑，不是当事人的合法财产，不属于《国家赔偿法》上的合法权益。《国家赔偿法》第 2 条第 1 款规定："国家机关和国家机关工作人员行使职权，有本法规定的侵犯公民、法人和其他组织合法权益的情形，造成损害的，受害人有依照本法取得国家赔偿的权利。"赔偿起到的是填平损害的作用，如果行政行为违法所侵之权并非合法权益，"损害"的发生于当事人而言恢复了法律上应然的法律状态，无所谓损害则无所谓赔偿，所以《国家赔偿法》强调了权益的合法性要求。如覃典与南宁经济技术开发区管理委员会行政强制案[1]中，最高人民法院认为："只有当公民的合法权益受到行政机关违法行使职权的侵犯，其损失才能取得国家赔偿。覃典建造的养殖场是违法建筑，不属于合法权益，无权依照《中华人民共和国国家赔偿法》请求赔偿。"

（二）建筑材料乃合法权益

非法建设行为形成的实质性违法建筑，是国家禁止建造的物品，在这种理解下，其法律属性类似于违禁品，但法律规定的对违法建筑的处理模式却与一般的违禁品有很大的不同。对于一般的违禁品，常见的处理模式是没收。如《中华人民共和国著作权法》第 53 条规定"没收、无害化销毁处理侵权复制品"、《计算机软件保护条例》第 24 条规定"没收、销毁侵权复制品"；《中华人民共和国药品管理法》第 115 条规定了"没收违法生产、销售的药品"；《中华人民共和国治安管理处罚法》第 11 条规定"办理治安案件所查获的毒品、淫秽物品等违禁品，应当收缴"；《中华人民共和国刑法》（以下简称《刑法》）第 64 条规定"违禁品和供犯罪所用的本人财物，应当予以没收"；等等。这些都是作为动产的违禁品，相对于不动产而言，具有极强的流动性和危险性。而且违禁品无论为谁持有，也无论持有者是否具有责任能力或过错行为，都会给社会带来危险，没收旨在永久地排除这种危险。也许是考虑到，建筑作为不动产与一般违禁品在固定性与危险性上的区别，《城乡规划法》《土地管理法》《中华人民共和国水法》等法律上对违法建筑的处理模式都是拆除。

相对于没收，拆除留下的"后遗症"是，拆除下来的建筑材料的所有权

---

[1]　中华人民共和国最高人民法院（2015）行政裁定书行监字第 1287 号。

归属问题。没收后的一般违禁品的处理，如侵权复制品的销毁、假药劣药的销毁等，也会留有残渣，但不会有权属争议问题。因为已经通过没收程序将这些违禁品收归国有，处理后的违禁品残渣亦属于国家，国家对之有完全的处理权限。但是，对违法建筑的处理却只有责令拆除，并无没收。拆下来的建筑材料的所有权归属于谁呢？与建筑内的物品不同，违法建筑上的建筑材料是有"原罪"的。建筑内的物品，无疑属于当事人的合法财产，但对于建筑材料而言，不能如此冒下结论。在违法建筑的建造过程中，违法行为人使用建筑材料进行违法建筑的建造行为，在这个过程中建筑材料是违法工具。当建筑材料凝结为建筑，则建筑材料混合为建筑这一物体，而建筑材料的独立性不复存在，也就无法成为物权的客体。当违法建筑被拆除，建筑材料的独立性得以恢复，可以成为物权的客体，但其仍然属于违法工具。

虽然建筑材料作为违法工具，但未经没收，仍属于原权利人。"在一个法治国家，如果没有法律根据，即使是一根火柴棒或者一张餐巾纸，也不应当、不可能没收。"在刑事审判中，刑事案件的作案工具需要专门判决没收，才能剥夺犯罪分子对作案工具的所有权，如果没有没收判决，原则上作案工具仍属于犯罪分子。举重以明轻，违法建筑上的建筑材料作为违法工具，来源合法、未经没收，仍应属于原权利人所有。如在《中国行政审判案例》第 2 卷第 79 号上海彭浦电器开关厂诉上海市闸北区人民政府确认侵占行为违法并要求行政赔偿案中，法院认为："原告在本市彭浦路 4 号厂区 1 号、2 号、3 号房楼顶搭建的建筑物及在地面空间搭建的地面棚，虽已被上述限期拆除决定认定为违法建筑，但原告认为其对被拆除建筑物、搭建物的建筑材料享有权利的主张，能够成立。"[1]

【争议问题探讨】

（一）强拆建筑材料是否涉及程序违法？

本案中，强制拆除行为已经被生效判决确认为程序违法。虽然程序的独

---

〔1〕 肖洒："违法建筑上合法权益的行政赔偿——张文胜诉沈阳市于洪区人民政府行政赔偿案评析"，载《行政法学研究》2021 年第 2 期。

立价值已被广泛认可，但是我国现行《国家赔偿法》保护的是人身权、财产权等实体性合法权益，当程序性权利受到侵犯，唯有损害到实体性合法权益时，国家才承担赔偿责任。即程序违法与实体性权利损害间的因果关系成立时，行政赔偿责任才能证立。如前所述，违法建筑中的实体性合法权益在于对建筑材料的所有权，那么，行政强制拆违中，何种程序违法能够导致建筑材料的损害，进而产生行政赔偿之问题？

本案中的程序违法是否剥夺了张文胜的"自行拆除权"，也许是因为论证的困难性，最高法的裁判中回避了这一问题。张文胜案中可能涉及的程序违法有二：一是已经为法院判决所确认的，适用法律法规错误，应适用《土地管理法》向法院申请强制执行，却适用了《城乡规划法》由行政机关直接强制拆除，从而导致了程序违法。二是在告知张文胜具有听证申请权的情况下，却无视了张文胜的听证申请。在行政机关于 2013 年 5 月 7 日向张文胜作出《限期拆除告知书》时，限 3 日内自行拆除，并告知陈述、申辩、听证权利，5 月 10 日张文胜向被告递交听证申请；但行政机关忽略了张文胜的被告申请，而且于 5 月 10 日当日作出《限期拆除决定书》。但行政机关作出《责令停止土地（矿产）违法行为通知书》的日期是 2013 年 3 月 13 日，直至 2013 年 5 月 20 日案涉彩钢房才被行政机关强制拆除，张文胜有较长的期限来自行拆除违法建筑。所以，即使存在两种程序违法的可能，但是本案中没有达到剥夺"自行拆除权"的程度。

最高人民法院于 2016 年 3 月 29 日对张文胜案作出（2016）最高法行申 6 号行政裁定书，对后案产生了一定的示范效应。如郑文祥与大连经济技术开发区董家沟街道办事处确认强制拆除行为违法并行政赔偿案（2016 年 12 月 16 日作出）、青岛久久模具有限公司案[1]中的判由部分与本案基本一致，都对强制拆除的方式进行了审查，并认为因行政机关强制拆除手段、方式不当，造成当事人建筑材料合法权益损失的，行政机关应当依法予以赔偿。

（二）如何审视赔偿数额补偿化的问题？

由于法律并未对行政赔偿过程中，赔偿方式、赔偿项目、赔偿标准与赔

---

〔1〕 山东省高级人民法院（2017）鲁行再 14 号。

偿数额等问题进行细致规定。实践中，人民法院"以补偿标准确定赔偿数额"的情形屡见不鲜。可以说，赔偿数额与补偿数额等量化，已然成为我国房屋拆迁过程中的一种普遍现象。虽然最高人民法院在本案中认为，强制拆迁"造成当事人建筑材料合法权益损失"，但判决中并没有具体提示适用赔偿标准还是补偿标准。以往实践中，人民法院"以补偿标准确定赔偿数额"的情形屡见不鲜。可以说，赔偿数额与补偿数额等量化，已然成为我国房屋拆迁过程中的一种普遍现象。

大陆法系的公法学理论一般认为，国家赔偿是对国家行为中具有可谴责性和否定性后果的部分，由国家向受害人承担法律上的责任；而国家补偿则是从保障社会公平实现的层面上协调、平衡国家和个别公民间的权益分配，这通常也被简化为"违法赔偿"和"合法补偿"。改革开放后商品经济发展到一定的程度，各市场主体比较成熟时，为了维护自身的利益，客观上需要排除国家的损害，而且在能力上也能够促使国家进行让步。即民间经济实力达到能够制约政府的时候，才可能出现国家赔偿制度。伴随着改革开放政策和市场经济的不断深入和发展，传统的单位和人民公社制度救济能力发生了相对萎缩，对此我国相应确立和发展了一系列的救济制度。特别是 1994 年颁布的《国家赔偿法》，在救济公民、法人和其他组织的合法权益上具有里程碑意义。然而《国家赔偿法》中的"机关赔偿"制度，由于缺乏法理性依据以及制度运用上的缺陷等因素，导致时而发生"机关不赔"的现象。在"机关赔偿"制度的牵引下容易发生国家赔偿和国家补偿问题混淆的局面。《国家赔偿法》第 3 条和第 4 条以正面列举的方式规定了行政赔偿的范围，并添加了兜底条款。由于赔偿涉及义务机关的切身利益，其潜在的倾向自然为不赔或者少赔，在适用高度概括性的条款时，往往会通过限缩解释、寻找成文规则的模糊地带、混淆赔偿和补偿的边界等方式逃避赔偿责任。

在此背景下人民法院如果采用"以补偿标准确定赔偿数额"的赔偿方式的最终结果是赔偿数额"补偿化"或赔偿数额与补偿数额等量化，即以《拆迁条例》补偿标准所确定的补偿数额为限，至多是对被拆迁人的经济利益损失进行"填平"。被拆迁人获得的赔偿款数额不会超过补偿数额，行政机关亦无须承受超过补偿数额的额外的经济损失。换言之，对于被拆迁人而言，其因侵权而得到的赔偿与依法征收所应得的补偿数额实质上并无二致，相反，其还需承受因数年诉讼而产生的机会成本损失。[1]

【深度阅读】

[1] 肖洒："违法建筑上合法权益的行政赔偿——张文胜诉沈阳市于洪区人民政府行政赔偿案评析"，载《行政法学研究》2021 年第 2 期。

[2] 应松年、冯健："房屋拆迁非诉行政执行的困境与变革"，载《法学评论》2021 年第 2 期。

[3] 胡建淼：《行政强制法论——基于〈中华人民共和国行政强制法〉》，法律出版社 2014 年版。

[4] 徐晓东："违法建筑材料与行政赔偿"，载章剑生等主编：《行政法判例百选》，法律出版社 2020 年版。

（撰稿人：李龙贤）

---

[1] 应松年、冯健："房屋拆迁非诉行政执行的困境与变革"，载《法学评论》2021 年第 2 期。

案例2　广东省潮州市金亨鞋业工贸有限公司等诉潮州市人民政府土地裁决复议纠纷再审案

【案情简介】

（一）基本事实

2012年5月21日，潮安县人民政府办公室作出《关于同意江东镇西前溪村旧厂房改造等122宗"三旧"改造项目改造方案的复函》。在青青制鞋厂、金亨公司申请完善"三旧"改造项目集体建设用地手续后，2012年12月19日，潮安县国土资源局对"三旧"改造中五金公司涉及的没有合法用地手续且已使用的建设用地面积处置事项，向龙美村委会作出安国土资罚字（2013）第00136号行政处罚决定书。

2015年2月16日，黄岳怀、李俊深、李泽锋、李锡平向潮州市潮安区国土资源局提出信访。2012年3月17日，潮州市潮安区国土资源局作出信访答复，上述四宗集体建设用地完善手续并颁发《集体土地使用证》行为合法。黄岳怀等人不服答复，向潮州市国土资源局申请信访复查。2015年5月12日，潮州市国土资源局作出潮国土资信查字（2015）2号信访事项复查意见书，认为潮安区国土资源局对申请人的信访事项处理不当，决定撤销并要求重新办理。2015年5月20日，潮州市潮安区国土资源局作出安国土告知（2015）1号信访告知书。2015年6月12日，黄岳怀等人向潮州市政府申请行政复议，请求认定潮州市潮安区国土资源局用地批文违法；撤销案涉的四份《集体土地使用证》。2015年8月5日，潮州市政府作出潮府行复（2015）5号行政复议决定（以下简称5号复议决定），撤销了潮安区人民政府颁发的四份《集体土地使用证》，并责令潮安区人民政府在相关基层组织提供真实材料后，依法定程序重新办理登记手续。

2015年12月15日，金亨公司、五金公司、青青制鞋厂提起行政诉讼，请求撤销潮州市政府作出的5号复议决定。潮州市中级人民法院一审判决驳回金亨公司、五金公司、青青制鞋厂的诉讼请求。金亨公司、五金公司、青青制鞋厂不服一审判决，提起上诉。2018 年 6 月 1 日，广东省高级人民法院二审判决驳回上诉，维持一审判决。金亨公司、五金公司、青青制鞋厂申请再审，请求撤销一、二审判决，撤销潮州市政府作出的 5 号复议决定。

（二）主要争点

本案争议焦点问题主要有三：一是潮州市政府作出 5 号复议决定行为的性质，二是潮州市政府作出复议决定是否符合法定程序，三是案涉集体土地使用证颁证行为的合法性。

（三）判决要旨

潮州市中级人民法院一审认为：

第一，涉案批复符合规定且案涉四宗土地申请完善用地手续符合"三旧"改造政策。案涉四宗土地于 2007 年 3 月 17 日，以投标方式出租并签订有《土地使用租赁合同书》。案涉四宗土地于 2007 年向东凤镇礼阳龙美村承租后进行建设，至 2012 年提出三旧改造申请，属于三旧改造中的旧厂房改造。龙美村委会根据潮安县人民政府安府（2011）29 号和潮安县三旧改造工作领导小组办公室安三旧办（2011）9 号的精神和有关政策规定，自下而上申报完善出租给金亨公司等四家企业土地使用权手续，并提供相关必备资料，经潮安县三旧办形式审查符合要求后，报潮安县人民政府批准。潮安县人民政府办公室作出《关于同意江东镇西前溪村旧厂房改造等 122 宗"三旧"改造项目改造方案的复函》，同意包括本案四家案涉企业在内的 122 宗"三旧"改造项目由潮安县国土资源局按规定程序完善相关用地审批手续。上述四家企业用地在接受潮安县国土资源局的处罚并缴交罚款后申请办理集体建设用地完善手续，潮安县国土资源局分别作出"安国土资（三旧）（2012）214 号、215 号、216 号"和"安国土资（三旧）〔2013〕41 号批复"，批准同意案涉四宗土地完善用地手续。

第二，复议机关是否通知利害关系人作为第三人参加行政复议是根据案情而定，不是法定程序。潮州市政府未通知金亨公司、五金公司、青青制鞋厂作为第三人参加行政复议并无不妥。本案中，潮安区人民政府在相关资料不真实的情况下颁发上述四份《集体土地使用证》的行为明显不当。潮州市政府根据已查明的事实，作出 5 号复议决定，撤销潮安区人民政府颁发给东凤镇礼阳龙美村的四份《集体土地使用证》，并责令潮安区人民政府在相关基层组织提供真实材料后，依法定程序重新办理登记手续，认定事实清楚，适用法律法规正确，程序合法，依法予以支持。

广东省高级人民法院二审认为：

一方面，案涉两个具体行政行为的审查问题。一者，潮州市政府根据潮府（2010）47 号第 5 条的规定，认为龙美村委会在申办案涉四宗土地的《集体土地使用证》过程中提供失实的《村民代表大会会议记录》，应认为其没有按规定提供相应的《村民代表大会会议记录》，属于欠缺必备资料，无法证实案涉四宗土地申办《集体土地使用证》事项得到村民代表大会（或村民会议）的批准。东凤镇人民政府、潮安区相关部门审核把关不严，潮安区人民政府在相关资料不真实的情况下颁发案涉四份《集体土地使用证》，该具体行政行为明显不当。再者，潮州市政府作出 5 号复议决定撤销案涉的《集体土地使用证》，同时责令潮安区人民政府在相关基层组织提供真实材料后，依法定程序重新办理登记手续，并无不当。

另一方面，金亨公司、五金公司、青青制鞋厂提出黄岳怀等人是否具有申请行政复议主体资格的问题。黄岳怀等人作为礼阳龙美村集体经济组织成员，与案涉土地存在法律上的利害关系，可以个人身份提出行政复议申请。至于金亨公司、五金公司、青青制鞋厂提出超过法定申请复议期限问题，金亨公司、五金公司、青青制鞋厂并未提供有效的证据证明黄岳怀等人申请行政复议超过法定期限，而且潮州市政府已就黄岳怀等人提出的复议事项作出实体处理，人民法院依法不宜就超过行政复议期限的问题进行审查。

最高人民法院认为：

第一，关于潮州市政府作出 5 号复议决定行为的性质。本案中，黄岳怀等人认为潮安区人民政府颁发集体土地使用证行为违法，但并未提交相关材料证明该发证行为侵犯其个人使用或者实际使用的集体土地权益，亦未提交证据证明受到礼阳龙美村的委托申请复议。黄岳怀等人与被申请复议的颁证行为之间并不具有利害关系，不具备申请复议的主体资格。潮州市政府既未对黄岳怀等人的申请人资格进行审查，亦未对其申请是否超过复议申请期限等条件进行核实，即受理复议申请并作出复议决定，不符合《中华人民共和国行政复议法》（以下简称《行政复议法》）的规定。一审未对黄岳怀等人的复议申请主体资格问题予以审查，二审认为黄岳怀等人作为礼阳龙美村集体经济组织成员，与案涉土地存在法律上的利害关系，可以个人身份提出行政复议申请，均属于适用法律错误，应予纠正。潮州市政府对不符合申请条件的复议申请予以受理并作出撤销案涉集体土地使用证的决定，实质上属于自行纠错的行为。

第二，关于潮州市政府作出 5 号复议决定是否符合法定程序。潮州市政府作出 5 号复议决定的行为实质上属于自行纠错的行为，对于该行为被判决撤销后，是否需要再次启动自行纠错的裁量权应当由行政机关自行决定。因此，接下来需要讨论的问题是，潮安区人民政府颁发案涉集体土地使用证的行为是否具有合法性。

第三，关于案涉集体土地使用证颁证行为的合法性。潮安区人民政府颁发案涉四宗土地的《集体土地使用证》中载明的所有者和使用者均系龙美村委会农民集体，仅在记事栏处备注为出租给申请人使用，与龙美村委会和申请人签订的土地使用租赁合同一致。案涉四宗土地在颁发集体土地使用证前经过地籍调查及张榜公布，并不存在权属争议。潮安区人民政府颁发案涉土地集体土地使用证，系依据"三旧"改造相关政策对历史遗留问题的解决和确认，符合客观实际，依法有据。龙美村委会在申办案涉四宗土地权证的过程中，提供的 2012 年 1 月 1 日《村民代表大会会议记录》并非真实记录，但是村民代表大会会议记录材料的不真实仅属于程序上的瑕疵，不能否认案涉土地已经招标租赁并使用多年的客观事实。在没有证据证明申请人参与龙美村委会提供相关虚假材料或者对此知情的情况下，也不应当让申请人承担不利的后果。对于完善用地手续材料的缺失，潮州市政府及潮安区人民政府完全可以通过责令龙美村委会提交 2007 年的村民代表大会决议或者另行召开村民会议或村民代表大会形成决议的方式予以补正。潮州市政府简单地作出撤销案涉集体土地使用证的决定，要求潮安区人民政府待龙美村委会补齐相关材料后重新办理登记手续，不利于已形成的案涉土地权属关系问题的解决，反而使案涉土地处于权属不确定的状态，容易导致新的矛盾和冲突出现。潮州市政府作出的 5 号复议决定程序违法、适用法律错误，应予纠正。一、二审判决驳回申请人的诉讼请求，亦应予以纠正。

应当指出的是，广东省推行的"三旧"改造目的是促进存量建设用地"二次开发"，全面推进土地综合整治。《广东省人民政府关于推进"三旧"改造促进节约集约用地的若干意见》第 5 条"基本原则"明确要求：严格界定"三旧"改造范围，严禁擅自扩大"三旧"改造政策的适用范围。根据该意见第 17 条、第 18 条、第 21 条的规定，可以纳入"三旧"改造范围的用地行为时间节点为 2007 年 6 月 30 日，即 2007 年 6 月 30 日之后发生的违法用地不能纳入"三旧"改造范围。本案中，潮州市政府作出的 5 号复议决定认定申请人与龙美村委会于 2007 年 4 月 1 日签订《土地使用租赁权合同书》，一、二审对此事实亦予以认可。在本案庭审过程中，申请人提供其与龙美村委会于 2007 年 8 月 10 日签订的《土地使用租赁权合同书》复印件，且在庭审中否认于 2007 年 4 月 1 日与龙美村委会签订《土地使用租赁权合同书》。对于案涉土地是否符合"三旧"改造政策规定的时间节点问题，潮州市政府及潮安区人民政府应进一步予以核实，根据查证结果依法作出相应处理。

【案例解析】

1. 行政复议主体资格问题。《行政复议法》第 2 条规定："公民、法人或者其他组织认为具体行政行为侵犯其合法权益，向行政机关提出行政复议申请，行政机关受理行政复议申请、作出行政复议决定，适用本法。"根据《行政复议法》第 17 条、《行政复议法实施条例》第 27 条、第 28 条的规定，公民、法人或者其他组织认为行政机关的具体行政行为侵犯其合法权益提出行政复议申请，必须符合行政复议法和该条例规定的申请条件。行政机关受理当事人的复议申请不能采取意思自治原则，应当受到法律规定的申请条件的约束，其效力应当接受司法审查。就本案而言，《土地管理法》第 11 条规定："农民集体所有的土地依法属于村农民集体所有的，由村集体经济组织或者村民委员会经营、管理；已经分别属于村内两个以上农村集体经济组织的农民集体所有的，由村内各该农村集体经济组织或者村民小组经营、管理；已经属于乡（镇）农民集体所有的，由乡（镇）农村集体经济组织经营、管理。"

根据上述法律规定，如果对村农民集体所有的土地因行政行为发生变更、转移不服，应当以村集体经济组织的名义提起复议或者诉讼。在村民集体经济组织对涉及集体土地的行政行为不主动提起复议或诉讼的情况下，则应当依照《村民委员会组织法》规定的程序，由村民代表会议形成集体决定再行主张权利。村民个人一般不具有申请复议或者提起诉讼的主体资格，除非该行政行为涉及其使用或实际使用的集体土地，或者参照《最高人民法院关于审理涉及农村集体土地行政案件若干问题的规定》第3条的规定，由过半数的村民以集体经济组织名义申请复议或者提起诉讼。黄岳怀等人认为潮安区人民政府颁发集体土地使用证行为违法，但并未提交相关材料证明该发证行为侵犯其个人使用或者实际使用的集体土地权益，也未提交证据证明受到礼阳龙美村的委托申请复议。因此，黄岳怀等人与被申请复议的颁证行为之间并不具有利害关系，不具备申请复议的主体资格。

我国行政复议法中并未明确规定利害关系的认定标准和具体情形，参考《最高人民法院关于适用〈中华人民共和国行政诉讼法〉的解释》第12条规定，申请人与行政行为具有利害关系的情形包括："……（一）被诉的行政行为涉及其相邻权或者公平竞争权的；（二）在行政复议等行政程序中被追加为第三人的；（三）要求行政机关依法追究加害人法律责任的；（四）撤销或者变更行政行为涉及其合法权益的；（五）为维护自身合法权益向行政机关投诉，具有处理投诉职责的行政机关作出或者未作出处理的；（六）其他与行政行为有利害关系的情形。"该规定列举了行政诉讼中申请人与行政行为具有利害关系的具体情形，对行政复议中的利害关系的认定具有参考意义。在我国目前的司法实践中，常用的利害关系判断标准为申请人是否为自身之合法利益提起行政复议。在《最高人民法院关于举报人对行政机关就举报事项作出的处理或者不作为行为不服是否具有行政复议申请人资格问题的答复》中，最高院将"利害关系"阐释为，举报人为维护自身合法权益而举报相关违法行为人。在曾令奇诉中国证券监督管理委员会行政复议案（2020）最高法行申1259号中，最高院明确指出，"为维护自身合法权益"是判断举报人与相关行政行为有无"利害关系"的核心标准。就常见的具体情形而言，消费者、服务的接受者、受害人、竞争权人等利益主体，为了自身合法权益，对相关经营单位、竞争对手的违法行为进行举报，要求具有法定查处行政职权的行政机关予以查处，对行政机关就其举报事项作出的处理或者不处理行为，有权申请行政复议。反过来说，如果举报人仅仅是以公民身份，行使宪法、法律赋予的检举控告权利而对违法行为进行举报，并非为了自身利益举报的，与行政机关就其举报事项作出的处理或者不处理行为没有利害关系，则不具有行政复议申请人资格。

那么"维护自身合法权益"的边界如何确定，便成了目前行政复议中利害关系认定的核心问题。从扩大的角度理解，是否"所有直接或间接受到行政行为影响"的公民、法人或其他组织都可以被理解为"为了自身合法权益"而具有行政法上的利害关系？从限制理解的角度，是否"自身合法权益"都需要申请人提供充分而扎实的证据证实被申请人的行政行为影响其实体权利？通过最高院的案例，或可得到答案。最高院在刘广明诉张家港市人民政府行政复议案（2017）最高法行申 169 号中，对"利害关系"涵盖的法益边界作出了清晰的阐释。行政法上的利害关系，仍应限于法律上的利害关系，且不包括受到影响的反射性利益，一般仅指公法上的利害关系，而不包括私法层面的利害关系，如债务人的非抵押房屋转移登记行为就不具有公法意义上的利害关系。换言之，只有公法领域的权利和利益，受到行政行为影响，存在受到损害的可能性的当事人，才与行政行为具有法律上的利害关系，才形成了行政法上的权利义务关系，才具有原告主体资格。而公法上的利害关系的判断标准，根据保护规范理论或保护规范标准，最高院解释为"即以行政机关作出行政行为时所依据的行政实体法和所适用的行政实体法律规范体系，是否要求行政机关考虑、尊重和保护原告诉请保护的权利或法律上的利益（以下统称权益），作为判断是否存在公法上利害关系的重要标准。"因此，即使当事人所主张的权益客观存在，也可能会间接受到行政行为的影响，但因不属于行政实体法保护的权益，无法形成行政法上的利害关系，因此不会得到司法裁判的支持。[1]

在实践中确定当事人是否具有行政法保护的权益，在技术层面探讨对行

---

〔1〕 赵宏："主观公权利的历史嬗变与当代价值"，载《中外法学》2019 年第 3 期。

政实体法某一法条或者数个法条保护的权益范围的界定，不宜单纯以法条规定的文义为限，以免孤立、割裂地理解法条，而应坚持从整体进行判断，强调"适用一个法条，就是在运用整部法典"。在依据法条判断是否具有利害关系存有歧义时，可参酌整个行政实体法律规范体系、行政实体法的立法宗旨以及作出被诉行政行为的目的、内容和性质进行判断，以便能够使更多的值得保护且需要被保护的利益成为属于法律保护的利益，从而认可当事人与行政行为存在法律上的利害关系，并承认其原告主体资格，以更大程度地监督行政机关依法行政。而就论证利害关系需申请人提供的证据证明程度而言，最高院在冯伟洪诉广东省国土资源厅土地行政复议案（2017）最高法行申2802号中，确定为以"可能性"为标准。即在行政复议受理审查阶段，只要申请人提供的证据材料能够起到初步证明作用，即能够证明其与被申请的行政行为可能具有事实上或者法律上的利害关系即可，复议机关依法应当予以受理。并非要求申请人有充分的证据证明其申请复议的主张能够得到支持。

综上所述，在判断行政复议中是否具有利害关系时，应依照申请人申请行政复议是为保护自身合法利益的初步标准判断，进一步确定申请人所主张的权益是否属于行政法保护、尊重的公法意义上的权益，并且需申请人提供初步的证据材料证明具有所主张利害关系的可能性，形实兼备，才能充分论证其符合行政法领域的"利害关系"。

2. 对不符合受理条件的复议申请予以受理的行为。复议机关受理不符合申请条件的复议申请并作出相应复议决定的行为，并不符合法律规定。但在实践中，对此情况也要进行区分并作出不同的处理。如果复议机关对于不符合申请条件的复议申请予以受理，并作出维持原行政行为的复议决定，实质上是对当事人对原行政行为申诉的重复处理行为，对申请人的权利义务不会产生实际影响。申请人对复议决定提起行政诉讼，人民法院应当裁定不予立案或者驳回起诉。如果复议机关受理不符合申请条件的复议申请后，认为原行政行为根据的事实或法律状态发生变化，或者出现了足以推翻原行政行为的新证据，进而作出复议决定自行撤销或废止原行政行为，此时属于行政机关自行纠错的行为，人民法院应当予以尊重并可以对该纠错行为进行实体审查。但是，行政机关采用这种纠错方式必须做到足够的审慎。在本案中，潮州市政府未对黄岳怀等人的复议申请主体资格问题进行审查，将不符合申请条件的复议申请予以受理并作出撤销案涉集体土地使用证的决定，实质上属于自行纠错的行为。

行政机关自我纠错的价值在于减少或者避免行政争议的产生，尽早结束行政行为效力的不确定状态，维护行政法律关系的稳定，增强公众对行政机关的认同和信赖。在目前缺少法律明确规定的情况下，行政机关可以采取的自我纠错方式主要有撤销、补正、改变原行政行为、确认违法等。从严格依法行政的角度而言，对于所有有瑕疵的行政行为，都可以通过撤销的方式予以纠正。但是从行政效率和效益的角度考虑，基于保护行政相对人的信赖利益和减少行政争议产生的考量，行政机关应当采取足够审慎的态度，只有在该行政行为的瑕疵足以影响到实质处理结果时，才采用撤销的方式进行纠错。对于行为仅存在轻微瑕疵但并不影响实质处理结果且对利害关系人权利不产生实际影响的，或者通过补正等事后补救方式可以"治愈"的，或者撤销行政行为可能会给国家利益、社会公共利益造成重大损失的，则应当考虑采取其他方式进行纠错。

在本案中，根据 2004 年《土地管理法》第 11 条第 1 款、第 2 款规定，农民集体所有的土地，由县级人民政府登记造册，核发证书，确认所有权。农民集体所有的土地依法用于非农业建设的，由县级人民政府登记造册，核发证书，确认建设用地使用权。《广东省人民政府关于推进"三旧"改造促进节约集约用地的若干意见》明确"三旧"改造工作的基本原则包括明晰产权、保障权益，要正确处理"三旧"改造过程中的经济、法律关系，切实保障土地权利人的合法权益，维护社会稳定；尊重历史、客观公正，要兼顾各地发展历史和土地管理政策的延续性，妥善解决历史遗留问题。案涉四宗土地系经龙美村委会征求村民意见后召开村民代表会议形成决议，同意将案涉土地出租，并以公开投标方式出租给申请人，该事项系经过龙美村委会同意，上述土地使用租赁合同在申请办理"三旧"改造程序前已履行多年，并无任何争议和纠纷。申请人签订的土地使用租赁合同并不存在被有权机关或者生效裁判予以撤销的情形，具有法律效力，其在案涉土地上的租赁权益应受到保护。潮安区人民政府颁发案涉四宗土地的《集体土地使用证》中载明的所有者和使用者均系龙美村委会农民集体，仅在记事栏处备注为出租给申请人使用，与龙美村委会和申请人签订的土地使用租赁合同一致。案涉四宗土地在颁发集体土地使用证前经过地籍调查及张榜公布，并不存在权属争议。潮安区人民政府颁发案涉土地集体土地使用证，系依据"三旧"改造相关政策对历史遗留问题的解决和确认，符合客观实际，依法有据。龙美村委会在申办案涉四宗土地权证的过程中，提供的 2012 年 1 月 1 日《村民代表大会会议记录》并非真实记录，但是村民代表大会会议记录材料的不真实仅属于程序上的瑕疵，不能否认案涉土地已经招标租赁并使用多年的客观事实。在没有证据证明申请人参与龙美村委会提供相关虚假材料或者对此知情的情况下，也不应当让申请人承担不利的后果。对于完善用地手续材料的缺失，潮州市政府及潮安区人民政府完全可以通过责令龙美村委会提交 2007 年的村民代表大会决议或者另行召开村民会议或村民代表大会形成决议的方式予以补正。潮州市政府简单地作出撤销案涉集体土地使用证的决定，要求潮安区人民政府待龙美村委会补齐相关材料后重新办理登记手续，不利于已形成的案涉土地权属关系问题的解决，反而使案涉土地处于权属不确定的状态，容易导致出现新的矛盾和冲突。因此潮州市政府作出的复议决定程序违法、适用法律错误，应予纠正。

3. 复议是否应追加利害关系人为第三人。根据国务院发布的国发〔2004〕10 号《全面推进依法行政实施纲要》，行政行为应当遵守程序正当原则，作出对当事人不利行政行为的，应当听取其意见。据此，行政机关在作出对行政相对人产生不利影响、可能减损其权益的行政决定之前，应当告知行政相对人并听取其意见，否则将构成程序违法。尽管《行政复议法》第 10 条第 3 款规定利害关系人"可以"作为第三人参加行政复议，但是根据程序正当原则，如果该复议决定可能对利害关系人造成不利后果的，则复议机关应当将利害关系人列为第三人，并听取利害关系人的意见。在本案中，被申请复议的颁证行为系针对龙美村委会及申请人作出，潮州市政府对颁证行为进行复议并作出决定的行为必然会对申请人的实体权利产生影响，潮州市政府在作出决定之前应当通知申请人作为第三人参加复议。但潮州市政府未通知申请人作为第三人参加复议，即作出撤销颁证行为的复议决定，违反程序正当原则。根据《最高人民法院关于适用〈中华人民共和国行政诉讼法〉的解释》第96条的规定，只有对原告依法享有的听证、陈述、申辩等重要程序性权利不产生实质损害的，才属于《行政诉讼法》第74条第1款第2项规定的"程序轻微违法"。潮州市政府未通知申请人作为第三人参加行政复议，未听取其申辩意见即作出复议决定，属于《行政诉讼法》第70条第3项规定的违反法定程序的情形，应当判决撤销或者部分撤销，并可以判决被告重新作出行政行为。如前所述，潮州市政府作出5号复议决定的行为实质上属于自行纠错的行为，对于该行为被判决撤销后，是否需要再次启动自行纠错的裁量权应当由行政机关自行决定。

我国《行政复议法》第4条规定了行政复议应当遵循的基本原则，即"合法、公正、公开、及时、便民"原则，这些原则体现了行政复议兼具行政效率与公正的双重特点，在规范行政复议机关的复议行为和复议当事人的参与行为方面起到了积极的作用。但是，《行政复议法》缺乏对行政复议审查程序等的重视，因此，在既有原则的基础上，有必要增加正当程序原则。作为行政复议的核心环节，行政复议审查程序一直以来被视为是行政复议机关的内部程序，难以被社会所了解和监督，缺乏司法元素的行政复议审查程序，也很难实现当事人所期待的公正诉求。因此，笔者以为，行政复议审查程序领域应当引入正当程序原则，将正当程序原则作为行政复议审查程序所遵循的基本原则，指导行政复议审查行为。这一点，在司法实践中也已得到体现。在"张成银诉徐州市人民政府房屋登记行政复议决定案"中，法院认为："《行政复议法》虽然没有明确规定行政复议机关必须通知第三人参加复议，但根据正当程序的要求，行政机关在可能作出对他人不利的行政决定时，应当专门听取利害关系人的意见。"从本案判决理由来看，法官采用了正当程序的概念，以被告提供不出证据证明"采取了电话的方式口头通知张成银参加行政复议"严重违反法定程序为由作出判决。虽然《行政复议法实施条例》第9条并没有规定复议机构必须通知第三人参加行政复议，而规定的是"可以通知"，但是法官认为，根据正当程序原则的要求，"听取意见"是程序正当的基本内容之一，复议机关在作出复议决定时有义务听取本案的利害关系人张成银的意见。这一案件既已刊登在《最高人民法院公报》上，其中传递出的信息是值得重视的，也就是司法审查要求行政复议审查程序在保持高效、便捷的基础上，彰显程序公正的社会诉求，可以说司法审查实践在倒逼行政复议审查程序的公正性。[1]

【争议问题探讨】

1. 村民个人是否具有以个人名义请求撤销行政机关对集体所有土地登记行为的行政复议主体资格？根据《行政复议法实施条例》第28条的规定，提起行政复议申请的申请人应当与具体行政行为有利害关系。《土地管理法》第11条规定："农民集体所有的土地依法属于村农民集体所有的，由村集体经济组织或者村民委员会经营、管理；已经分别属于村内两个以上农村集体经济组织的农民集体所有的，由村内各该农村集体经济组织或者村民小组经营、管理；已经属于乡（镇）农民集体所有的，由乡（镇）农村集体经济组织经营、管理。"根据上述规定，如果对村民集体所有的土地因行政行为发生变更、转移不服，应当以村集体经济组织的名义提起复议或者诉讼。在村民集体经济组织对涉及集体土地的行政行为不主动提起复议或诉讼的情况下，则应当依照《村民委员会组织法》规定的程序，由村民代表会议形成集体决定再行主张权利。村民个人一般不具有申请复议或者提起诉讼的主体资格，除非该行政行为涉及其使用或实际使用的集体土地，或者参照《最高人民法院关于审理涉及农村集体土地行政案件若干问题的规定》第三条的规定，由过半数的村民以集体经济组织名义申请复议或者提起诉讼。

2. 根据程序正当原则，复议决定可能对利害关系人造成不利后果的，复议机关是否应当将其列为第三人？根据国务院发布的国发（2004）10号《全面推进依法行政实施纲要》，行政行为应当遵守程序正当原则，作出对当事人不利行政行为的，应当听取其意见。据此，行政机关在作出对行政相对人产生不利影响、可能减损其权益的行政决定之前，应当告知行政相对人并听取其意见，否则将构成程序违法。尽管《行政复议法》第10条第3款规定利害关系人"可以"作为第三人参加行政复议，但是根据程序正当原则，如果该

---

〔1〕 杨红："行政复议特别程序探析"，载《苏州大学学报（法学版）》2017年第4期。

复议决定可能对利害关系人造成不利后果的，则复议机关应当将利害关系人列为第三人，并听取利害关系人的意见。本案中，被申请复议的颁证行为系针对龙美村委会及申请人作出，潮州市政府对颁证行为进行复议并作出决定的行为必然会对申请人的实体权利产生影响，潮州市政府在作出决定之前应当通知申请人作为第三人参加复议。但潮州市政府未通知申请人作为第三人参加复议，即作出撤销颁证行为的复议决定，违反程序正当原则。一审认为复议机关是否通知利害关系人作为第三人参加复议不是法定程序，潮州市政府未通知申请人作为第三人参加行政复议并无不妥的观点，认定事实不清，适用法律错误；二审对该问题未予纠正，亦属适用法律错误。本院对此一并予以纠正。根据《最高人民法院关于适用〈中华人民共和国行政诉讼法〉的解释》第96条的规定，只有对原告依法享有的听证、陈述、申辩等重要程序性权利不产生实质损害的，才属于《行政诉讼法》第74条第1款第2项规定的"程序轻微违法"。潮州市政府未通知申请人作为第三人参加行政复议，未听取其申辩意见即作出复议决定，属于《行政诉讼法》第70条第3项规定的违反法定程序的情形，应当判决撤销或者部分撤销，并可以判决被告重新作出行政行为。

3. 复议机关对不符合受理条件的复议申请，予以受理并作出改变原行政行为的复议决定，实质是行政机关的自行纠错行为。针对此种自行纠错方式应选择何种态度？自我纠错的价值在于减少或者避免行政争议的产生，尽早结束行政行为效力的不确定状态，维护行政法律关系的稳定，增强公众对行政机关的认同和信赖。在目前缺少法律明确规定的情况下，行政机关可以采取的自我纠错方式主要有撤销、补正、改变原行政行为、确认违法等方式。从严格依法行政的角度而言，对于所有有瑕疵的行政行为，都可以通过撤销的方式予以纠正。但是从行政效率和效益的角度考虑，基于保护行政相对人的信赖利益和减少行政争议产生的考量，行政机关应当采取足够审慎的态度，只有在该行政行为的瑕疵足以影响到实质处理结果时，才采用撤销的方式进行纠错。对于行为仅存在轻微瑕疵但并不影响实质处理结果且对利害关系人权利不产生实际影响的，或者通过补正等事后补救方式可以"治愈"的，或者撤销行政行为可能会给国家利益、社会公共利益造成重大损失的，则应当考虑采取其他方式进行纠错。

《行政复议法》第 2 条规定："公民、法人或者其他组织认为具体行政行为侵犯其合法权益，向行政机关提出行政复议申请，行政机关受理行政复议申请、作出行政复议决定，适用本法。"根据《行政复议法》第 17 条、《行政复议法实施条例》第 27 条、第 28 条的规定，公民、法人或者其他组织认为行政机关的具体行政行为侵犯其合法权益提出行政复议申请，必须符合行政复议法和该条例规定的申请条件。行政机关受理当事人的复议申请不能采取意思自治原则，应当受到法律规定的申请条件的约束，其效力应当接受司法审查。复议机关受理不符合申请条件的复议申请并作出相应复议决定的行为，不符合法律规定。当然，对此情况也要进行区分并作出不同的处理。如果复议机关对于不符合申请条件的复议申请予以受理，并作出维持原行政行为的复议决定，实质上是对当事人对原行政行为申诉的重复处理行为，对申请人的权利义务不会产生实际影响。申请人对复议决定提起行政诉讼，人民法院应当裁定不予立案或者驳回起诉。如果复议机关受理不符合申请条件的复议申请后，认为原行政行为根据的事实或法律状态发生变化，或者出现了足以推翻原行政行为的新证据，进而作出复议决定自行撤销或废止原行政行为的决议，此时属于行政机关自行纠错的行为，人民法院应当予以尊重并可以对该纠错行为进行实体审查。当然，行政机关采用这种纠错方式必须做到足够的审慎。

【深度阅读】

[1] 赵世勋："行政检察视角下行政协议纠纷化解路径"，载《中国检察官》2022 第 8 期。

[2] 赵宏："主观公权利的历史嬗变与当代价值"，载《中外法学》2019 年第 3 期。

[3] 温辉："刍议行政非诉执行申请主体"，载《中国检察官》2022 年第 7 期。

[4] 杨红："行政复议特别程序探析"，载《苏州大学学报（法学版）》2017 年第 4 期。

（撰稿人：李龙贤）

案例3 杨吉全诉山东省人民政府行政复议纠纷再审案

【案情简介】

（一）基本事实

杨吉全不服山东省青岛市市南区法律援助中心作出的不予法律援助决定，向青岛市市南区司法局提出异议。该局作出答复意见，认为该不予法律援助决定内容适当。杨吉全对该答复意见不服，向青岛市司法局申请行政复议。该局于2013年10月23日告知其所提复议申请已超过法定申请期限。杨吉全不服，向青岛市人民政府申请行政复议。该局作出答复意见，认为该不予法律援助决定适用依据正确，内容适当。杨吉全对该答复意见不服，向青岛市司法局再行申请行政复议。该局于2013年10月23日作出告知书，告知其所提复议申请已超过法定申请期限。杨吉全对此不服，向山东省青岛市人民政府申请行政复议。该府于2013年10月30日作出青政复办告字（2013）77号告知书，告知其提出的行政复议申请事项不符合行政复议受案条件。杨吉全对此不服，向山东省人民政府申请行政复议，要求撤销该告知书；撤销青岛市司法局、青岛市市南区司法局及青岛市市南区法律援助中心作出的决定；履行颁发宅基地证及房产证的法定职责。山东省人民政府于2013年11月18日对其作出鲁政复不字（2013）38号不予受理行政复议申请决定（以下简称不予受理决定），并向其邮寄送达。杨吉全不服，提起行政诉讼，请求撤销该不予受理决定，判令山东省人民政府赔偿损失。

（二）主要争点

本案的争点在于法律并没有规定对行政复议决定不服的情况下，可否向其上一级行政机关再次（或多次）申请行政复议。

（三）判决要旨

山东省济南市中级人民法院一审认为：杨吉全对青岛市人民政府青政复

办告字（2013）77 号告知书不服提出行政复议申请，不属于《行政复议法》第 6 条规定的行政复议范围。杨吉全对青岛市司法局、青岛市市南区司法局及青岛市市南区法律援助中心作出的决定等行为不服提出行政复议申请，均不属于山东省人民政府的审查范围。山东省人民政府决定不予受理原告的行政复议申请，并无不当。据此作出（2013）济行初字第 111 号行政判决，驳回杨吉全的诉讼请求。

山东省高级人民法院二审认为：山东省人民政府收到杨吉全的复议申请后，经审查认为不符合法定受理条件，在法定期限内根据《行政复议法》第 17 条第 1 款之规定作出不予受理决定，并无不当。行政机关及其工作人员在行使行政职权时有侵犯公民人身权和财产权情形的，受害人有取得赔偿的权利。山东省人民政府所作不予受理决定并未侵犯杨吉全的任何权利。杨吉全提出的其他诉讼请求，不属于本案审查范围。据此作出（2014）鲁行终字第 80 号行政判决，驳回上诉，维持一审判决。

最高人民法院认为：申请行政复议和提起行政诉讼是法律赋予公民、法人或者其他组织的权利，其可以在申请行政复议之后再行提起行政诉讼。但杨吉全在提起行政诉讼之前，针对同一事由连续申请了三级行政复议，明显且一再违反一级行政复议制度。对于明显违反复议制度的复议申请，行政复议机关不予受理后，申请人对此不服提起行政诉讼的，人民法院可以不予立案，或者在立案之后裁定驳回起诉。鉴于本案已经实际走完诉讼程序，原审法院经实体审理后亦未支持杨吉全的诉讼请求，故无必要通过审判监督程序提起再审后再行裁定驳回起诉。

【案例解析】

我国现行《行政诉讼法》第 44 条规定："对属于人民法院受案范围的行政案件，公民、法人或者其他组织可以先向行政机关申请复议，对复议决定不服的，再向人民法院提起诉讼；也可以直接向人民法院提起诉讼。法律、法规规定应当先向行政机关申请复议，对复议决定不服再向人民法院提起诉讼的，依照法律、法规的规定。"不难看出《行政诉讼法》第 44 条明确了在复议和诉讼的衔接上，以当事人自由选择为原则，复议前置为例外，实行一级复议制度。复议和诉讼是行政救济的重要组成部分,分属行政程序和司法程序。

对于本案而言,《行政复议法》为当事人的程序选择提供了一定程度的自由权,但当当事人连续提起多级复议时,是否构成对复议制度的根本违背?"具有任性恣意色彩"的越级复议行为,是否包含权利救济范围?

(一)一级复议制度的构成:基于制度设计的考察

1999年《行政复议法》颁布,复议制度作为行政争议解决的重要机制在监督依法行政、保障公民权利和解决行政争议上发挥了重要作用。但在实践中,行政复议面临"大信访、中诉讼、小复议"和"不敢、不愿、不想复议"的问题,学界和实务界将其原因归结为立法之初的反司法化定位制约复议权的公正独立行使。2008年,国务院发布《国务院法制办公室关于在部分省、直辖市开展行政复议委员会试点工作的通知》(本案例中简称《试点通知》),在北京等8个省份开始行政复议委员会的改革试点工作,在行政复议体制和运行程序等方面借鉴司法化的优势,以提高复议制度的公正独立性。

根据对争议的行政行为的审查级别的不同,可将各国的行政复议制度分为一级复议制和二级复议制。一级复议制是指行政争议经过复议机关一次审理和裁决后,申请人即使不服也不得再向有关行政机关再次申请复议,而只能向法院提起诉讼的一种法律制度。该制度有利于受害人尽快得到救济,有利于节约成本。美国、法国和日本等采用这种制度。而德国的异议申请制、西班牙的再审诉愿制等则采用二级复议制。我国采用的是一级复议制,即行政争议经过复议机关一次审理和裁决后,申请人即使不服也不得再向有关行政机关再次申请复议,而只能向法院提起诉讼。行政复议本质上是行政权的运用,关系到当事人的合法权益的维护和行政机关的日常工作,因而也需要讲究效力。人们常言:迟到的正义非正义。采用一级复议制解决了这个问题,使争端不会在行政程序中耽误太久。通常情况下行政复议并不是救济的最终的手段,当事人对复议不服,还可以提起行政诉讼。因此一级行政复议制有利于简化程序,提高复议效率。从世界范围来看,行政复议和行政诉讼的关系主要有两种情况:其一,行政复议是行政诉讼的前置程序。即对行政机关的行政行为不服,必须先提起行政复议,对行政复议不服的,才能提起行政诉讼。美国、德国、韩国等均采用这种模式。其理由主要是受分权思想的影响，尽量将争议在行政程序范围内解决。其二，当事人自由选择行政复议或行政诉讼。即对行政机关作出行政行为不服的当事人，可以自由选择行政复议或行政诉讼的救济方式。法国和日本等采用此种模式。根据我国《行政诉讼法》第44条第1款规定："对属于人民法院受案范围的行政案件，公民、法人或者其他组织可以先向行政机关申请复议，对复议决定不服的，再向人民法院提起诉讼；也可以直接向人民法院提起诉讼"。由此可知，我国属于第二种模式，除法律、法规有特别规定外，当事人可以自由选择救济方式。

公民、法人或者其他组织不服行政机关作出的具体行政行为的复议申请只能向法定的行政机关提出。该机关的复议决定一经作出并送达"即发生法律效力"，公民、法人或者其他组织不能再向作出行政复议的机关的上级机关提出复议申请。这样的行政复议制度为一级行政复议制。对该机关的复议决定，如果是终局的行政复议决定，公民、法人或者其他组织应当履行该决定。如果不是终局的行政复议决定，公民、法人或者其他组织和被申请复议的行政机关对行政复议决定没有异议的应当履行行政复议决定，不服该行政复议决定的可以向人民法院提起诉讼。按照我国法律的规定，我国基本实行的是一级行政复议制，即公民、法人或者其他组织不服行政机关作出的具体行政行为只能向法定的行政机关申请复议一次，对复议决定不服的，如果不是终局决定可以向人民法院起诉，不能再向作出行政复议决定的机关的上级机关提出再次复议的申请。

（二）一级复议制度的构成：基于学理的考察

1. 行政自我控制理论。行政机关的自我控制是民主和法治的重要支撑之一。20世纪80年代，美国法学家马肃（Mashaw）提出：以法院中心主义为取向的外部行政法已经趋于没落，正义可以存在于行政系统内部，行政法在司法审查之外，最迫切的任务是发展行政机关科层监督的内部行政法。我国发展情况与美国有区别，但挖掘行政机关自我纠错、自我控制的动力和机制同样有意义。我国行政法学者崔卓兰、于立深等近年来着力研究这一理论。他们提出，要从行政机关自身的主动性出发，以自我预防、自我纠错等一系列积极行为为桥梁，旨在追求政府与公民之间和谐共存、相互支持关系的行政自制理念，是更加切合和谐社会之时代主题的、也是更为符合传统文化精神底蕴的一种行政权控制方式。两位学者认为："行政自制作为从行政内部视角切入，通过其自身运作来防控行政权滥用的学说，其理论目标是建立内外联动的行政权控制。"其核心思想包括："行政主体对自身违法或不当行为可以自我发现、自我遏制、自我纠错。对行政政策可以自我推进、对行政正义予以自主实现。"该文在论证这种自制机制时强调了行政组织再造、行政决策程序等方面，然而遗憾的是，他们的行政自我控制理论论证中却忽视了对行政复议制度的研究，而恰恰是行政复议制度十分鲜明地体现了行政自我控制理论的生命力。笔者认为：关注行政行为的合法性、合理性、效益性等等正是行政自我规制的目标和效果，其优越性在一定程度和一定意义上还优于外部法律规制。我们挖掘行政复议制度的优势正在于发现并激活行政机关及其公务员具有的良好素质和伦理信仰，激发行政组织内部的有序机制和内在动力，从而建立起行政系统内外联动的控权机制，这是对传统行政法治理论的继承、发展和创新。因此，行政复议制度的完善在笔者看来正好是行政自我控制理论的出色体现，是我国行政自我监督、自我纠错的制度化，是提升我国行政机关行政行为合法性、合理性、实效性的绝佳途径。

2. 穷尽行政救济理论。穷尽行政救济理论来源于西方国家行政法上的穷尽行政救济原则，但在中国，需要把这一原则上升为一种理论。穷尽行政救济原则主要源自英美等国。英美行政法治呈现的格局特点是：大部分行政争议首先通过法院审理之前的争端解决程序解决，美国行政法上一个极为重要的原则就是成熟性原则，也就是说，除非迫不得已，一般行政争议和纠纷就不会进入法院而是在行政系统里得以化解，因此方才有了美国行政裁决中的行政法官制度和英国行政裁判所制度。所谓穷尽行政救济原则，学者多将其解释为"相对人对其所受的损害，在通过行政程序途径进行救济以前，不能取得司法救济"。也就是说，行政救济是司法救济的必经阶段，只有当所有的行政救济手段都不能解决相对人与行政机关之间的纠纷时，相对人才能够寻求司法救济。最早对其进行介绍并加以阐释的是著名行政法学者王名扬先生，他在《美国行政法》中对这一原则的含义及原因作了较为详细的阐述。他介绍了美国联邦最高法院在1969年的"麦卡特诉美国案"的判决中列举的穷尽行政救济的理由：①保证行政机关能够利用其专门知识和行使法律所授予的自由裁量权；②让行政程序连续发展不受妨碍，法院只审查行政程序的结果，比在每一阶段允许司法干预更有效；③行政机关不是司法系统的一部分，它们是由国会设立执行特定职务的实体，穷尽行政救济原则保护行政机关的自主性；④没有穷尽行政救济时，司法审查可能受到妨碍，因为这时行政机关还没有搜集和分析有关的事实来说明采取行政的理由，作为司法审查的根据；⑤穷尽行政救济原则使行政系统内部有自我改正错误的机会，减少司法审查的需要，使法院有限的人力和财力能更有效地使用；⑥如果不进行行政救济而直接进行司法审查，可能降低行政效率，鼓励当事人超越行政程序，增加行政机关工作的难度和经费。[1] 这一段阐述已经清晰地表明穷尽行政救济原则是何等重要！此后，陆续有学者对美国的穷尽行政救济原则进行论述，并对近年来西方穷尽行政救济原则的新发展作了新的论述。事实上，充分发挥行政机关在解决行政纠纷中的作用，让行政机关站在化解行政纠纷中的第一线的做法，为世界上大多数国家所认可。因此，不仅应该把穷尽行政救济作为一项原则，同时应该把它看作一种很好的很有用的理论，可以用于指导处理行政机关与司法机关等外部机关之间的关系，用于指导处理行政复议制度与行政诉讼制度之间的关系等等。需要特别说明的是，无论行政自我控制理论还是穷尽行政救济理论都不妨碍吸收体现自然公正原则的"司法化"理论，为了更好地达到行政自我控制和穷尽行政救济，都不排斥把蕴有公开、公正的程序引入行政复议全过程。

基于上述理论基础，认为要完善我国行政复议制度，必须先进行行政法理念的调整和更新。

第一，理念上必须坚持和重视行政复议制度的行政性，强调行政复议行为的行政行为属性。自《行政复议法》实施以来，理论界对行政复议的功能定位一直存在着三种不同的学说，即"自我纠错说""权利救济说"和"定分止争说"。"自我纠错说"认为行政复议是行政系统内部上级行政机关监督下级行政机关工作，行政机关得以重新审视自己行政行为作出的法律依据，

---

〔1〕 王名扬：《美国行政法》，中国法制出版社 1995 年版，第 652～653 页。

重新认识自己行政行为的合法性与合理性，从而在行政系统内部形成自我约束，在可能的范围内主动纠正自身的错误，实现良性行政；"权利救济说"主张行政复议是申请人不服被申请人作出的具体行政行为，向复议机关提出审查和纠正的请求，迫使被申请人或复议机构亲自作出回应，在不侵犯申请人和第三人权益的前提重新作出新的具体行政行为或者对申请人作出赔偿和补偿，实现对当事人的权利救济，将损害降到最低；"定分止争说"则指出行政复议最原始的功能就是一种解决纠纷的法定渠道，在复议机关、申请人和被申请人形成的三角关系中，复议机关只要做到像英国的行政裁判所那样超然中立，"不服从行政干预"，居中裁决申请人和被申请人之间的行政争议，在法律的视阈内尽可能满足对立双方的合理诉求，给当事人一个满意的答复，将纠纷和矛盾消弭于无形，就实现了行政复议制度的设立初衷，而不应赋予其过多的人权保障和层级监督色彩。

第二，有必要摆正行政复议制度中行政性与司法性之间的关系。所有法律制度的最终价值是为了实现公平正义、保障人权。但具体到每一项法律制度还有它特有的性质和功能。行政复议制度既有解决行政纠纷的功能，又有其行政监督的功能，两者并无冲突，而对于行政系统自身而言，其行政监督的功能更为直接和明显，"司法性"是工具，而"行政性"是目的，它是通过带有"司法性"的复议机制，实现行政目标。行政复议首先要体现出行政机关自我监督、自我纠错功能，这与其解决行政纠纷功能绝对是并行不悖、融为一体的，而其最终目的就是实现行政目标，为保护和发展人民的利益服务。正因如此，行政复议的行政性与其一定程度的准司法程序应该内在契合，不能也不必完全用"司法性"全部替代行政复议制度的行政性，恰恰需要用一定程度的"司法性"来补充行政性，使行政复议的行政监督、自我纠错功能发挥得更好、更极致，丢掉行政性的优势恰恰丢掉了行政复议制度的优势。

第三，在理念上一定要科学界分行政复议和行政诉讼两种制度的职能。既然行政复议与行政诉讼是相互衔接、相互补充的两种救济制度，那么，它们除共通性之外必须有所区别，它们各有自己的特质、特色和优势，不能相互替代，如果同质化，就没有两种制度存在的必要。过于追求两种制度的共同性、趋同性，特别是过度追求"司法化"是不必要、不妥当的。从国外实践经验看，如果该国行政复议和行政诉讼两种制度并存，那么在制度定位和职责定位上一定存在明显区分。特别是英国、美国的经验值得借鉴，美国和英国一直是由普通法院审理行政案件，没有行政法院，也没有我们国家类似的法院行政审判庭，因此，大量行政纠纷是在类似我国"行政复议"（各国、各地区类似我国行政复议制度的称谓都不相同）阶段解决的，而行政裁决与法院审理有着巨大的显然的区别。众所周知，德国行政复议和行政诉讼制度在化解行政纠纷中都发挥着重要作用，其原因主要是德国行政法院法要求，在提起撤销之诉和职责之诉前应当先申请行政复议，而在制度设计上，众所周知，德国的行政复议制度和诉讼存在着明显而重大的区别。参酌国外经验，反观我们现在有些流行的观点，要求行政复议机构相对集中和独立、人员职业化、程序司法化甚至要求复议机构不再隶属于同级政府，其结果必然导致行政复议和行政诉讼两项制度的无差别化或同质化，使两种制度各自的优势都无法充分体现出来，最终导致两种制度的分工失去意义。

【争议问题探讨】

《行政复议法》为当事人的程序选择提供了一定程度的自由权，但当事人连续提起多级复议时，是否构成对复议制度的根本违背？针对这个问题，笔者认为应从权利保护的必要性视角来进行解析。

权利保护必要性有积极功能，也有消极功能。如果有权利保护的必要性，则继续展开本案审查，看是否符合权利保护要件，而不必对权利保护必要性作过多说明。如果没有权利保护的必要性，则要裁定驳回，故而，需要着重说明为什么没有保护的必要性。因此，现实中，权利保护必要性更多地显现为消极功能，即体现为缺乏保护的必要性并导致裁定驳回。欠缺必要性的情形有很多，各种诉讼类型也有一些特有的情形，欠缺诉讼对原告本人而言应当是有益的。[1]有时，"诉之所以没有意义，是因为即使原告能胜诉，他事实上也不可能达到诉讼其目的，因为这个诉讼目的由于事实或法律上的原因，本来就是无法达到的，或者胜诉已没有情形，但仍然可以归纳出一些共通的

---

〔1〕 王贵松："论行政诉讼的权利保护必要性"，载《法制与社会发展》2018 年第 1 期。

标准来判断是否具有权利保护的必要性。"当然，这里"必须将难以胜诉的理由与诉的理由本身区别开来"不能将难以胜诉归入缺乏权利保护必要性之列。在杨吉全诉山东省人民政府行政复议案中，杨吉全申请法律援助被驳回，然后向青岛市司法局申请行政复议。其被告知超过复议期限，再向青岛市政府、山东省政府逐级申请行政复议，均被告知不符合受理条件，遂将山东省政府诉至法院。最高人民法院认为："对于明显违反，甚至是一再违反一级复议制度的申请，行政复议机关可以在口头释明之后不作任何处理；申请人对此不服提起行政诉讼的，人民法院可以不予立案，或者在立案之后裁定驳回起诉……对于一个毫无事实根据和法律依据的指控，即使最终判决被告胜诉，也是对被告的不公平，因为将他们传唤到法院应诉本身已经使他们承受了不应承受的花费和压力……对于此类明显违背行政复议制度、明显具有任性恣意色彩的反复申请，即使行政复议机关予以拒绝，也不应因形式上的"不作为"而将其拖进一个没有意义的诉讼游戏当中。"

第二，"具有任性恣意色彩"的越级复议行为，是否包含权利救济范围？

"复议在法定期限内提出"是复议机关受理复议申请的条件之一，本案当事人杨吉全的复议申请已过法定复议期限，本不符合复议受理条件，却因此事由先后向三级人民政府申请行政复议，进而经过三级人民法院一审二审再审，案情简单却用尽了所有的救济程序。《行政诉讼法》第45条规定："公民、法人或者其他组织不服复议决定的，可以在收到复议决定书之日起十五日内向人民法院提起行政诉讼。复议机关逾期不作决定的，申请人可以在复议期满之日起十五日内向人民法院提起诉讼……"杨吉全本可在向青岛市司法局申请复议之后即向人民法院提起行政诉讼以维护自己的利益，却一而再、再而三地申请行政复议，启动救济机制，其反复申请复议的行为已经违反一级复议制度，且缺乏正当理由，造成复议资源与诉讼资源的浪费。行政复议与行政诉讼同为行政争议解决机制，但是二者之间仅存在启动机制的衔接，没有被视为一个整体予以统筹安排。通常情况下，公民不服复议决定起诉至法院，只要没有超过复议期限，法院就应受理，并不考量复议决定的具体内容与复议情形。本案则突破了这一惯常做法，针对反复申请复议行为，要求法院识别、判断原告所提出的诉讼请求是否具有启动行政诉讼程序的必要性，明确对明显违背行政复议制度、明显具有任性恣意色彩的反复申请，即使行政复议机关予以拒绝，当事人不服提起诉讼的，人民法院也可以不予立案，或者在立案之后裁定驳回起诉。"明显违背行政复议制度、明显具有任性恣意色彩的反复申请"因已构成滥用申请复议权，针对复议机关拒绝受理反复申请的复议决定提起的行政诉讼，不具备启动诉讼程序予以审查的必要性。"明显违背行政复议制度"为客观因素的考量，"明显具有任性恣意色彩"为对申请人启动救济机制的主观意图及其恶意程度的主观判断。两个明显要求"违背行政复议制度"与"具有任性恣意色彩"均须同时达到一般人均会认为超越了合理底线的程度，法院才能对复议机关拒绝受理复议的决定不予立案，或者立案之后裁定驳回起诉。[1]"有权利必有救济"，同样，"有权利才有救济"，如果公民启动救济机制的直接目的非为寻求利益救济，而是另存其他动机，其起诉并未形成真正意义上的案件，因而不应启动诉讼程序。

【深度阅读】

[1] 王贵松："论行政诉讼的权利保护必要性"，载《法制与社会发展》2018 年第 1 期。

[2] 王万华："行政审判十大典型案例之九——专家点评：该案对明确行政复议资格条件及其承继具有示范意义"，载《中国审判》2017 年第 20 期。

[3] 王晓杰："一级行政复议规则"，载章剑生等主编：《行政法判例百选》，法律出版社 2020 年版。

[4] 章剑生：《现代行政法专题》，清华大学出版社 2014 年版。

（撰稿人：李龙贤）

---

〔1〕 王万华："行政审判十大典型案例之九——专家点评：该案对明确行政复议资格条件及其承继具有示范意义"，载《中国审判》2017 年第 20 期。

专题六　行政诉讼的受案范围

案例 1　魏永高、陈守志诉来安县人民政府收回土地使用权批复案

【案情简介】

（一）基本事实

2010 年 8 月 31 日，安徽省来安县国土资源和房产管理局向来安县人民政府报送《关于收回国有土地使用权的请示》（本案例中简称《请示》），请求收回该县永阳东路与塔山中路部分地块土地使用权。9 月 6 日，来安县人民政府作出《关于同意收回永阳东路与塔山中路部分地块国有土地使用权的批复》（以下简称《关于同意请示的批复》）。来安县国土资源和房产管理局收到该批复后，没有依法制作并向原土地使用权人送达收回土地使用权决定，而直接交由来安县土地储备中心付诸实施。魏永高、陈守志的房屋位于被收回使用权的土地范围内，其对来安县人民政府收回国有土地使用权批复不服，提起行政复议。2011 年 9 月 20 日，滁州市人民政府作出《行政复议决定书》，维持来安县人民政府的批复。魏永高、陈守志仍不服，提起行政诉讼，请求人民法院撤销来安县人民政府上述批复。

（二）主要争点

本案的争点为来安县人民政府作出《关于同意请示的批复》是否具有可诉性。

（三）裁判要旨

法院经过审理后认为："根据《土地储备管理办法》和《安徽省国有土地储备办法》以收回方式储备国有土地的程序规定，来安县国土资源行政主管部门在来安县人民政府作出批准收回国有土地使用权方案批复后，应当向原土地使用权人送达对外发生法律效力的收回国有土地使用权通知。来安县人民政府的批复属于内部行政行为，不向相对人送达，对相对人的权利义务尚未产生实际影响，一般不属于行政诉讼的受案范围。但本案中，来安县人民政府作出批复后，来安县国土资源行政主管部门没有制作并送达对外发生效力的法律文书，即直接交来安县土地储备中心根据该批复实施拆迁补偿安置行为，对原土地使用权人的权利义务产生了实际影响；原土地使用权人通过申请政府信息公开知道了该批复的内容，并对批复提起了行政复议，复议机关作出复议决定时也告知了诉权，该批复已实际执行并外化为对外发生法律效力的具体行政行为。因此，对该批复不服提起行政诉讼的，人民法院应当依法受理。"

【案例解析】

根据《土地管理法》第 58 条："有下列情形之一的，由有关人民政府自然资源主管部门报经原批准用地的人民政府或者有批准权的人民政府批准，可以收回国有土地使用权……"的规定，人民政府对人民政府自然资源主管部门报经的收回国有土地使用权的请示有作出批复的职责。因此，本案中来安县人民政府对于来安县自然资源和房产管理局报送的《请示》作出的《关于同意请示的批复》是行政主体基于行政职权作出的行为。且该《关于同意请示的批复》已经实际送达来安县国土资源和房产管理局，内容已经确定生效，因而产生了因该行为满足《行政诉讼法》上对于界定行政行为的主体要素、职权要素以及法效要素三方面的规定，所以来安县人民政府作出的《关于同意请示的批复》属于行政行为。然而，这个案例指导讨论的地方不在于来安县人民政府作出的《关于同意请示的批复》行为是不是属于行政行为，而在于当这一行为对外产生权利义务影响的时候，行政相对人是否可以通过诉讼途径维护自己的权益。因此，我们需要掌握行政主体作出的哪些行政行为属于内部行政行为？内部行政行为是否具有可诉性？这些内部行政行为在满足什么样的条件下具有可诉性？

（一）内部行政行为的界定

在德国依据一般权利理论将行政行为划分为内部行政行为和外部行政行为之后，经国内学者引入，我国在理论界与实务界也相继展开了围绕着内部行政行为与外部行政行为的一系列讨论。关于内部行政行为与外部行政行为的划分标准主要有以下几种观点：

1. 基于身份上的隶属关系。诸如上下级之间或者行政机关与工作人员之间存在的隶属关系。因此，内部行政行为是指行政主体基于行政隶属关系针对内部相对人而实施的行政行为。

2. 针对事项标准。即针对行政系统内部事项的行政行为，具体可以归纳为凡是以行政机关及其工作人员为作用对象，针对职务职权、人事事项所作的行为均为内部行政行为。如行政机关对行政机关工作人员的奖励、惩戒、职务晋升、任免等人事方面的决定的行为。若行政机关针对其行政机关工作人员作出的不是人事方面的决定，而是人身权、财产权以及其他法律上规定的其他权利所作出的行政行为则不属于内部行政行为。

3. 作用对象标准。行政主体针对行政组织系统内部的机构或公务员所做的具体行政行为。[1]凡是以公民、法人和其他组织为对象而作出的行为是外部行政行为，凡是以行政机关及其工作人员为作用对象的行为则为内部行政行为。[2]

4. 相互（隶属）关系标准。认为行政法律关系依当事人相互关系分为内、外部关系。在内部关系中，行政机关与相对一方具有从属关系，因此而作出的行为是内部行政行为。[3]

5. 行为对象及对象所处的法律地位标准。如果行为针对的是行政机构及其人员，且该机构和人员处于执行公务的法律地位，则该行为即为内部行政

---

[1]　姜明安主编：《行政法与行政诉讼法》，北京大学出版社、高等教育出版社 2019 年版，第 193 页。

[2]　应松年主编：《行政法与行政诉讼法词典》，中国政法大学出版社 1992 年版，第 92 页。

[3]　吴高盛等：《行政诉讼法讲话》，机械工业出版社 1989 年版，第 103 页。

行为。[1]

6. 隶属关系加职务关系标准。内、外部行为的区分，主要看行政机关所为的行为是否基于行政隶属关系，是否与行政职务相关，如果行为是基于行政隶属关系，或者基于职务上的隶属关系所作出的，即为内部行为。[2]

以上观点从内部行政行为与外部行政行为的特征出发，对行政行为进行了划分，具有一定的合理性。但是由于划分标准单一等原因皆存在一定的局限性。然而，针对上述划分观点，我们可以看出，学者们对于内部行政行为在如下特征中达成共识：①作出行为的主体为行政机关；②相对人是行政机关或其工作人员；③主体与相对人之间的关系为行政隶属关系或行政职务关系。

基于内部行政行为的上述特征，我们可以将内部行政行为分为：行政机关对行政机关基于隶属关系或一定的职务关系作出的行政行为和行政机关对行政机关工作人员基于职务关系作出的行政行为。[3]关于行政机关基于行政隶属关系对行政机关作出的行政行为一般具有工作性质，主要包括：上级对下级机关或者行政首长对其所属的机关、机构进行的工作上的批准、命令、指示、批复，行政机关内部的工作计划、安排、制度以及平级机关之间的职务行为，例如审计机关的审计监督行为等。关于行政机关基于行政职务关系对行政机关工作人员作出的行政行为一般具有人事的性质，例如对工作人员的奖惩、调动、工资福利待遇以及任免考核等方面。本案例中涉及的内部行政行为是地方人民政府对其所属行政管理部门的请示作出的批复，其属于上述分类中的第一类，是行政机关对行政机关作出的具有工作性质的行政行为。

（二）内部行政行为的可诉性

根据《行政诉讼法》第2、12、13条以及有关司法解释的规定，我国行政诉讼的受案范围需满足以下三个因素：

---

〔1〕 应松年主编：《行政行为法——中国行政法制建设的理论与实践》，人民出版社1993年版，第6页。

〔2〕 张树义：《冲突与选择——行政诉讼的理论与实践》，时事出版社1992年版，第117页。

〔3〕 姜明安：《行政诉讼法》，法律出版社2007年版，第165页。

1. 行政行为。我国《行政诉讼法》中的行政行为是指，拥有国家行政职权的行政机关、组织及其工作人员实施的与国家行政权力有关的，对公民、法人或其他组织的权益产生影响的行为。行政诉讼法中行政主体的行为是一个广义的概念，包括行政作为、行政不作为，单方行为、双方行为，行政法律行为、行政事实行为等，并且这一概念将会随着行政行为内容的丰富而逐步扩大。

2. 行政相对人的权益受行政行为的侵害。《行政诉讼法》第2条第1款规定："公民、法人或者其他组织认为行政机关和行政机关工作人员的行政行为侵犯其合法权益，有权依照本法向人民法院提起诉讼。"基于此，原则上凡是行政相对人的人身权、财产权等合法权益受到了行政行为的侵害都可以向人民法院提起行政诉讼。

3. 法律法规的特别规定。包括人民法院受理法律、法规规定可以提起诉讼的其他行政案件；以及虽满足前两项条件，但因法律、法规的特别规定，人民法院不能受理的案件，即限制性规定。

在内部行政行为的两种分类中，第一类内部行政行为即行政机关对行政机关基于隶属关系或一定的职务关系作出的行政行为。因该行政行为多发生在行政机关内部，通过调整行政权力的方式来满足国家、部门和机关利益的需求，因此该类内部行政行为并未对公民、法人或者其他组织的权利义务产生影响，不具有可诉性。从我国《行政诉讼法》的立法目的而言，保护公民、法人和其他组织的合法权益，通过公民私权利的视角实现对司法机关与行政机关的权力监督是重要内涵。基于此，若是将行政机关对行政机关基于隶属或一定的职务关系作出的内部行政行为纳入司法审查的范畴并不能实现《行政诉讼法》的立法初衷和目的。此类内部行政行为不属于行政诉讼的受案范围的观点得到了理论与实务界的广泛认可。且有《最高人民法院关于适用〈中华人民共和国行政诉讼法〉的解释》第1条第2款第5项作为其不可诉的依据。

内部行政行为的第二类为行政机关对行政机关工作人员基于职务关系作出的行政行为，这一类行为在形式上满足行政诉讼受案范围的前两个因素，但《行政诉讼法》第13条第3项规定将其排除在行政诉讼受案范围之外。究其原因主要有以下几个方面。

1. 将人事性质的内部行政行为纳入行政诉讼的受案范围没有明确的法律依据。[1]《中华人民共和国公务员法》第95条（以下简称《公务员法》），明确规定对处分、辞退或者取消录用、降职、定期考核定为不称职、免职、申请辞职、提前退休未予批准、不按照规定确定或者扣减工资、福利、保险待遇等人事管理行为不服的可以申请复核和申诉，而将行政诉讼排除在权利救济的方式之外。《行政机关公务员处分条例》第48条明确对行政机关内部人事处分决定不服的只能申请复核或者申诉。因此，从目前的立法规定来看，尚无将人事性质的内部行政行为纳入行政诉讼受案范围的法律规定。

2. 受德、日特别权力关系理论以及"官本位"思想的影响。早在19世纪的德国就盛行特别权力关系理论，认为公务员担负着更为重要的国家责任，因此，行政机关对其公职人员的人事行为属于特别权力行为，公务员作为人民公仆其权利应受到限制，因而不能赋予其提请司法救济的权利。在此理论指导下，公务员认为内部人事处分行为侵害其合法权益的不能提起行政诉讼，而是要依照相关法律法规的规定在行政系统内部寻求帮助。受"官本位"思想的影响，将人事性质的内部行为排除在司法审查的范围之外，是行政系统独立性以及满足其利益需求的表现。[2]尽管随着法治的不断健全，对于将人事性质的内部行政行为排除在司法审查的范围之外不论是立法规定本身还是立法依据的基础理论都受到了批评和指责，还有学者就将人事性质的内部行政行为纳入司法审查的范畴提出了建议。因此，关于人事性质的内部行政行为该如何发展尚需进一步探讨。

（三）本案中《关于同意的批复》可诉性的认定

内部行政行为的外部化是指其虽是针对行政组织系统内部的机构或公务员所作的行政行为，但是在内容上却对系统外部相对人的权利义务作出了明

---

〔1〕李永超："揭穿内部行政行为之面纱——基于司法实践中'外化'之表达的一种解释框架"，载《行政法学研究》2012年第4期。

〔2〕丁民国、吴菁敏："论内部行政行为的可诉性——以人事性质内部行政行为为视角"，载《东北农业大学学报（社会科学版）》2018年第1期。

确规定，具有设立、变更、消灭、确认相对人权利义务的意思表示。[1]内部行政行为不可诉的主要原因在于内部行政行为并未对外产生法律效力，对行政相对人的权利义务没有产生实际影响。而外部化的行政行为涉及相对人权利义务的增减，因而理论上满足《行政诉讼法》对于行政诉讼受案范围的条件，应将其纳入行政诉讼的受案范围。

关于内部行政行为外部化的条件，理论与实务界早有讨论。其中，行为内容的处分性包括行为的处分性，[2]行为的具体性，[3]以及外化方式的职权性[4]成为公认的衡量内部行政行为外化的标准。内部行政行为外部化后具有可诉性在司法解释中亦能找到依据。《最高人民法院关于适用〈中华人民共和国行政诉讼法〉的解释》第1条第2款第5项规定"行政机关作出的不产生外部法律效力的行为"不具有可诉性，由此可以看出，该司法解释的本意是将对外不具有法律效力的行政行为排除在行政诉讼的受案范围之外，因而将行政行为对外发生法律效力作为可诉性行政行为的必备要素。由于内部行政行为外部化后产生了外部法律效力，因此，外部化后的内部行政行为应当具有可诉性。

内部行政行为外部化后具有可诉性在司法实践中早有体现。最高人民法院对赖恒安因工资和职称问题与渝州大学纠纷一案于2000年2月23日作出的（1998）行终字第10号行政判决中载明，"重庆市教育委员会重教函（1999）21号报告从形式上看属于行政机关内部公文，但在抄送赖恒安本人后，即已具有具体行政行为的性质；由于该报告需待上级主管部门审批，其内容尚未最终确定，对赖恒安的权利义务并未产生实际影响，故该行为属不成熟的行政行为，不具有可诉性"。也就是说，重教函（1999）21号报告从形式上看虽然属于行政机关内部公文，但在抄送赖恒安本人后，即已具有具体行政行为的性质。内部行政行为在实施时外部化了，取得了与具体行政行为一样的对外法律效力。该案判决虽然最终没有认定涉案内部行政行为可诉，但其结

---

〔1〕　刘飞、谭达宗："内部行为的外部化及其判断标准"，载《行政法学研究》2017年第2期。

〔2〕　王学辉："行政批示的行为法意蕴"，载《行政法学研究》2018年第3期。

〔3〕　浙江省高级人民法院（2019）浙行终1623号行政裁定书。

〔4〕　贵州省高级人民法院（2015）黔高行终字第14号行政判决书。

论却承认内部行政行为外部化后具有可诉性。

本案中，安徽省高级人民法院在作出行政裁定前，曾就本案请示最高人民法院行政庭。最高人民法院（2012）行他字第 9 号《关于地方人民政府作出的同意收回国有土地使用权批复是否属于可诉具体行政行为问题的答复》认为，地方人民政府对其所属土地行政管理部门作出的同意收回国有土地使用权批复，土地行政管理部门直接据此付诸实施且已经过复议程序，原国有土地使用权人对地方人民政府同意收回土地使用权的批复不服提起诉讼的，人民法院应当依法受理。从理论的角度对案例中的行政行为进行解读不难发现，其完全符合内部行政行为外部化的特征。来安县人民政府作出《关于同意收回永阳东路与塔山中路部分地块国有土地使用权的批复》的行为属于《最高人民法院关于适用〈中华人民共和国行政诉讼法〉的解释》中第 1 条第 2 款第 6 项中规定的"行政机关为作出行政行为而实施的准备、论证、研究、层报、咨询等过程性行为"，是典型的内部行政行为。然而，来安县国土资源和房产管理局收到该批复后，没有依法制作并向原土地使用权人送达收回土地使用权决定，而直接交由来安县土地储备中心付诸实施，因该行为具备内容上的处分性，行政相对人魏永高、陈守志因该批复产生了权益的变化，且内部行政行为外化的效果是行政机关依据其职权作出的，因此，该案例中的行政行为因满足内部行政行为外部化的特征而具有可诉性。

【争议问题探讨】

（一）区分内部行政行为与外部行政行为的意义。

我国新旧《行政诉讼法》及其解释中从未出现"内部行政行为"的概念，即使相关内容指向内部行政行为，亦未使用"内部行政行为"表述。因此，"内部行政行为"这一概念本身来自于学者们的总结提炼。2014 年修订的《行政诉讼法》将行政诉讼的受案范围进行了调整，将 1989 年制定的《行政诉讼法》第 11 条中的"人民法院受理公民、法人和其他组织对下列具体行政行为不服提起的诉讼"修改为"人民法院受理公民、法人或者其他组织提起的下列诉讼"，删除了"具体行政行为"的表述。即将受案范围由"具体行政行为"扩大到了"行政行为"。然而，仔细分析《行政诉讼法》及其解释中关于受案范围的规定不难发现，并非所有的行政行为都属于其受案范围。《最高人民法院关于适用〈中华人民共和国行政诉讼法〉的解释》第1条列明了10项不属于受案范围的行政行为。其中第6项"行政机关为作出行政行为而实施的准备、论证、研究、层报、咨询等过程性行为"，第9项"行政机关针对信访事项作出的登记、受理、交办、转送、复查、复核意见等行为"则属于典型的内部行政行为的第一类行为。而第5项"行政机关作出的不产生外部法律效力的行为"，第10项"对公民、法人或者其他组织权利义务不产生实际影响的行为"则从反面佐证了内部行政行为不属于人民法院的受案范围。因此，尽管立法从表述上没有出现"内部行政行为"与"外部行政行为"，但是从立法本意来看，依然采取因"内部行政行为"不具有外部性而不具有司法审查的必要性的态度。基于此，区分内部行政行为与外部行政行为有利于探明行政诉讼受案范围的划分机理，对于在司法实践中出现的尚未在《行政诉讼法》及其解释中列明的事项是否属于行政诉讼的受案范围予以确认。因此，区分内部行政行为与外部行政行为是十分必要的。也有观点认为，在行政相对人"权益受到侵犯"作为衡量行政诉讼受案标准的背景下，区分内部行政行为与外部行政行为已失去意义。因为随着行政诉讼法律制度的发展与完善，"内部行政行为外部化"因其对公民、法人或者其他组织的权利义务产生影响，而存在行政相对人"权益受到"侵害的可能，因此在理论与实务界已广泛将其纳入行政诉讼的受案范围，基于此，内部行政行为已经不会绝对被排除在行政诉讼的审查之外，这样对内部行政行为与外部行政行为的区分也就失去意义。

1. 内部行政行为与外部行政行为的分类以及对内部行政行为可诉性的讨论是建立在某一行为构成行政行为的基础上。

关于行政行为本身的界定理论上就存在不同的说法，其中，行为主体说认为，行政行为是指行政机关的一切行为。包括行政机关运用行政权所做的事实行为以及没有运用行政权所做的私法行为。[1]行政权说认为，只有机关、

---

〔1〕 王名扬：《法国行政法》，中国政法大学出版社1988年版，第131页；杨建顺：《日本行政法通论》，中国法制出版社1998年版，第361页；翁岳生：《行政法与现代法治国家》，自刊1990年版，第5、7页。

组织行使行政权的行为即运用行政权所做的行为才是行政行为。[1]包括行政法律行为、行政事实行为和准法律行为三类。公法行为说认为，行政行为是具有行政法（公法）意义和效果的行为。不包括司法行为和事实行为。法律行为说认为，行政行为是指行政主体为行使职权而做出的具有行政法意义的法律行为。包括行政行为的服务性以及行政行为的从属法律性。[2]因此基于行政行为界定的不同理论基础，学术界对于行政机关基于行政隶属关系针对内部相对人而实施的行为是否属于行政行为亦即存在争议。有观点认为，该行为属于内部行为，因不属于行政行为也就没有可诉性。也有观点认为，该行为属于内部行政行为，与外部行政行为相对应，其不具有可诉性是由于《行政诉讼法》是以产生外部法律效力，对行政相对人合法权益产生影响为受案条件的，因不满足上述条件而不具有可诉性。尽管对于内部行政行为不可诉的观点目前各学说意见基本一致，但是若该行为不属于行政行为，则因其法律效果外化而具有可诉性的观点即没有理论支持，因为行政诉讼审查的对象是行政行为。因此，需要先厘清内部行政行为的性质，才能在此基础上对后续问题展开讨论。

2. 关于内部行政行为中行政机关对行政机关工作人员基于职务关系作出的行政行为的可诉性问题学术界讨论已久

我国《行政诉讼法》第13条第3项以及《最高人民法院关于适用〈中华人民共和国行政诉讼法〉的解释》第2条第3款将其明确地排除在行政诉讼的受案范围之外。但是由于人事处理行为从性质上讲属于行政机关作出的行政法律行为，同样会引起相对一方权利义务的取得、丧失或变更，涉及其相关的人身及财产权益。因此学术界对于赋予合法权益受到侵害的机关公务人员通过司法途径救济的权利的呼声越来越高。因此，此种内部行政行为的可诉性还需要进一步讨论。

【深度阅读】

[1] 姜明安主编：《行政法与行政诉讼法》，北京大学出版社、高等教育

---

〔1〕 张金鉴：《行政学新论》，三民书局1984年版，第166页。

〔2〕 姜明安：《行政诉讼法》，法律出版社2007年版，第149～150页。

出版社 2019 年版。

　　[2] 应松年主编：《行政法与行政诉讼法词典》，中国政法大学出版社 1992 年版。

　　[3] 孙利编著：《行政法与行政诉讼法》，对外经济贸易大学出版社 2018 年版。

　　[4] 应松年主编：《行政行为法——中国行政法制建设的理论与实践》，人民出版社 1993 年版。

（撰稿人：彭涛，资料收集及写作分析得到了博士研究生
牟苑双及硕士研究生高文斌、张戈、杨唯益的协助）

案例 2　大英县永佳纸业有限公司诉四川省大英县 人民政府不履行行政协议案

【案情简介】

（一）基本事实

2013 年 7 月，中共四川省遂宁市大英县委为落实上级党委、政府要求，实现节能减排目标，出台中共大英县委第 23 期《关于研究永佳纸业处置方案会议纪要》（本案例中简称《会议纪要》），决定对大英县永佳纸业有限公司（以下简称永佳公司）进行关停征收。根据《会议纪要》，四川省大英县人民政府（以下简称大英县政府）安排大英县回马镇政府（以下简称回马镇政府）于 2013 年 9 月 6 日与永佳公司签订了《大英县永佳纸业有限公司资产转让协议书》（本案例中简称《资产转让协议书》），永佳公司关停退出造纸行业，回马镇政府受让永佳公司资产并支付对价。协议签订后，永佳公司依约定履行了大部分义务，回马镇政府接受了永佳公司的厂房等资产后，于 2014 年 4 月 4 日前由大英县政府、回马镇政府共计支付了永佳公司补偿金 322.4 万元，之后经多次催收未再履行后续付款义务。永佳公司认为其与回马镇政府签订的《资产转让协议书》系合法有效的行政合同，大英县政府、回马镇政府应当按约定履行付款义务。故诉至法院请求判令，大英县政府、回马镇政府支付永佳公司转让费人民币 894.6 万元及相应利息。

（二）主要争点

本案例核心争议点是《资产转让协议书》是否是行政协议，是否属于行政诉讼受案范围。这也是其作为指导性案例的意义所在。

（三）裁判要旨

行政协议既有行政性又有合同性，是行政性和合同性的创造性结合，其因行政性有别于民事合同，又因其合同性不同于一般的行政行为。行政协议因协商一致而与民事合同接近，作为行政协议一方当事人的行政机关仍应遵循平等、自由、公平、诚实信用、依约履责等一般的合同原则。

政府以"若在永佳纸业并未清算注销，其所谓资产也不能合法转让的情况下，要求回马镇政府乃至大英县政府给付数以千万元的财政资金作价款，必将严重损害国家和广大人民群众的利益"为由解除协议，此不仅无视自己作为国家机关的承诺，更无视比案涉协议利益更值得保护的国家公信及民众对其之信赖利益。我院认为在本案中政府不能证明存在案涉财产无法转让严重损害国家和广大人民群众利益的情形，故不支持再审申请。

【案例解析】

"行政协议"概念为西学东渐的产物，其发源于欧洲大陆，经日本传入中国。2015 年，随着原《最高人民法院关于适用〈中华人民共和国行政诉讼法〉若干问题的解释》的出台，我国最终明确了"行政协议"概念。在此基础上，2019 年 12 月最高人民法院出台关于行政协议的专项司法解释，行政协议定义最终得到司法实践层面的明晰。

案例所采用的学说包括如下几种：

第一，行政协议界定的四要素说。最高法院在判断本案中《资产转让协议书》的性质时，适用了行政协议界定的"四要素"说。①主体要素。即行政协议的主体必须呈现出"行政机关—行政相对人"的构造。②目的要素。与民事合同主要是为了追求私人利益不同，行政协议的目的是实现公共利益或者行政管理目标这一行政法上的目的。③内容要素。即行政协议的主要内容必须以行政法上的权利义务关系为主。④意思要素。即区别于一般行政行为的单向性，行政协议更强调行政机关与相对人之间的协商与合意。由此看出，最高法对行政协议的判断立场是严格遵照 2015 年《行政诉讼法解释》第 11 条第 1 款的规定。

第二，行政协议界定的两标准说。该说认为，与民事合同相比，除协商一致与民事合同相同外，识别行政协议和民事合同的标准主要有二：一方面，形式标准。形式标准强调主体的性质，它发生在行政机关与行政相对人之间。另一方面，实质标准。实质标准主要考察行政协议是否体现行政法上的权利义务，该标准意在提供一种指引，强调行政协议与民事合同的区别，将诸如办公楼宇建设、办公用具采买等行政机关作为民事主体的协议排除在外。行政法上的权利义务可以从以下三方面进行判断：行政职责、公共利益目标与行政优益权。其中行政职责是主要判断因素，公共利益目标与行政优益权是次要判断因素，通过对三个要素在行政协议中所起作用的综合考量和判定，最终认定是否体现行政法上的权利义务。

综上，最高法院认为，在本案中，案涉《资产转让协议书》是回马镇政府落实《会议纪要》决定与永佳公司签订的，符合行政协议的主体要素，满足识别行政协议的形式标准。此外，案涉《资产转让协议书》实质上系大英县政府意在实现节能减排和环境保护的行政管理目标，维护公共利益而制定的。故案涉《资产转让协议书》亦符合识别行政协议的实质标准。因此认定案涉《资产转让协议书》系行政协议。

【争议问题探讨】

一、"意思表示"在行政协议订立阶段中的作用

学界通说认为，行政协议兼具"行政性"与"合同性"的双重要件。行政协议将权力行为与契约行为融为一体，"公私主体之间的契约关系会削弱行政机关的权力"[1]。合同性体现了意思自治原则在行政法上的特点，体现出比强制行政手段更为缓和的色彩，因而行政协议上意思表示和民事合同上意思表示存在相似之处。与此同时，行政协议具备一般行政行为的公权成分，其行政性主要体现为行政主体的优益权，即享有的某些单方强制性权力或主导性特权。行政优益权概念源自法国，该国行政法将行政合同履行过程中政府享有的一系列"超越性"权力统称为优益权[2]。当前，行政协议中优益权的范围或许不止于履约行为。如有诸多学者提出，出于维护国家和社会公共利益的需要，行政主体在签约、履约及解约等过程中都可能享有优益权。行

---

〔1〕［美］朱迪·弗里曼：《合作治理与新行政法》，毕洪海、陈标冲译，商务印书馆2010年版，第564页。

〔2〕李颖轶："论法国行政合同优益权的成因"，载《复旦学报（社会科学版）》2015年第6期。

政优益权在行政协议中的嵌入，导致行政主体兼有管理者与合同一方的双重角色。当行政主体履行行政职责时，其具有公共事务管理者的身份，而在行政主体与协议相对人互为意思表示并达成一致时，行政主体又具有了协议关系当事人之身份。[1]如此情境不免使意思表示面临较为复杂的特殊规则。

行政主体应受相对人之意思表示的约束。不过，行政主体为保障公益而使用行政优益权，却很可能会对意思表示产生影响。从动态角度讲，如果意思表示的程度逐渐递减为零，那么该形态就会发生质变，行政协议变为纯粹的行政行为；如果类似行政行为的权力因素递减为零，行政协议就变成了纯粹的民事合同。[2]既然行政协议有契约与权力两个变量因素，双方就不仅是交叉关系，而是于整体上共同发挥作用，二者在行政协议中所占比例呈动态平衡局面。试想，行政主体可不顾相对人意志却能够很大程度行使特权，后者意思表示的实现空间还有多大？由是可知，行政主体会在公益与私益这两个要素之间作出衡量，公益优先的价值取向往往占据上风，故行政主体如何协调自身意思表示与行政优益权之间的关系。意思表示在民事合同中的私法规则无法完全适用，它在行政协议中的适用应受到公法原理的调整。

意思表示在行政协议订立阶段的特点主要有：

行政主体与相对人形成法律关系的首要环节是订立行政协议。该阶段可具体划分为成立与生效两个部分，前者是后者的基础。与民事合同一样，行政协议的成立不能欠缺双方意思表示一致。意思表示一致乃双方综合而成的共同意愿，这既是民事合同成立的基础，也是行政协议据以成立的标志。值得注意的是，行政协议双方若想达成一致意见，仍无法回避行政优益权的作用，此为意思表示特殊性在成立阶段的体现。

（一）行政优益权对意思表示一致的引导

在行政协议订立阶段，行政优益权的作用体现为两方面：一方面，行政主体往往是要约发起人，并有权选择相对人。在民事合同的要约承诺规则下，任何一方都可能发出要约。而行政协议中相对人不具有行政职权，无法决定

---

[1] 陈天昊："行政协议的识别与边界"，载《中国法学》2019年第1期。
[2] 应松年主编：《行政法与行政诉讼法学》，法律出版社2009年版，第310页。

是否发出订立协议的要约，故双方意思表示能否达成一致，离不开行政主体先前作出要约的意思表示。如在行政协议中一般是行政主体最先动议，后续通过相对人的回应才能够使之成立。与此同时，行政主体有权挑选缔约对象。在符合相关程序基础上，行政主体有权根据行政协议的特点去设定标准及资质，并择优选择相应经营者。

另一方面，行政主体有标的决定权，且有权设定强制性条款。某一项民事合同中，双方当事人都可以对标的进行反复磋商。行政协议与之不同，其标的主要涉及公共服务领域的公益保障，乃行政协议内容所生成的公法上的权利义务关系，行政主体应当在职权范围内对标的予以设定。行政协议哪些条款可以协商或不可以协商，很大程度上是由行政主体决定的，意味着相对人意思表示的范围受此限制。即是说，订立行政协议之前，一般会让相对人预先知晓协议的目的内容以及必须遵守的规定。行政协议内容包含行政主体对未来行政权处分的约定，倘若相对人希望与之订立，就必须先接受此种意思表示。订立行政协议后带来的预期收益，以及对行政主体的信赖将会促使相对人接受类似的安排。

需要指出，行政优益权能够与相对人的意思自治兼容。根据英国学者阿蒂亚的理论，意思自治包括两方面含义：一是当事人相互同意的结果；二是自主选择的结果。[1]一定程度上而言，行政协议是实质上不平等当事人之间的商定。虽然相对人与行政主体的地位很难做到实质平等，但签订协议的意思表示依然有自由平等的空间。不对等地位不必然排斥彼此间意思表示一致的可能性。其实，行政协议体现了双方的一种双向依赖关系，继而形成了意思表示的"交集"或复数现象。行政协议的合同属性，并非取决于双方当事人的地位，而是看双方对法律效力的产生具有合意。

（二）意思表示的过程与限度

"协议，特指当事人意思表示的合意。"[2]用意思表示一致的表述来概括

---

〔1〕［英］P. S. 阿蒂亚：《合同法概论》，程正康等译，法律出版社1982年版，第5页。

〔2〕王利明："论行政协议的范围——兼评《关于审理行政协议案件若干问题的规定》第1条、第2条"，载《环球法律评论》2020年第1期。

合意。合意作为行政协议成立的结果要素，乃是双方协商的过程，此为形成可接受性结果的必经步骤。与单方行政行为的命令—服从"模式不同，行政协议双方形成了"协商—合意"的关系模式。行政协议的成立，是二者通过互相意思表示以期达成合意的动态过程，表现为双方自由意志双向的交流与沟通。行政协议应经由双方平等协商而订立，原则上一方当事人不能将自身意思强加给另一方，此之谓意思表示一致的过程化。正如《最高人民法院关于审理行政协议案件若干问题的规定》（以下简称为《行政协议规定》）第一条所述，行政机关与公民、法人或者其他组织协商订立的具有行政法上权利义务内容的协议属于行政协议。该案中意思要素作为行政协议的要素之一，行政主体与行政相对人签订行政协议必须经过协商。协商订立，意味着相对人可以在没有外部压力的情况下与行政主体就协议的部分内容反复磋商。"协商的实质就是自由合意，是保证行政合同这种行政法上的行为方式从本质上符合合同根本属性的重要制度与通道。"[1]实践中意思表示一致的达成，大体包含招标、邀请发价和直接磋商等三种协商方式。行政主体作为一个组织体，其意思表示构造与私法上自然人之间的意思表示不同。一方面，行政主体的意思表示须借助自然人方能作出；另一方面其意思表示的形成过程更具"可视化"，即均要以特定形式予以显现。法律上对行政主体的程序性要求更为严格，程序之存在能够制约意思表示形成过程中的擅权行为，由此才契合双方之间的"协商—合意"模式。行政协议双方通过程序沟通机制能够调和彼此的分歧点，凸显双方行政行为交涉性的特点，并体现出二者独立的法律人格。耐人寻味的是，司法实践中不少行政协议却体现出低密度的可协商性。另外，有些相对人若想签订行政协议，不得不面对一套行政化的规则。比如，法国行政合同多采用格式条款，公民签订契约的全部准则都要有政府部门加以规定，其余事项皆不能与政府部门进行讨论；个人自由仅仅在于对政府所提条件整个的表示接受还是拒绝。虽然行政协议有意识表示一致的外观，却缺少合意的实质内容。可见，虽然双方当事人最终订立了行政协议，但某种程度上充斥着行政权的影响，相对人意思表示的协商空间较为有限。行政协议形

---

[1]　梅献中："论环境行政合同中的意思表示"，载《法律适用（司法案例）》2017 年第 16 期。

成过程中的意思表示不"显然"，甚至可能具有事实上的强制效果，此种情形符合"假契约"的特点。如何保障相对人意思表示的自治性以及特殊救济机制的构建仍存在较大问题。

（三）意思表示的特有方式

民法学界一般认为，意思表示由内心意思和内心意思的外部表示两个要素构成。民事主体的主观内心意思，需要通过客观外在的表示行为而得到体现。简言之，意思表示可分为客观要件与主观要件。因对意思表示的两项要件在法律关系形成中的轻重之分，学说上存在意思主义与表示主义的对立；前者认为法律效果发生而形成的内在意思是意思表示之根本，后者认为应当以表意人的外部表示为基准去决定意思表示之效力。[1] 因主观要件难以探明，缺乏客观上外部表示的意思表示无法成立。行政协议成立阶段双方的意思表示一致，集中体现为客观要件方面的一致性。

意思表示的独特方式，首先体现在要约与承诺的规则层面。要约与承诺作为意思表示一致的两个关键过程，充分体现出行政协议成立的特殊样态。如上文所述，行政主体发出要约是企图与相对人订立行政协议的意思表示，这是发生在相对人承诺之前的意思表示。行政主体意思表示的作出过程，理应受到法定程序规制。行政主体意思表示的作出，并非一个静态的时间点，而是包括标准设定、启动、运行到作出的一个动态过程。订立行政协议之前，行政主体需公开发布信息，意在将计划订立的行政协议公之于众，在对象选择上作出程序限制。在法国，招标是最常用的缔结行政协议的方式，金额在一定数目以上的合同，除少数情况外，必须采取招标缔约方式。[2] 考虑到行政法上的诚实守信原则，行政主体的要约需要受到规范，一般情况下不允许随意撤回。对相对人而言，需要等待行政主体的要约邀请，当其对要约作出接受与承诺，便是同意要约的意思表示，此为协议成立的关键步骤。

其次，意思表示一致的表现方法存在特殊性。在私法上，意思表示主要

---

〔1〕 冉克平：《意思表示瑕疵：学说与规范》，法律出版社 2018 年版，第 16～18 页。
〔2〕 王名扬：《法国行政法》，北京大学出版社 2016 年版，第 150 页。

有明示和默示两种方法。在民事合同领域，合同法确立了要式与不要式相并行的方式。《中华人民共和国民法典》（以下简称《民法典》）第 140 条对意思表示的明示与默示作出了规定，并就沉默被视为意思表示作出描述。相较而言，沉默不应作为行政协议中意思表示的方式。当然，用招标方式签订的重要协议都采取书面形式；而采用直接磋商方式缔结的合同，符合法律规定的一定金额以上的，亦应采取此种形式。

此外，与民事合同相比，行政协议中意思表示的文本形式更显复杂。意思表示一致的书面形式，应根据协议文本加以落实。实践中行政协议涵盖的领域比较广泛，文本可凸显的形态纷繁多样。目前《行政诉讼法》及《行政协议规定》只确立了政府特许经营协议、国有自然资源使用权出让协议等几类"有名协议"。其他行政协议类型留待实践加以摸索，但明显不止于上述几种，而是广泛应用于经济管理、公共服务、社会稳定等多个领域。总而言之，行政协议成立阶段需要双方在特定书面载体上体现意思表示一致。

二、行使优益权变更解除行政协议的标准：程序和实体的统一

行政优益权包括优先权和受益权，是指行政机关在行政协议中所享有的较行政相对人优先的权利，依法选择合同相对方的权利、对合同履行的指挥权和监督权、单方面变更和解除合同的权利、制裁权。

《行政协议规定》将行政机关单方变更、解除行政协议，明确作为行政行为，该行为自然应受行政程序规制。事实上，学理和实践都颇为重视其程序合法性。[1]然而，程序既不能保证结果是正确的，也不能保证结果是意义明确、准时出现的。[2]因而，纯粹靠双方在程序中的博弈很难实现对行政权的控制。程序权利仅具有有限的功效，相对人必须在单纯的程序权利外获得更加坚实的保障。那么，为了合理控制行政机关变更、解除行政协议之优益权，司法审查不仅应考虑程序机制，还必须重视实体规范。

---

〔1〕　韩宁："行政协议行为司法审查规则研究"，载《浙江学刊》2018 年第 3 期。

〔2〕　［德］哈贝马斯：《在事实与规范之间：关于法律和民主法治国的商谈理论》，童世骏译，生活·读书·新知三联书店 2003 年版，第 582 页。

（一）行政机关单方面变更解除行政协议的事由

如何把握单方变更、解除协议之优益权的事由，才能既允许行政机关行使这一权力以保护公共利益，又能防范行政机关对其的滥用呢？结合《行政协议规定》，行政机关以优益权变更、解除行政协议的事由应为：

1. 依据法律法规、参照规章。依《行政诉讼法》第 63 条第 1 款，法院依据法律法规审理行政协议案件。按照《立法法》第 91 条第 2 款、第 93 条第 6 款，规章不得独立设定负担性规范。就此而言，规章本不得作为行使单方变更解除权从而导致相对人权利缩减的法律依据。但是另一方面，实践中规章规定行政协议单方变更、解除的事由并不鲜见，完全否认规章中对行政机关单方变更解除行政协议之规定恐不现实。若规章并未抵触上位阶立法，可由法院依《行政诉讼法》第 63 条第 3 款参照。况且，规章所规定的单方变更解除条件更未必能称得上过分宽泛而构成对相对人的过大威胁。而对于行政协议这种新型行政行为，有相应的规范至少强于没有规范。因而应承认规章能够作为变更解除权的参照规范。

2. 为了避免严重损害国家利益或社会公共利益。《行政协议规定》第 16 条中"严重损害国家利益、社会公共利益"属于不确定的法律概念。不确定法律概念虽然难以通过文义解释、体系解释加以界定，但仍应按照解释方法，并参考规范目的而努力澄清，不得过早放弃证成工作并遁入主观评价。查阅各种辞典，所谓"利益"，通常理解为好处。而"严重损害"则为程度大、影响深的减少、丧失等消极不利后果。

第一，国家利益应作为国家代表公民享有的社会公共利益。沃尔夫等将公共利益区分为一般公共利益与特殊公共利益：前者包括国家所表达或阐明的公共大众利益以及经正确认识的国家共同体的利益，后者是特定地方或国家之内各种共同体的利益以及具有国家或大众意义的利益或作为公共机构的任务予以保护的个别成员的利益。[1]可见，国家利益可以理解为公共利益的下位概念，乃是由整个国家代表所有公民所享有的一种公共利益，它与作为

---

〔1〕〔德〕汉斯·J·沃尔夫、奥托·巴霍夫、罗尔夫·施托贝尔：《行政法》（第一卷），高家伟译，商务印书馆 2002 年版，第 326 ~ 329 页。

国家成员的每个公民之利益息息相关，如国防利益，外交利益，国有资产占有、使用、收益等方面的利益。作为处理公共事务的一种组织形式，国家本身就是为了实现一定的重要目标而存在。[1]因此，严格来说，国家并无完全独立于社会公共利益之外的利益，而能够正当化行政优益权之行使的国家利益，更应具备公共性。不过，既然《行政协议规定》承袭《行政诉讼法》第74条第1款第1项等立法规定，将国家利益独立于社会公共利益之外，则应将国家利益这种特殊的社会公共利益与其他社会公共利益相提并论，并列作为优益权的行使依据。

第二，社会公共利益应予类型化。如果说国家利益是国家作为直接主体的社会公共利益，那么就必须明确社会公共利益的内涵。在司法实践中，法院往往援用社会公共利益，或者将国家利益和社会公共利益一并作为裁判标准，很少单纯依据国家利益，这更彰显了社会公共利益的重要性。

（二）变更行政协议仅限提供公共服务者

对单方的变更权与解除权，还有必要加以区分并考虑其各自不同的成立前提和行使范围。因为行政机关对某一协议能否单方行使变更权，对相对人的权益其实有着不小的影响。在比较法上，法国的政府在行政合同履行过程中享有的优益权，完全是基于公共服务原则。行政机关的单方变更和解除权，其实都渊源于行政机关自然享有的组织公共服务的权力。为始终良好地组织公共服务，行政机关应可单方变更协议中约定的公共服务组织条款。行政机关很难在成为"协议当事人"后便完全抛弃"公共事务管理者"身份，须在必要时运用公法人权力，强制相对人进行承诺外的给付。而相对人则不能中断公共服务的提供，只能承担意外增加的义务。[2]与德国法相比，法国传统的行政契约之内容原则上并不直接涉及公权力之行使，反而与私法契约较为相近。因此，主要是继续性契约构成了单方变更权最主要的适用场域。非继续性契约则只有契约解除的问题，无契约之变更或终止等问题。如德国法上

---

〔1〕〔德〕莱因荷德·齐佩利乌斯：《法哲学》，金振豹译，北京大学出版社2013年版，第226页。

〔2〕李颖轶："优益权的另一面：论法国行政合同相对人保护制度"，载《苏州大学学报（哲学社会科学版）》2020年第2期。

常见的行政契约，因涉及直接行使公权力之事项，属行政决定之作成而不具继续性质，无单方变更权之适用机会。相反，如果行政契约之运用大多数仍与公权力之行使相联结，则法国法上之单方变更权即使使用的机会未必很多，但仍然令人担忧。若摆脱"公权力"之束缚，而改以"公共服务"或"公共利益之需求程度"之高低作为行政契约之界定指标，则在此领域中存有单方变更权，不仅不会阻碍行政契约之普遍运用，而且还是必需的制度设计。

其实，公共服务作为行政协议的内容，所应决定的并非优益权之有无，而是优益权的大小。保障性住房租赁买卖协议、土地房屋征收补偿协议、自然资源使用权出让协议，不宜由行政机关以优益权变更。因为它们并非为了提供公共服务，与公共服务并无直接关系：土地房屋征补协议是为了柔性执法、促动相对人的配合，在行政机关与相对人达不成协议时，行政机关即可转而作出具体行政行为。比如房屋征收部门若与被征收人在签约期限内达不成补偿协议时，可作出补偿决定。再如自然资源使用权出让协议是为了优化自然资源使用效率、规范自然资源开采利用而签订，其签订是开采资源之行政许可的前置程序。

综上，对于不涉及公共服务、带有较强公权力色彩（如替代具体行政行为）的行政协议，除了法律、法规、规章赋予行政机关的单方变更权，行政机关在这些协议中既没有理由、也没有必要行使变更权。比如德国法上只承认行政机关对行政契约的单方解除权，并不有碍公共利益需要。因此，在这类协议中，行政机关不应基于公共利益单方行使对协议的变更权，由此，方可确保相对人不会被迫履行自身未承诺的义务，实现公共利益与相对人权益的平衡。相反，对目的在于提供公共服务的特许经营协议、政府与社会资本合作协议等，则不应排除行政机关基于国家或公共利益对协议的单方变更或解除。

（三）比例原则的制约

具备前述事由尚不足以表明行政优益权行为即为实体合法。行政机关决定变更、解除行政协议乃至如何变更等问题时，皆涉及裁量合理性的问题，应符合比例原则。因而，具有前述变更、解除事由只是判断行政机关之单方变更、解除是否合法的必要条件，还需考虑比例原则。现代行政法不能偏执于个人利益、集体利益与全社会的公共利益中的某一者，而是应当追求各种利益的各得其所与相互协调，避免无谓的浪费或牺牲。由于缺乏一个由所有法益及法价值构成的确定阶层秩序，以便像读取图表一样获得结论，就必须采取在个案中的法益衡量方法。[1]对各种利益，不能脱离个案情境抽象预定何者优先、何者退后，而是必须根据个案的实际情况考量。即使为了实现某种利益而必须牺牲其他利益，也要促使各种利益能够尽可能兼容并存，实现整个社会各种利益的最优化。只有为了实现更有价值的利益，牺牲某种利益才有正当性。行政机关在变更、解除行政协议时，应当依循比例原则，确保变更、解除协议确实能够有助于公共利益，对缔约相对人不构成不必要的损害，并且不得为了分量较小的公共利益而牺牲分量较大的相对人利益。对此，司法实践中不乏例证。在一个案例中，最高人民法院曾指出，行政优益权须符合比例原则，将副作用降到最低。在另一个案例中，最高人民法院认为，仅以多支出补偿款就认定政府可单方变更协议，对相对人不公，他有值得保护的信赖利益。后一个案例虽未明确提到比例原则，但却意味着，行政机关不应以避免多支出补偿款有利于公共利益，即可要求相对人无条件地牺牲其信赖利益。毋宁说，只有在借由单方变更协议所能实现的公共利益，明显大于相对人不得不牺牲的个人权益时，行政机关方得单方变更行政协议，即变更权必须符合比例原则中的均衡性要求。哈贝马斯认为，利益或价值的权衡如果缺少合理的排序标准，就只能或者是任意进行的，或者是根据熟悉的标准和序列而非反思地进行的。因此，在适用比例原则中的均衡性要求时，应当尽可能参考和援用包括上述判例在内的相关判例所形成的既有客观标准。

（四）单方变更解除行政协议的程序要求

优益权行为还须符合正当程序的要求。以听证、信息公开、说明理由、回避、教示等程序防止行政机关于行政协议中滥用权力。[2]但是，过于繁杂的程序也会过度影响行政效率。因而，程序应主要有两个方面：

---

〔1〕 ［德］卡尔·拉伦茨：《法学方法论》，陈爱娥译，商务印书馆2003年版，第279页。

〔2〕 杨解君：《中国行政法的变革之道——契约理念的确立及其展开》，清华大学出版社2011年版，第174页。

1. 协商沟通。行政机关基于公共利益必须行使单方变更权时，原则上应先行与其缔约伙伴沟通协商。若非时间异常紧迫，行政机关断无径行行使该权，不顾缔约伙伴反映的道理。[1]此即行政机关所负之再交涉义务。也只有通过协商沟通，才能确保行政机关听取相对人的陈述、申辩，择取最适当的措施。最高人民法院于裁判中强调，行使行政优益权应履行正当程序，保障相对人的陈述、申辩等程序权利，充分听取其意见，否则为明显违反正当程序原则、程序严重违法。地方也有法院于裁判中主张协商之必要性。

2. 说明理由。行政机关必须充分论证公共利益存在被侵害之虞，方可正当化其优益权之行使。

（五）补偿损失

在法国，根据最高行政法院的判例，对于单方变更或解除给相对人造成的损失，必须全额赔偿，包括合同相对人所承受之直接损失及预期收入的损失。这种赔偿构成了再平衡机制，以弥合打破合同既有承诺的调适行为所导致的合同关系失衡，维持合作关系的稳定。[2]借由全额赔偿，方可维护契约的经济平衡，保护相对人在缔约时对成本及收益的预期。当事人还可约定赔偿的计算方法，甚至约定金额可以超过相对人的实际损失。此即"契约财务平衡原则"。就此而言，无过错相对人不能因为合法行政行为蒙受不利。无论如何，完整补偿才能既让行政机关审慎行使优益权，也让相对人不至惮于缔约。

同样，在我国，行政机关行使优益权也应补偿相对人的损失，借以缓和优益权可能引发的争讼。《行政协议规定》第16条第1款对此亦有规定。对补偿数额，有约定的按照约定，没有约定的适用民法规范，而不是按照较低的国家赔偿标准。单方变更、解除行政协议，等同于一种违约行为。应充分赔偿，综合考虑相对人的实际损失、预期利益、有无存在过错等因素判定。按照《民法典》第584条，补偿额度应是协议主体在签订合同时能预料的解

---

〔1〕 严益州："论行政合同上的情势变更 基于控权论立场"，载《中外法学》2019年第6期。

〔2〕 陈天昊："在公共服务与市场竞争之间 法国行政合同制度的起源与流变"，载《中外法学》2015年第6期。

除或变更协议产生的损失。这种观点也获得了司法实践的认同。

【深度阅读】

［1］王名扬：《法国行政法》，北京大学出版社 2016 年版。

［2］［美］朱迪·弗里曼：《合作治理与新行政法》，毕洪海、陈标冲译，商务印书馆 2010 年版。

［3］应松年主编：《行政法与行政诉讼法学》，法律出版社 2009 年版。

［4］冉克平：《意思表示瑕疵：学说与规范》，法律出版社 2018 年版。

［5］杨解君：《中国行政法的变革之道——契约理念的确立及其展开》，清华大学出版社 2011 年版。

［6］［德］汉斯·J·沃尔夫、奥托·巴霍夫、罗尔夫·施托贝尔：《行政法》（第一卷），高家伟译，商务印书馆 2002 年版。

［7］［德］哈贝马斯：《在事实与规范之间——关于法律和民主法治国的商谈理论》，童世骏译，生活·读书·新知三联书店 2003 年版。

（撰稿人：彭涛，资料收集及写作分析得到了博士研究生
牟苑双及硕士研究生高文斌、张戈、杨唯益的协助）

案例3 南京发尔士新能源有限公司诉南京市江宁区人民政府行政决定案

【案情简介】

（一）基本事实

江苏省南京市发展和改革委员会于2010年7月对10家企业作出废弃食用油脂定点回收加工单位备案，其中包括南京发尔士化工厂和南京立升废油脂回收处理中心。2012年11月，南京市江宁区人民政府（以下简称江宁区政府）作出江宁政发（2012）396号《关于印发江宁区餐厨废弃物管理工作方案的通知》（本案例中简称396号文），明确"目前指定南京立升再生资源开发有限公司（以下简称立升公司）实施全区餐厨废弃物收运处理。"该区城市管理局和区商务局于2014年3月发出公函，要求落实396号文的规定，各生猪屠宰场点必须和立升公司签订清运协议，否则将进行行政处罚。南京发尔士新能源有限公司（以下简称发尔士公司）对396号文不服，诉至法院，请求撤销该文对立升公司的指定，并赔偿损失。

（二）主要争点

行政垄断是否能够纳入行政诉讼受案范围。

（三）裁判要旨

南京市中级人民法院一审认为，被告江宁区政府在396号文中的指定，实际上肯定了立升公司在江宁区开展餐厨废弃物业务的资格，构成实质上的行政许可。区城市管理局和区商务局作出的公函已经表明被告的指定行为事实上已经实施。根据行政许可法相关规定，行政机关受理、审查、作出行政许可应当履行相应的行政程序，被告在作出指定前，未履行任何行政程序，故被诉行政行为程序违法。被告采取直接指定的方式，未通过招标等公平竞争的方式，排除了其他可能的市场参与者，构成通过行政权力限制市场竞争，违反了《江苏省餐厨废弃物管理办法》第 19 条和《中华人民共和国反垄断法》（以下简称《反垄断法》）第 32 条的规定。被告为了加强餐厨废弃物处理市场监管的需要，对该市场的正常运行作出必要的规范和限制，但不应在行政公文中采取明确指定某一公司的方式。原告发尔士公司对其赔偿请求未提交证据证实，法院对此不予支持。遂判决撤销被告在 396 号文中指定立升公司的行政行为，驳回原告的其他诉讼请求。一审宣判后，双方当事人均未上诉。

【案例解析】

2007 年《反垄断法》第 8 条规定："行政机关和法律、法规授权的具有管理公共事务职能的组织不得滥用行政权力，排除、限制竞争。"同时，第 32 条规定："行政机关和法律、法规授权的具有管理公共事务职能的组织不得滥用行政权力，限定或者变相限定单位或者个人经营、购买、使用其指定的经营者提供的商品。"南京市江宁区人民政府"指定江宁区独家餐厨废弃物收运"行为符合构成行政垄断的要素条件，即在主体上，南京市江宁区人民政府是"行政机关和法律、法规授权的具有管理公共事务职能的组织"；在行为上，其"指定江宁区独家餐厨废弃物收运"符合"限定或者变相限定单位或者个人经营、购买、使用其指定的经营者提供的商品"；至于"滥用行政权力"，法院依据行政诉讼法规定"行政机关应对自己的具体行政行为负有举证责任"，认定南京市江宁区人民政府对自己"指定江宁区独家餐厨废弃物收运"行为不能提供证据证明其合法性，为此南京市江宁区人民政府构成"滥用行政权力"。

本案中的《关于印发江宁区餐厨废弃物管理工作方案的通知》是由南京市江宁区人民政府制定并发布的，其针对的对象也不是针对不特定对象反复使用的行政规范性文件，而是针对特定参与回收废弃食用油脂的 10 家企业，因此"指定江宁区独家餐厨废弃物收运"行为，是江宁区人民政府作出的具体行政行为。因此该案件属于行政诉讼的受案范围。

【争议问题探讨】

（一）反行政垄断的立法不足

对于已发生的行政垄断，行政诉讼不能充分发挥其应有的作用。一方面在于，我国立法尚不完善，行政诉讼难以承担对行政性垄断进行审查的重任；另一方面也在于，司法实践的现状反映出我国行政诉讼机制本身存在缺陷，导致反行政性垄断诉讼的运行不畅。

明确的法律依据是行政诉讼对行政性垄断进行审查和救济的前提。然而，在目前的法律体系之下，无论是竞争实体法还是行政诉讼法，都在一定程度为行政性垄断的有效规制设置了障碍。

1. 反行政性垄断的实体法中缺乏行政诉讼救济的规定。反行政垄断的竞争性法律虽然为我国行政性垄断的规制提供了部分法律依据，但在规制主体的设计上，这些法律规定仍然停留在行政机关内部封闭式的自我纠错，并没有意识到司法的能动作用。具体体现在以下两个方面：

一方面，从立法内容来看，《反垄断法》《行政许可法》等法律文件虽然对行政垄断性行为进行了禁止，但配套的司法救济措施却处于缺位状态。以《反垄断法》为例，该法律中只明确许可了行政相对人对反垄断执法机构的决定可以提起行政诉讼，但对于行政主体本身实施的排除和限制竞争的行为，行政相对人是否有权提起行政诉讼却没有在法条中予以说明。

另一方面，从立法形式来看，规制行政性垄断的法律文件过于分散，救济的方式并不统一，致使法院在法律适用上存在困难。具体而言，我国反行政性垄断的规定分散在各个位阶的法律文件中，显得混乱而又冗杂。于是乎，在法律适用上常常会出现一种令人费解的现象，即同样是行政主体破坏公平竞争的行为，各法律文件规定的救济方式却各不相同。比如，对于利用政策文件实施的垄断性行为，《行政许可法》赋予了"有关机关"可以对非法设定行政许可的规范性文件进行撤销和纠正，而《中华人民共和国政府采购法》则认为供应商只可以对政府采购文件的监督处理结果而不可以对文件本身提起诉讼。

2. 抽象行政性垄断不属于《行政诉讼法》直接规制的范畴。尽管新的《行政诉讼法》为规范性文件的司法审查留有余地，但是抽象行政性垄断仍然不属于该法直接规制的范畴。具体表现如下：

第一，对行政法规的审查被排除在行政诉讼之外。按照《行政诉讼法》第63条的规定，行政法规是法院审理案件的依据。这条规定是否意味着无论行政法规是否符合宪法和法律的规定都将作为审判的依据？如果答案是否定的，那么意味着法院在适用行政法规的过程中必然包含了对行政法规的审查、判断。如果答案是肯定的，那么那些破坏公平竞争的法规不仅不能通过行政诉讼程序进行纠正，还极有可能被作为审判依据为行政性垄断行为保驾护航。

第二，规章的审查规定存在矛盾。《行政诉讼法》在第63条中规定法院在审理案件时可以参照规章。参照适用规章，实际上是一种法律判断的过程，在这个过程中法院必须对规章是否合法进行初步的判断，否则就无法进行援引。正如姜明安教授所言，"'参照'就有'附带审'的意味：原告起诉具体行政行为时如果认为具体行政行为依据的规章违法，必然会对所诉具体行政行为依据的规章提出异议，请求法院不予"参照"。法院也应当审查规章的合法性，然后再决定是否参照。"[1]然而，《行政诉讼法》第53条又明确将规章排除在"一并审查"的范围之外。那么，法官究竟能否有权审查规章？如果无权审查，法院如何决定是否"参照"规章？如果有权审查，法律为何不允许法院附带审查规章？对于这些问题，《行政诉讼法》及相应的司法解释至今还未给予明确的回应。

第三，规范性文件只能附带诉讼。新的《行政诉讼法》虽然赋予了法院对规范性文件的附带性审查权，但并不意味着法律认可对规范性文件直接提起行政诉讼的行为。按照法律规定，政策制定机关制定的规范性文件即使排除和限制了公平竞争并对公民、法人或者其他组织的权利造成了实际的损害后果，却还是会因为缺少行政主体所作出的具体行政行为而被排除在行政诉讼范围之外。

（二）反行政垄断中行政诉讼机制存在的障碍

1. 反行政垄断私人诉讼的受案范围分析。根据《行政诉讼法》相关规定，行政垄断是行政机关通过具体行政行为实施的，属于行政诉讼的受案范围。但实践中，绝大多数行政垄断行为是以抽象行政行为方式做出的。法院能否对这类案件进行审查，是反行政垄断私人诉讼制度能否真正发挥作用的关键所在。

---

〔1〕　姜明安："行政诉讼法修改的若干问题"，载《法学》2014年第3期。

我国《行政诉讼法》之所以将抽象行政行为排除在受案范围之外主要是基于两个方面的考虑：一是法院的承受能力；二是我国宪法对抽象行政行为已经设有救济途径——权力机关和上级行政机关的备案监督机制以及行政复议中的附带性审查机制。但在现实当中，抽象行政行为是行政机关进行地区封锁和行业垄断的最主要途径，其适用的普遍性和反复性使它的危害性和破坏力要远远大于具体行政行为。自上而下的备案监督和救济机制几乎流于形式，难以发挥约束作用。如果不将这类行为纳入司法审查范围，反行政垄断私人诉讼的效果必然要大打折扣。基于此，学术界和实务界普遍要求取消这一限制，应将披着抽象行政行为外衣的行政垄断纳入反垄断私人诉讼的受案范围。

2. 反行政垄断私人诉讼中的原告资格分析。原告适格是法院受理案件的前提。在行政垄断私人诉讼当中，经营者、消费者、行业协会或消费者协会应当具有原告资格。

（1）经营者的原告资格。经营者在反垄断法私人诉讼中的原告地位是较为明确的。在行政垄断中，地域保护之外的经营者、行业垄断之外的竞争者所受到的损害都是直接而且明显的。因此经营者作为直接受害者对行政垄断行为提请诉讼是适格的。然而反垄断私人执行制度最大的弊端就是易被滥用，造成滥诉。在已经实行反垄断私人诉讼制度的国家，例如美国，经营者诉讼也是遭到批评最多的反垄断私人诉讼。经营者很有可能利用反垄断诉讼排除其他企业的合理竞争行为以及政府的合法规制行为。因此，一些学者主张应当对经营者的原告资格做出一定程度的限制。

（2）消费者的原告资格。行政垄断不仅会损害经营者的利益，还会间接损害消费者的权益。地区封锁和行业垄断使消费者的选择权和公平交易权受到极大损害，此外行政强制买卖行为更是将这两项权利损失殆尽。公法之设在于保护私权，反垄断法作为经济宪法不可推卸地应承担起保护消费者权益的责任。甚至有学者认为保护消费者的利益是反垄断法的终极或核心目标。赋予消费者原告资格，积极鼓励消费为维护自身权利而斗争，是建立行政垄断私人诉讼制度的必然要求。

（3）行业协会或者消费者协会的原告资格。当代经济法反对将个人利益与国家利益绝对分野的倾向，学者们认为有必要从"市民社会—政治国家"的二元结构中分离出一个独立的领域，以形成"个人利益—社会利益—国家利益"三分的格局。经济法以社会本位作为自己的价值取向，强调应将社会公共利益作为思考法律对策的出发点和终结点，既不将国家这一抽象的主体凌驾于个人之上，也不将个人利益放在第一位。要实现社会利益，就要将分散多元的社会力量整合，扩大社会权力的影响力。由经营者群体组成的行业协会和由消费者群体成立的消费者协会的出现，恰恰成了对社会本位价值理念最好的诠释。因此，赋予此类社会团体原告的资格，加强社会权力的影响力，可以为反行政垄断私人诉讼制度提供不竭的动力。

3. 举证责任分配。在已经建立反垄断私人诉讼制度的国家中，举证责任的分配一直都是最富争议的问题。因为举证责任的分配直接关系到案件的胜负，如果无法提出充足的证据，将直接面临败诉的风险。私人当事人往往不会冒着损耗大量时间成本和金钱成本的风险去打一场必败无疑的反垄断"战争"。所以，合理的举证责任分配也是反行政垄断私人诉讼建立最重要的一个环节。

行政垄断案件不同于一般的民事案件，私人原告要提供被告已经构成"地区封锁""行业垄断""滥用市场支配地位""限制或者排除竞争"之类事实的证据几乎是不可能完成的任务。这意味着私人主体提起反行政垄断诉讼获胜的概率微乎其微。行政垄断私人诉讼应该借鉴我国《行政诉讼法》的举证规则，更合理地分配当事人的证明责任。

（1）原告的举证责任。在反垄断私人诉讼中，原告应该承担损害后果的证明责任。有损害才有赔偿，损害的存在是原告提起反垄断诉讼的依据，损害后果由原告举证是公平合理的。此外，原告还应当承担行政机关违法行为的初步证明责任。在实践中，行政垄断行为具体表现多种多样，例如限制外地或外行业的经营者进入本地区或本行业；限制本地区资金、技术的输出；在税费负担、质检、环境标准检测等方面对外地区或外行业实行差别待遇……原告应该承担这些行为存在的证明责任，并且证明自己的损害后果与这些行为存在因果关系。至于这些行为是否构成行政垄断以及行为的合法性问题则不需要原告举证。

（2）被告的举证责任。首先，被告应该证明自己的行为不构成行政垄断。判断一种行政违法行为是否构成行政性垄断的标准就在于非法行为所侵害的是不是竞争关系，只有侵犯竞争关系的行政非法行为才是行政垄断。行政垄断行为性质的确定若由原告举证证明，难度是很大的。而在国家行政管理活动中，行政主体处于主导地位，行政主体的举证能力显然强于普通民众。此外，行政行为应当遵循"有证在先"的原则，由行政主体证明自己行为的性质最为恰当。其次，被告应该证明自己的行为具有合法性。依法行政是国家行政管理的一项最基本原则。行政主体在进入诉讼程序之前、作出具体行政行为之时，就应当具有事实根据和法律依据，否则行为就是非法或者无效的。因此，在反行政垄断私人诉讼中，行政机关也有义务提出其作出的行政行为的合法性、合理性依据。

4. 行政性垄断进入诉讼程序的数量少。虽然《反垄断法》问世 10 年以来，我国行政性垄断的查处力度在逐年加大，但进入行政诉讼程序的案件依然寥寥无几。根据国家发改委、国家市场监管总局公布的数据显示，2017 ～ 2018 年各职能部门查处共计 72 起行政机关排除、限制竞争的典型案件，但从司法实践来看，2017 年至 2018 年两年期间通过行政诉讼程序的办结的行政性垄断案件仅存在有 2 起。缘何被侵权人不愿选择行政诉讼途径解决行政垄断争议？除了缺乏法律上的依据之外，其根本原因还在于以下几个方面：

（1）不同地区的公平竞争意识不同，人们对侵权行为的感知能力也有所差异。我国疆土面积辽阔，各地区自然特征、历史背景迥然不同，生长在各地区的企业和个人由此被打上了地方的烙印。这种烙印不仅体现在人的外貌上，更体现在人的思想意识之中，行政诉讼意识就是其中的一种。比如，地理位置封闭而农耕历史较为悠久的黄土平原地区相对于地处交通要塞并且商业化程度高的长江中下游地区而言，受"重农抑商"观念的影响更深。这里人们习惯循规蹈矩地生活，思想观念更为保守，市场竞争的意识也更为淡薄。[1]保守化的特质使生长于此的企业和个人畏惧并且排斥使用诉讼手段维护自己

---

〔1〕　许倬云：《万古江河——中国历史文化的转折与开展》，上海文艺出版社 2006 年版，第 2 ～ 4 页。

的合法权益。市场竞争的淡薄又使他们缺乏风险意识，对行政机关排除和限制竞争的侵权行为变得不再敏感。长此以往，我国地方文化对地区的竞争意识产生深远的影响，使行政诉讼意识呈现出了地方化的差异。

（2）"官本位"思想的负面效应。古人云，"万般皆下品，唯有读书高"，读书的目的在于当官，这句话的背后蕴含着古人对权力的崇拜和追求。这种"以官为贵"的思想几乎与中国的历史一样悠久，至今为止依然影响着我国政治、经济、文化等各个方面。正如王亚南学者所言："官本位的思想已经深入中国人的思想活动之中，把它自己形成一种思想上、生活上的天罗地网，在这个局面之下行政官员与普通公民都不知不觉把它当作最合理的政治形态，中国人的人生观已经陷入官僚政治的囚笼之下。"〔1〕官本位思想不断侵蚀着我国民众，使畏官、敬官的思想根深蒂固，他们害怕行政机关的报复，也不相信以一己之能撼动错综复杂的官僚统治。"民不敢告官""官不愿应诉"已经成为中国社会的"潜规则"。

（3）行政化的司法系统，降低了公众的信赖感。我国司法依附于行政的历史由来已久，古代的县官制度就是很好的例证。州县一级的县官不仅是地方的行政官员，也是司法官员。衙门不仅具有行政机关的功能，也是司法审判的主要场所。行政与司法长期处于这种不分彼此的状态之下，造成司法系统难以独立，无法对行政形成有效的制约作用。一直到今天，司法的行政化，仍然是行政诉讼面临的主要难题。究其原因，首先是法院的财政不独立。就目前来看，我国法院的财政收入来源于同级政府的财政拨款以及中央财政转移支付的专项基金。其中，同级政府的财政拨款占据法院财政收入的绝大部分，属于法院的主要财政来源。〔2〕由于法院在经费上有求于地方政府，在抵抗行政权力对司法的不当干预方面就显得格外软弱无力。尤其是在涉及地方经济利益的反行政性垄断的行政诉讼案件中，法官或者出于共同经济利益的考量，或者迫于地方政府的施压，很难保持"中立"和"理性"；其次是司法管理系统的行政化。在我国，行政系统的管理模式深深地烙印在司法体制

---

〔1〕　王亚南：《中国官僚政治研究》，中国社会科学出版社 1981 年版，第 23～24 页。

〔2〕　顾全：《行政性垄断司法审查与救济问题研究》，法律出版社 2017 年版，第 74 页。

之中，无论是法院内部人员的任免和管理还是法院的级别划分无疑都带有行政化的色彩。从内部人员的任免和管理来看，长期以来，我国一直按照普通公务员的选举办法来选拔和任免法院的内部人员，甚至还按照行政科层制的管理办法来管理人员。从法院的级别划分上来看，行政等级一直被作为法院级别划分的依据。"基层法院属于行政的县级，中级人民法院和高级法院则属于副局级和副部级，或者正局级。"[1]在这种模式下，司法系统完全依附于行政等级管理模式，等级主义也逐渐遏制了法官独立的人格。

5. 受案范围标准不统一。受案范围是行政诉讼法最核心的问题，它决定了法院对行政行为监督的界限，也关系着司法对行政相对人权利救济的程度。虽然新的《行政诉讼法》已经在受案范围中取消使用"具体行政行为"一词，但是在司法实践中，法院仍然需要借助具体行政行为和抽象行政行为的概念对行政行为是否属于行政诉讼的受案范围进行界定。例如，政策文件究竟属于可诉的具体行政行为还是不可诉的抽象行政行为仍然是法院决定是否审理行政案件的关键。然而从司法实践来看，由于个案的差异性以及审判人员观念的迥异性，法院在如何界定政策文件的属性方面并没有形成统一的认定标准，具体又表现为以下两个方面：

（1）法院在裁判文书中的说理并不充分。在已判决的反行政性垄断的诉讼案件中，鲜少有法院对政策措施的属性进行深入的分析，而是简单地将结论置于裁判文书之中。法院的说理论证明显不够严密，最终的裁判结果也缺乏信服力。

（2）法院对受案范围的确定标准并不统一。具体体现为，不同法院对政策文件的属性认定存在差异。

6. 管辖法院的设置不合理。在反行政性垄断的行政诉讼中，确定由何种法院对涉诉的行政性垄断行为进行管辖，无论是对于法院审理工作的正常运行还是对当事人权利的充分救济都有着重要意义。然而，从司法实践的现状来看，受理行政性垄断案件的法院不仅级别过低，还带有行政化的倾向。根

---

〔1〕 张卫平："论我国法院体制的非行政化——法院体制改革的一种基本思路"，载《法商研究（中南政法学院学报）》2000年第3期。

据对近年来反行政垄断诉讼案件的统计结果，90% 以上的案件都是由级别较低的基层法院进行管辖，这种局面显然不利于行政诉讼系统对行政性垄断进行充分的规制：一方面，行政性垄断行为往往与地方保护主义挂钩，如果由属于同一行政辖区的基层法院对地方行政性垄断案件进行审查，就不可避免地要面对这样一种情形：行政机关出于对地方利益的追求可能利用其优势地位对法院审判施加负面影响，最终造成裁判结果的非客观性和非中立性；另一方面，行政性垄断案件往往具有复杂性和专业性的特质，基层法院是否具有受理和审查该类案件的能力尚且存在疑问。

7. 案件违法性审查标准具有单一性。行政行为要求具有合法性和合理性，合法性要求行政行为在形式上符合法律规定，是形式上的法治；合理性要求行政行为在合法的基础上更为适当、合理，是实质上的法治，行政合法性原则和行政合理性原则是行政法的两项最基本的原则。[1]合法性原则要求行政主体实施行政行为时应遵守法律法规的规定，它是行政必须服从法律的基本准则、是法治、民主和人权原则在行政领域的明确体现和运用。行政合理性原则除要求行政主体依法行政外，还要求行政行为应当具有内容上的公正性与合理性。据此，法院对行政案件的审查理论上可以包括合法性审查标准和合理性审查标准两个方面。一直以来《行政诉讼法》确立合法性审查为人民法院对行政案件的审查标准，即法院仅对被诉行政行为的合法性进行审查。而对行政机关行使自由裁量权的合理性，原则上司法机关不得干预，仅在法定的特殊情形下才可以审查被诉行政行为的合理性。即只有针对明显不当的行政处罚行为和涉及对款额的确定、认定确有错误的其他行政行为人民法院可以判决变更。[2]一般认为，明显不当是合理性问题。也就是说合法性审查标准的例外仅被严格限定适用于行政处罚和款额确定这两种行政行为。法院以合法性审查标准为原则以合理性审查标准为例外的规定在理论上的依据就是司法权与行政权的关系，司法权不得干预、影响行政权的正常运行，更不能代替行政权进行自由裁量行为，这在理论界已达成共识。但是具体到行政

---

〔1〕　罗豪才主编：《行政法学》，北京大学出版社 1996 年版，第 63 页。
〔2〕　《行政诉讼法》第 77 条第 1 款规定："行政处罚明显不当，或者其他行政行为涉及对款额的确定、认定确有错误的，人民法院可以判决变更。"

垄断案件中就会带来问题：一是行政垄断行为往往都是披着"合法"的外衣，进行排除、限制竞争的不合法行为。通过各种形式如上级文件等使之具有"合法性"，具有很强的隐蔽性且常常出现合法而不合理、形式合法实质不合法的情形。如果仅对行政垄断行为表面的合法性进行审查，很难有效遏制行政垄断，难以实现实质正义；二是合法性审查原则对抽象行政垄断行为的适用并无意义。我国目前对合法性的理解是狭义的、形式意义上的，主要是审查行政机关做出该被诉行政行为有没有职权、是否符合程序、有没有滥用职权、超越职权等，这些审查内容对依据法定程序制定出来的具有排除、限制竞争效果的抽象行政垄断行为束手无策。因此，我们应当重新审视行政垄断案件的审查标准。

8. 行政诉讼的救济效果不理想。从司法实践的裁判结果来看，行政诉讼对行政性垄断的规制效果并不理想，相对人的公平竞争权并没有得到充分救济。

一方面，基于对行政专业性的尊重，法院无法直接撤销不合法的垄断性规范性文件。比如，苏德明与上林县工商行政管理局一案中，法院在判决中确定了上林县人民政府的《通知》违法，但是并没有对其进行撤销而是否定了其作为工商部门不予办理工商登记和营业执照的依据。这意味着，法院对规范性文件的审查仅限于个案的判决，而无法及于文件本身的效力。虽然我国《行政诉讼法》为了保证司法救济的效果，在第64条中赋予了司法机关向政策的制定机关提出司法建议的权利，但是这种权利也往往被流于形式。政策制定机关如果没有按照司法建议的要求改变或者撤销不合法的规范性文件，法院也不能直接对政策制定机关采取强制执行的措施，司法建议完全变成了"一纸空文"。

另一方面，行政赔偿处于缺位状态。抽象性垄断对公众造成的损害往往不是显而易见的，行政相对人提出赔偿的诉讼请求很难得到法院的认可。根据对近年来反行政性垄断行政诉讼案件的统计结果，在原告胜诉并且明确提出行政赔偿请求的案件中，法院全部都以缺乏法律依据为由将之拒绝。由此可见，在反行政性垄断行政诉讼中即使是胜诉人也很难得到相应的行政赔偿。比如，在原告南京发尔士新能源有限公司诉江宁区人民政府一案中，法院认为被告江宁区政府指定交易的行为虽然违法，但并没有使原告的合法权益受到实质的损害，且原告对于赔偿的诉讼请求提交的证据并不充足，因此不予支持。

9. 违法主体责任承担流于形式。行政垄断时有发生、屡禁不止的原因之一就是作出行政垄断行为的行政机关所需承担的法律责任过轻，行政机关的违法成本过低。在行政系统内部自我救济机制下（包括行政复议和上级行政机关对下级行政机关责令改正），实施垄断行为的行政主体违法成本都不高。我国第一部明确提出反行政垄断的法律是1993年的《中华人民共和国反不正当竞争法》（以下简称《反不正当竞争法》），该法第7条规定了行政垄断的行为主体及行为方式；第30条规定了行政垄断的法律责任及其救济渠道，即由上级机关责令其改正，也可以对直接责任人员给予行政处分。[1]2007年颁布了规制行政垄断最重要的立法《反垄断法》，法条第五章特设专章规制滥用行政权力排除、限制竞争行为，明确列举了六种典型的行政垄断行为，具体包括：指定交易、限制商品在地区间的自由流通、排斥或限制招标投标、排斥或者限制投资或者设立分支机构、强制经营者从事垄断行为、制定含有排除、限制竞争内容的规定。[2]因行政垄断行为在实践生活中的表现方式多种多样而且十分复杂，第8条原则性的规定可以起到防止遗漏的补充作用，从而规制未被列举的其他滥用行政权力排除、限制竞争的行为。现行《反垄断法》第61条规定了实施行政垄断行为的法律责任，在《反不正当竞争法》的相关规定基础上，新增了反垄断执法机构向上级机关提出依法处理的建议权。

由此可见，无论《反不正当竞争法》还是《反垄断法》，对行政垄断提供的都是行政系统内部的自我救济，设置了一个特殊的执法机关即违法机关的上级行政机关，由该执法机关对实施违法行为的行政主体责令改正，并可以对相关的直接责任人员依法给予处分，《反垄断法》新增了反垄断执法机构

---

[1] 1993年《反不正当竞争法》第30条规定："政府及其所属部门违反本法第十条规定，限定他人购买指定的经营者的商品、限制其他经营者正当的经营活动，或者限制商品在地区之间正常流通的，由上级机关责令其改正，情节严重的，由同级或者上级机关对直接责任人员给予行政处分。"

[2] 廖丽环："反行政垄断诉讼反思与变革——以实体行为和程序架构为链接"，载《河南司法警官职业学院学报》2015年第2期。

享有建议权的规定。也就是说，对于行政垄断，首先，排除了反垄断执法机构的管辖权，规制行政垄断不属于反垄断执法机构的职权范围之内；其次，反垄断执法机构仅有建议违法机关的上级机关对违法的行政机关进行依法处理的建议权。较《反不正当竞争法》而言，虽然已经有所进步，但该条文在实践中发挥的作用并不大。从现实效果来看，上级行政机关调查或者处理其下级行政机关限制竞争的反垄断执法行为少之又少，这种尴尬局面足以说明行政系统的内部救济机制在规制行政垄断上所起的作用有限。在《反垄断法》立法进程当中，理论界就对这种规制行政垄断的执法机制提出了反对意见，普遍认为这种自我救济机制使法律责任流于形式：首先，"上级机关"作为执法机关不是某一可以确定的行政或者司法机关，且这些机关内不具有掌握垄断专业知识的专门人员，其执法不具有专业性，不能对滥用行政权力的行为是否产生限制、排除竞争的后果作出专业化的判断。因其不是确定的专门机关更不可能具有规制行政垄断的使命感；[1]其次，基于上下级行政机关之间的特殊关系，上级行政机关很难作出中立、公正的判断，而且上下级部门与被保护企业之间通常具有一定的经济利益关系，上级行政机关对下级行政机关垄断行为的规制也会损害自身的利益，这使得上级行政机关缺乏行政垄断执法的主动性、积极性，行政垄断行为难以得到及时、准确地矫正；最后，《反垄断法》中规定的具体执法方式是责令改正、反垄断执法机构可向该上级行政机关提出依法处理的建议。一方面，没有相关法律规定上级机关在查处下级机关实施的垄断行为的具体程序问题，缺乏立案、调查、裁决以及违法后果等具体的程序性规定，使得责令改正没有现实的规范性和可操作性，执法程序过于简便随意；另一方面，反垄断执法机构的建议权不具有任何的强制性，建议的有效性就无法得到保证。所以说《反垄断法》中法律责任形同虚设是无法遏制行政垄断发生的最大原因。正如王晓晔指出的："《反垄断法》面对行政垄断像一只没有牙齿的老虎"。[2]

---

〔1〕 王晓晔：《反垄断法》，法律出版社 2011 年版，第 320 页。
〔2〕 王晓晔：《反垄断法》，法律出版社 2011 年版，第 322 页。

【深度阅读】

［1］王晓晔：《王晓晔论反垄断法》，社会科学文献出版社2019年版。

［2］邓志松：《论行政垄断成因、特点及法律规制》，法律出版社2017年版。

［3］郑鹏程：《行政垄断的法律控制研究》，北京大学出版社2002年版。

［4］于良春主编：《反行政性垄断与促进竞争政策前沿问题研究》，经济科学出版社2008年版。

［5］孔祥俊：《反垄断法原理》，中国法制出版社2001年版。

［6］顾全：《行政性垄断司法审查与救济问题研究》，法律出版社2017年版。

［7］马怀德：《行政法制度建构与判例研究》，中国政法大学出版社2000年版。

（撰稿人：彭涛，资料收集及写作分析得到了博士研究生
牟苑双及硕士研究生高文斌、张戈、杨唯益的协助）

案例4　周毅诉淄博市临淄区房产管理局房屋拆迁行政裁决一案

【案情简介】

（一）基本事实

原告周毅诉称：其于 2017 年 5 月 2 日向被告淄博市临淄区房产管理局就淄拆许字（2010）第 8 号拆迁许可证拆迁补偿事宜申请裁决，被告于 2017 年 5 月 9 日答复原告申请裁决的事项不属于其职责范围。原告于 2017 年 5 月 12 日向淄博市临淄区人民政府申请行政复议，复议机关于 2017 年 7 月 6 日作出临政复【2017】30 号《行政复议决定书》，确认被告 2017 年 5 月 9 日作出的答复违法，限被告自本决定生效之日起十五日内重新作出具体行政行为。被告至今未履行行政复议决定，未作出裁决。要求法院依法确认被告行政不作为行政违法；依据原告 2017 年 5 月 2 日向被告提起的裁决申请，由被告依法裁决。

被告淄博市临淄区房产管理局辩称：原告因行政裁决再次起诉属于重复起诉，依照原《最高人民法院关于适用〈中华人民共和国行政诉讼法〉若干问题的解释》第 3 条第 1 款第 6 项之规定，[1]应驳回原告起诉。淄博市临淄区人民政府《行政复议决定书》尽管已经生效，但该决定书要求被告依照《国有土地上房屋征收与补偿条例》进行裁决，而该规定对本案不适用，淄博中院的判决书已经清楚判定该案适用法律是《城市房屋拆迁行政裁决工作规程》，所以在复议决定下达后，被告作为行政机关无权对《行政复议决定书》提起行政诉讼，被告也不可能依据适用错误的法律规定进行行政裁决，且按照《复议决定书》作为的话，一是违反法律规定，二是与淄博中院判决书相违背。所以被告不可能做出原告所说的任何作为。

法院经审理查明：2017 年 5 月 2 日，原告向被告淄博市临淄区房产管理

---

〔1〕《最高人民法院关于适用〈中华人民共和国行政诉讼法〉若干问题的解释》第 3 条第 1 款第 6 项规定："有下列情形之一，已经立案的，应当裁定驳回起诉：……（六）重复起诉的。"

局提交了行政裁决申请书，内容为：（2016）鲁 03 行终 340 号判决书，撤销淄博市临淄区人民法院（2016）鲁 0305 行初 73 号行政判决，撤销被告 2016 年 4 月 6 日作出的行政裁决回复。据此，根据相关法律规定请求拆迁管理部门依法裁决：就淄博拆许字第（2010）第 8 号拆迁许可、拆迁补偿事宜申请裁决，申请补偿：①自建房 153.68 平方米；②装修费 42 万元；③可得利益损失 51.36 万元；④物资财产一宗 100 万元。2017 年 5 月 9 日，被告对原告的申请作出回复称：按照《城市房屋拆迁裁决工作规程》第 3 条规定，被告不属于市县人民政府城市房屋拆迁管理部门，被告没有进行行政裁决的法定职责。[1]原告申请裁决的事项不属我局职责范围。原告于 2017 年 5 月 12 日向淄博市临淄区人民政府申请行政复议，复议机关于 2017 年 7 月 6 日作出临政复【2017】30 号《行政复议决定书》，确认被告 2017 年 5 月 9 日作出的答复违法，限被告自本决定生效之日起 15 日内重新作出具体行政行为。被告至今未履行行政复议决定，未作出裁决。原告诉至法院，要求法院依法确认被告行政不作为行政违法；依据原告 2017 年 5 月 2 日向被告提起的裁决申请，由被告依法裁决。

（二）主要争点

不履行行政复议决定行为是否具有可诉性。

（三）裁判要旨

法院经审理认为：原告诉请法院依法确认被告淄博市临淄区房产管理局行政不作为行政违法，依据原告 2017 年 5 月 2 日向被告提起的裁决申请，由被告依法裁决，其实质诉求为请求法院判决淄博市临淄区房产管理局履行复议决定。淄博市临淄区人民政府 2017 年 7 月 6 日对原告周毅的申请作出临政复【2017】30 号《行政复议决定书》，该《行政复议决定书》依法送达给各方当事人，双方当事人收到《行政复议决定书》后在法律规定的期限内均未向人民法院提起诉讼。该复议决定已生效，其生效的复议决定内容对双方当

---

[1]《城市房屋拆迁行政裁决工作规程》（已废止）第 3 条规定："市、县人民政府城市房屋拆迁管理部门负责本行政区域内城市房屋拆迁行政裁决工作。房屋拆迁管理部门及其工作人员应当按照有关法律、法规规定，依法履行行政裁决职责。"

事人已产生羁束力。行政复议决定作为一种特殊的行政行为，其和司法判决一样，一经生效就具执行力。当行政复议决定的不可争力和其强制执行力结合，复议程序的参加人对行政复议决定确定的权利和义务均不得再争议或再申请判断，各方均应履行，如果申请人以被申请人不履行行政复议决定为由再次提起行政诉讼，客观上存在权益的重复救济，不仅会造成程序"空转"，也会造成行政复议救济沦为形式，损害行政权的公信力。申请人周毅对淄博市临淄区房产管理局的行为不服，可以在行政诉讼和行政复议中选择权利的救济途径，申请人在选择行政复议救济的情况下，对淄博市临淄区人民政府行政复议结果无异议，只对淄博市临淄区房产管理局不履行行政复议决定的行为不服。从实质上看，行政相对人受损的合法权益已经在复议程序中得到救济，导致其合法权益不能得到实现的是具有执行力和形式确定力的行政复议决定未得到有效的履行，在这种情况下应属于生效法律文书的执行范畴，而非司法机关的裁判权所能介入的问题。

被申请人是否执行行政复议决定受行政监督法律调整。被申请人是否执行行政复议决定属内部行政的范畴。内部行政关系不受行政诉讼法的调整，这是司法权的本质所决定的，也为实践经验确认，在内部行政关系中，上下级行政关系是最重要的关系，其中领导和监督关系是上下级关系中最主要的体现形式。本案中淄博市临淄区房产管理局不履行或拖延履行淄博市临淄区人民政府行政复议决定，应该承担相应的法律后果，而这种法律后果被行政监督法律规定，因此淄博市临淄区房产管理局是否执行淄博市临淄区人民政府的行政复议决定，受行政监督法律调整，而非受行政诉讼法的调整。

被申请人不履行行政复议决定时申请人的救济方式，法律明确规定复议机关利用行政领导权和行政监督权来实现行政复议决定的内容。根据《行政复议法》第32条、37条的规定，[1]行政机关履行行政复议决定是其法定职

---

〔1〕《行政复议法》第32条规定："被申请人应当履行行政复议决定。被申请人不履行或者无正当理由拖延履行行政复议决定的，行政复议机关或者有关上级行政机关应当责令其限期履行。"第37条规定："被申请人不履行或者无正当理由拖延履行行政复议决定的，对直接负责的主管人员和其他直接责任人员依法给予警告、记过、记大过的行政处分；经责令履行仍拒不履行的，依法给予降级、撤职、开除的行政处分。"

责，行政机关不履行或拖延履行行政复议决定，复议机关或有关上级行政机关应当责令其限期履行。被申请人不履行行政复议决定会引起行政监督关系，相应的责任人员要承担行政处分的后果，这也从一个侧面说明，法律明确规定被申请人不履行行政复议决定承担责任的方式为行政处分，而非当事人通过诉讼方式来让被申请人承担诉讼法上的法律责任，否则上级行政机关的行政监督权会因司法权的介入变得形同虚设，也造成了司法资源的浪费。

综上，本案中，淄博市临淄区房产管理局不履行或拖延履行本诉行政复议决定，原告周毅应向复议机关或其上级行政机关反映，由复议机关或其上级行政机关责令淄博市临淄区房产管理局限期履行。法律已明确规定了淄博市临淄区房产管理局不履行或拖延履行复议决定，原告应当通过行政监督实现其目的，如果再通过诉讼由法院判决淄博市临淄区房产管理局履行复议决定，则淡化了行政监督，不符合行政诉讼设立目的，故其起诉不属于人民法院行政诉讼受案范围。

【案例解析】

法律已明确规定了被申请人不履行或拖延履行复议决定，申请人应当通过行政监督实现其目的，如果再通过诉讼由法院判决被申请人履行复议决定，则淡化了行政监督，不符合行政诉讼设立目的，其起诉不属于人民法院行政诉讼受案范围。

本案原告诉请法院依法确认被告淄博市临淄区房产管理局行政不作为行政违法，依据原告 2017 年 5 月 2 日向被告提起的裁决申请，由被告依法裁决，其实质诉求为请求法院判决淄博市临淄区房产管理局履行复议决定，焦点则是申请人能否以被申请人不履行行政复议决定法定职责为由，以被申请人为被告向人民法院提起行政诉讼，以期通过司法判决的方式使被申请人履行行政复议决定。

对类似案件，不同法院有不同的观点，一种观点认为，行政复议决定一经送达，即发生法律效力，执行行政复议决定是被申请人的法定职责，不履行行政复议决定是一种典型的不作为，属于行政诉讼受案范围。第二种观点认为，法律、法规未将被申请人不履行行政复议决定确定的义务规定为可提起行政诉讼的案件，被申请人不履行行政复议决定，是行政监督和行政执行的问题，因此，行政相对人认为被申请人拒不履行行政复议决定确定的义务而提起行政诉讼，不属于行政诉讼受案范围。

笔者同意第二种意见。被申请人不履行行政复议决定的行为，不属于行政诉讼受案范围。

（一）被申请人是否履行行政复议决定属生效法律文书执行的范畴

通过行政权的行政复议和通过司法权的行政诉讼，共同构成了最基本、最重要的行政救济方式，二者最主要的功能是为解决行政争议，监督行政权行使，保障行政相对人的合法权益。行政复议和行政诉讼都是行政相对人通过国家公权力来达到权利救济的目的的方式，即通过公权力的介入使其权利得到救济，并且这种权利获得国家强制力的背书，因此，行政复议和行政诉讼作为行政权和司法权为解决行政争议在实际生活中的运用，其对相关争议事项处理结果一定程度上具有相似性，如生效的司法判决具有既判力、执行力、拘束力，行政复议决定作为特殊的行政行为，具有行政行为公定力、确定力、拘束力、执行力，特别是在法定期间未提起行政诉讼的情况下，行政复议决定具有不可争力，这种不可争力类似于司法判决的既判力。行政复议决定的不可争力和与生俱来的执行力决定了被申请人是否履行行政复议决定应当属于生效法律文书是否得到执行的问题，而非行政争议是否得到解决的问题。

司法权和行政权为国家权力的两种形态，作为权力运行结果的外在表现的行政决定和司法裁判结果存在共性，从行政行为一经作出就视为合法有效的行政法原则就能窥见一斑，更勿论经过严格程序作出的生效裁判，因此具有形式确定力的行政复议决定实际上取得了类似司法判决既判力的效果。行政复议决定作为行政行为的下位概念，其不可争力理论来源于行政行为的不可争力，行政行为的不可争力是指在复议或诉讼期限届满之后相对人不能再要求改变行政行为。《行政诉讼法》第26条第1款、第2款规定："公民、法人或者其他组织直接向人民法院提起诉讼的，作出行政行为的行政机关是被告。经复议的案件，复议机关决定维持原行政行为的，作出原行政行为的行政机关和复议机关是共同被告；复议机关改变原行政行为的，复议机关是被告。"第45条规定："公民、法人或者其他组织不服复议决定的，可以在收到复议决定书之日起十五日内向人民法院提起诉讼……"因此，当相对人在行政复议决定作出之后十五日内未向人民法院提起行政诉讼的，行政相对人对复议决定丧失诉权，即不能再要求司法权改变行政复议决定，行政复议决定确定的权利义务关系不能通过司法途径予以改变。司法判决的既判力也是一种确定力，其是指判决一经确定就不允许当事人再行争执的确定力，要求人民法院对争议事项作出生效判决之后，禁止当事人对既判事项再争议以及禁止法院对既判事项的再判断。虽然行政权和司法权的权力属性不同，但行政决定和司法判决均为国家权力运行的结果，其作出的决定均是执行和运用具体法律的决定，特别是在行政复议决定超过了法定的起诉期限之后，作为具有独立性、中立性、终局性的司法权就丧失了对行政复议决定或经复议维持的原行政行为进行合法性判断的权力，作为维护社会公平正义最后一道防线的司法权尚不具有对不可争力的行政复议决定的判断权，行政复议决定确定的权利和义务关系理应不能再次被争议和再次被判断，这是法的安定性所决定的。

司法权和行政权是执行国家意志的活动，当其意志表达至当事人，就具有国家强制力予以保证实施的效果，行政复议决定作为一种特殊的行政行为，其和司法判决一样，一经生效就具执行力。行政行为一般以是否告知为生效标准，是否告知体现在实践中以是否送达执法文书为准。行政行为的执行力不会因行政相对人是否申请救济而受影响，《行政诉讼法》第56条规定："诉讼期间，不停止行政行为的执行……"此规定和申诉不影响生效裁判的执行的规定一样，均表达了司法判决和行政行为具有强制执行力的法律效力。因此，行政行为作出之后未经有权机关撤销之前，相对人提起诉讼、申诉等均不停止行政行为的执行。行政复议决定作为一种特殊的行政行为，一经送达在未被撤销前均具有执行力，复议机关、被申请人、申请人均应该对其内容予以实现，其执行力有国家强制力作保证。

本案中当行政复议决定的不可争力和其强制执行力相结合，复议程序的参加人对行政复议决定确定的权利和义务均不得再争议或再申请判断，各方均应履行，如果申请人以被申请人不履行行政复议决定为由再次提起行政诉讼，客观上存在权益的重复救济，不仅会造成程序"空转"，也会造成行政复议救济沦为形式，损害行政权的公信力。申请人对淄博市临淄区房产管理局的行为不服，可以在行政诉讼和行政复议中选择权利的救济途径，申请人在选择行政复议救济的情况下，对淄博市临淄区人民政府行政复议结果无异议，只对淄博市临淄区房产管理局不履行行政复议决定的行为不服。从实质上看，行政相对人受损的合法权益已经在复议程序中得到救济，导致其合法权益不能得到实现是具有执行力和形式确定力的行政复议决定未得到有效的履行，在这种情况下应属于生效法律文书的执行范畴，而非司法机关的裁判权所能介入的问题。

（二）被申请人是否执行行政复议决定受行政监督法律调整

被申请人不履行行政复议决定，从形式上看是不履行行政复议机关的决定，表象上是一种行政不作为，但从本质上看，和行政诉讼中的不履行法定职责有本质的区别，行政诉讼中的不履行法定职责，行政机关有无法定职责还需通过司法权进行判断，在生效判决作出之后，若判决确定的义务人不履行，则通过司法执行程序得以实现，受诉讼法的调整。而被申请人是否执行行政复议决定属下级机关是否执行上级行政机关的决定、命令，若下级机关不执行则会承担相应的法律后果，这种后果体现的是内部行政关系，受行政监督法律调整。

被申请人是否执行行政复议决定属内部行政的范畴。内部行政是指行政主体对属于自己的人财物的管理，如国家对公务员的管理、上级行政机关对下级行政机关的管理等，其体现的是国家自身的一种管理；外部行政主要是行政主体代表国家对社会上的人财物的管理，它是对社会秩序的维护和监督，体现的是国家对社会的管理。内部行政关系不受行政诉讼法的调整，这是司法权的本质所决定的，也为实践经验确认，在内部行政关系中，上下级行政关系是最重要的关系，其中领导和监督关系是上下级关系中最主要的体现形式。下级机关必须履行上级机关的决定、命令，这是上下级机关的法律地位所决定的，因此被申请人是否执行行政复议决定，关系到上级机关的监督和领导职能是否得到实现，体现的是内部行政关系，而在内部行政中，下级机关是否执行上级机关的决定、命令，行政监督发挥着主导作用。

　　行政监督有广义和狭义之分，广义的行政监督是指各类监督主体包括国家机关、社会组织和公民个人，根据法律规定，对政府行政机关及工作人员行使行政权力是否合法、合理所实施的监察和督导活动；狭义的行政监督是指行政机关内部，上级对下级的行政活动所进行的督促和监察，以保证决策目标的实现。不论是广义还是狭义的行政监督，其监督的内容和监督的对象都有一致性：①监督的对象是国家行政机关及其工作人员；②监督的内容是监督国家行政机关及其工作人员遵守法律、法规、规章，执行决定、命令的情况。行政复议决定是复议机关根据申请人的申请，依照严格的程序对下级机关的行政行为作出的裁决，其对被申请人有拘束力，作为下级机关的被申请人应该履行行政复议决定。被申请人不执行行政复议决定，本质是下级机关及其工作人员拒不执行上级机关的决定、命令，这违背了内部行政法律规定。根据《公务员法》第59条第1款第5项的规定，[1]下级机关及工作人员必须执行上级依法作出的决定和命令，否则将会承担相应的法律责任，这种责任是通过行政监督的方式实现的，并且行政监督的方式也非常全面，如《公务员法》第61条规定，公务员因违纪违法应当承担纪律责任的，依照本法给予处分。即公务员主管机关有权对拒不执行上级机关的决定和命令的直接责任人作出行政处分；此外原《中华人民共和国行政监察法》第18条、第23条也赋予了监察机关依法对下级机关拒不执行上级机关决定、命令的监察职责，并且规定了相应的监察手段予以实现上级机关的决定和命令。[2]《中华人民共和国监察法》（以下简称《监察法》）第11条规定："监察委员会依照本法和有关法律规定履行监督、调查、处置职责：……（三）对违法的公职人员依法作出政务处分决定；对履行职责不力、失职失责的领导人员进行问责……"第45条规定："监察机关根据监督、调查结果，依法作出如下处置：……（三）对不履行或者不正确履行职责负有责任的领导人员，按

---

　　[1]《公务员法》第59条第1款第5项规定："公务员应当遵纪守法，不得有下列行为：……（五）拒绝执行上级依法作出的决定和命令……"

　　[2]《行政监察法》（已废止）第18条规定："监察机关对监察对象执法、廉政、效能情况进行监察，履行下列职责：（一）检查国家行政机关在遵守和执行法律、法规和人民政府的决定、命令中的问题……"第23条规定："监察机关根据检查、调查结果，遇有下列情形之一的，可以提出监察建议：（一）拒不执行法律、法规或者违反法律、法规以及人民政府的决定、命令，应当予以纠正的……"

照管理权限对其直接作出问责决定，或者向有权作出问责决定的机关提出问责建议……"

本案中淄博市临淄区房产管理局不履行或拖延履行淄博市临淄区人民政府复议决定，应该承担相应的法律后果，而这种法律后果被《监察法》规定，因此淄博市临淄区房产管理局是否执行淄博市临淄区人民政府行政复议决定，受行政监督法律调整，而非受行政诉讼法的调整。

【争议问题探讨】

（一）被申请人不履行行政复议决定的救济方式

行政复议是行政复议机关作为第三人对行政机关和行政相对人之间的行政争议进行审查并作出裁决的行为。行政复议决定作为行政行为，具有行政行为的公定力、确定力、拘束力、执行力，如前所述，本案中被申请人不履行行政复议决定，属于生效法律文书的执行范畴。因行政复议决定效力及于复议机关、被申请人、申请人，这和一般行政行为效力及于行政主体和行政相对人有所不同，所以申请人和复议机关均可要求被申请人履行。

第一种为复议机关利用行政领导权和行政监督权来实现行政复议决定的内容，此种救济属于行政内部救济，这种救济方式也是法律明确规定的救济方式。我国是单一制的国家结构，上级行政机关对下级行政机关是领导和被领导、监督和被监督的关系，下级行政机关必须执行上级行政机关的决定和命令是行政组织法的一项基本规则，行政复议是上级行政机关对下级行政机关的监督纠错机制，《行政复议法》第12条规定："对县级以上地方各级人民政府工作部门的具体行政行为不服的，由申请人选择，可以向该部门的本级人民政府申请行政复议，也可以向上一级主管部门申请行政复议……"因此，复议机关通常是申请人申请复议的行政行为的行政主体所属的人民政府或上一级主管部门。从复议主体来看，复议机关和被申请人之间是领导和被领导、监督和被监督的关系。因此被申请人应该履行复议机关的行政复议决定，不履行的上级机关可以责令履行，《行政复议法》第32条规定："被申请人应当履行行政复议决定。被申请人不履行或者无正当理由拖延履行行政复议决定的，行政复议机关或者有关上级行政机关应当责令其限期履行。"并且法律也明确规定了被申请人不履行行政复议决定的法律责任承担方式，《行政复议法》第六章"法律责任"第 37 条规定："被申请人不履行或者无正当理由拖延履行行政复议决定的，对直接负责的主管人员和其他直接责任人员依法给予警告、记过、记大过的行政处分；经责令履行仍拒不履行的，依法给予降级、撤职、开除的行政处分。"因此，被申请人不履行行政复议决定会引起行政监督关系，相应的责任人员要承担行政处分的后果，这也从一个侧面说明，法律明确规定被申请人不履行行政复议决定承担责任的方式为行政处分，而非当事人通过诉讼方式来让被申请人承担诉讼法上的法律责任，否则上级行政机关的行政监督权因司法权的介入变得形同虚设，也造成了司法资源的浪费。

（二）关于申请人能否申请人民法院强制执行行政复议决定

行政复议决定本质上是一个行政行为，行政行为的强制执行分为行政机关强制执行和非诉执行，《行政强制法》第 34 条、第 53 条对其作出了相关规定。[1]作为行政强制执行的基本法律规范，行政强制法规定的非诉执行只规定了行政机关可以作为非诉执行的申请人，那么行政相对人能否作为非诉执行的申请人，虽然立法上无明确规定，但在司法解释文件中有着存在一定解释争议的规定，《最高人民法院关于适用〈中华人民共和国行政诉讼法〉的解释》第 158 条规定："行政机关根据法律的授权对平等主体之间民事争议作出裁决后，当事人在法定期限内不起诉又不履行，作出裁决的行政机关在申请执行的期限内未申请人民法院强制执行的，生效行政裁决确定的权利人或者其继承人、权利承受人在六个月内可以申请人民法院强制执行。享有权利的公民、法人或者其他组织申请人民法院强制执行生效行政裁决，参照行政机关申请人民法院强制执行行政行为的规定。"可以看出，对行政裁决类的行政行为，司法解释规定权利享有人可以申请法院强制执行，争议的焦点是：除行政裁决外，权利享有人是否可申请法院强制执行其他行政行为？从目前司

---

〔1〕《行政强制法》第 34 条规定："行政机关依法作出行政决定后，当事人在行政机关决定的期限内不履行义务的，具有行政强制执行权的行政机关依照本章规定强制执行。"第 53 条规定："当事人在法定期限内不申请行政复议或者提起行政诉讼，又不履行行政决定的，没有行政强制执行权的行政机关可以自期限届满之日起三个月内，依照本章规定申请人民法院强制执行。"

法解释规定来看，权利人申请执行的行政行为只限于法律授权行政机关对平等主体之间作出的裁决。当然，也有观点认为，参照原《最高人民法院关于执行〈中华人民共和国行政诉讼法〉若干问题的解释》第 90 条第 1、2 款规定，[1] 从法释义学的角度来看，第 90 条用的是"具体行政行为"，并没有用"行政裁决"，该条的第 1 款和第 2 款应属并列的关系，不宜以承接关系来做缩小解释，因此，具有可执行内容的行政行为，权利享有人可申请人民法院强制执行该行政行为。

本案中，淄博市临淄区房产管理局不履行或拖延履行本诉行政复议决定，原告周毅应向复议机关或其上级行政机关反映，由复议机关或其上级行政机关责令淄博市临淄区房产管理局限期履行。法律已明确规定了淄博市临淄区房产管理局不履行或拖延履行复议决定，原告应当通过行政监督实现其目的，如果再通过诉讼由法院判决淄博市临淄区房产管理局履行复议决定，则淡化了行政监督，不符合行政诉讼设立的目的，故其起诉不属于人民法院行政诉讼受案范围。

【深度阅读】

[1] 胡建淼：《行政法学》，法律出版社 2010 年版。

[2] 李乐军编著：《行政管理》，电子科技大学出版社 2012 年版。

[3] 应松年主编：《行政行为法——中国行政法制建设的理论与实践》，人民出版社 1993 年版。

[4] 章剑生：《现代行政法总论》，法律出版社 2014 年版。

（撰稿人：彭涛，资料收集及写作分析得到了博士研究生
牟苑双及硕士研究生高文斌、张戈、杨唯益的协助）

---

〔1〕《最高人民法院关于执行〈中华人民共和国行政诉讼法〉若干问题的解释》（已失效）第 90 条第 1 款规定："行政机关根据法律的授权对平等主体之间民事争议作出裁决后，当事人在法定期限内不起诉又不履行，作出裁决的行政机关在申请执行的期限内未申请人民法院强制执行的，生效具体行政行为确定的权利人或者其继承人、权利承受人在 90 日内可以申请人民法院强制执行。"第 2 款规定："享有权利的公民、法人或者其他组织申请人民法院强制执行具体行政行为，参照行政机关申请人民法院强制执行具体行政行为的规定。"

专题七　行政诉讼的原告资格

案例1　苏德福、刘君诉财政部资产评估行政复议案

【案情简介】

（一）基本事实

2017 年 7 月 17 日，上海市高级人民法院委托上海立信资产评估有限公司（以下简称立信公司）办理上海市宝山区人民法院受理案件所涉标的物的资产评估。2017 年 10 月 10 日，立信公司出具信资评司字 2017 第 40084 号《上海市高级人民法院司法委托鉴定报告书》（本案例中简称涉案评估报告）。苏德福、刘君二人认为，立信公司及本次评估的资产评估师存在违反资产评估法的行为，向上海市财政局提出《行政查处申请书》。收到苏、刘二人的投诉申请后，上海市财政局未予受理。苏、刘二人向财政部申请行政复议。复议过程中，上海市财政局于 2018 年 11 月 26 日作出《资产评估投诉举报受理通知书》，受理苏、刘二人投诉申请。后，财政部作出财复议（2019）4 号《行政复议决定书》，确认上海市财政局未在法定期限内履行法定职责行为违法。2018 年 12 月 11 日，上海市财政局向立信公司印发《财政检查通知书》。2018 年 12 月 19 日起，派检查组对立信公司进行监督检查。2019 年 1 月 16 日，委托上海市资产评估协会进行专业论证。评估协会论证过程中，苏、刘二人于 2019 年 3 月 24 日再次申请行政复议，以上海市财政局未完全履行法定职责为由，请求责令其继续履行法定职责。2019 年 3 月 26 日，财政部收到苏、刘二

人邮寄的《行政复议申请书》。2019 年 4 月 1 日，财政部向上海市财政局发送行政复议答复通知书。2019 年 4 月 12 日，上海市财政局提交行政复议答复书和相关证据材料。2019 年 5 月 23 日，财政部作出财复议（2019）75 号《驳回行政复议申请决定书》（本案例中简称 75 号复议决定），以上海市财政局已受理苏、刘二人的投诉申请，并启动相关程序进行处理为由，认为苏、刘二人的申请不属于行政复议范围，依据《行政复议法实施条例》第 48 条第 1 款第 2 项的规定，决定驳回苏、刘二人的行政复议申请。2019 年 5 月 29 日，财政部将该复议决定书邮寄给苏、刘二人。2019 年 5 月 31 日，苏、刘二人签收。2019 年 6 月 5 日，苏、刘二人提起本案行政诉讼，请求撤销 75 号复议决定。

（二）争议焦点

苏、刘二人是否具有行政复议申请人（行政诉讼原告）资格。

（三）裁判要旨

一审法院认为，苏、刘二人虽系基于维护自身权益提出投诉申请，但苏、刘二人并非资产评估委托人或资产评估报告使用人，亦没有法律法规或规章规定财政部门在进行资产评估行业财政监督管理的过程中应当对苏、刘二人所主张的利益给予特别保护和考量。而且涉案鉴定报告系司法执行程序中受法院委托作出，相关争议应当在执行程序中解决，而不应通过行政程序救济。此外，上海市财政局尚在履责过程中，苏、刘二人提出责令履责的复议申请，也不具备受理条件。依照《行政诉讼法》第 69 条之规定，判决驳回苏、刘二人的诉讼请求。[1]

二审法院认为一审法院判决驳回苏、刘二人的诉讼请求正确。故依法判决驳回上诉，维持原判。[2]

再审法院经审查认为，《资产评估行业财政监督管理办法》第 5 条、第 48 条规定，财政部门负有资产评估行业行政监督管理职责，公民、法人或者其他组织可以就资产评估机构或资产评估专业人员违法行为向资产评估备案的省级财政部门举报投诉，相应财政部门具有处理职责。并同时指出一、二审

---

〔1〕 （2019）京 01 行初 749 号行政判决。
〔2〕 （2019）京行终 8230 号行政判决。

法院对于苏、刘二人的行政复议申请人资格的认定存在偏差。其论述道，《行政复议法实施条例》第28条第2款规定，申请人与被申请复议的行政行为有"利害关系"，是其具有申请人资格、复议机关受理其申请的法定条件之一。这一标准与《行政诉讼法》第25条第1款规定的行政诉讼原告资格法定条件完全一致。《最高人民法院关于适用〈中华人民共和国行政诉讼法〉的解释》第12条第5款规定，"为维护自身合法权益"向行政机关投诉，具有处理投诉事项法定职责的行政机关作出或者未作出处理，举报人不服提起行政诉讼的，具有原告资格。《最高人民法院关于举报人对行政机关就举报事项作出的处理或者不作为行为不服是否具有行政复议申请人资格问题的答复》（〔2013〕行他字第14号）更是明确规定，举报人为维护自身合法权益而举报相关违法行为人，要求行政机关查处，对行政机关就举报事项作出的处理或者不作为行为不服申请行政复议的，具有复议申请人资格。所以，"为维护自身合法权益"，是判断举报人与相关行政行为有无"利害关系"的核心标准。本案中，苏、刘二人是执行案件的被执行人、被评估资产的所有权人，苏、刘二人对作出评估报告的资产评估机构、资产评估专业人员的行为进行举报投诉，显然是为了维护自身合法权益。一、二审判决认为苏、刘二人与被诉不履行举报事项查处法定职责行为之间没有利害关系，不具有复议申请人资格不妥，本院予以指正。鉴于苏、刘二人申请行政复议缺乏事实根据，不符合申请复议的法定条件，再审本案徒增诉累，本案不予再审。[1]

【案例解析】

　　本案的争议焦点是苏、刘二人是否具有行政复议申请人资格，对于行政复议申请人资格的判断标准实际上与行政诉讼原告资格是一致的，因为根据《行政复议法实施条例》第28条第2款规定，申请人与被申请复议的行政行为之间有"利害关系"，是其具有申请人资格、复议机关受理其申请的法定条件之一。这一标准与《行政诉讼法》第25条第1款规定的行政诉讼原告资格法定条件完全一致。因此通过借助投诉人是否具有行政复议申请人资格的问

---

　　〔1〕　（2020）最高法行申10825号。

题进而把握投诉人是否具有行政诉讼原告资格。还需要指出的是，本案除却苏、刘二人是否具有行政复议申请人资格这一争议焦点外，对于案件事实原被告双方也存在一定争议，但本文重点关注行政复议申请人资格问题即投诉人是否具有行政诉讼原告资格问题，对于个案的事实争议不予评价，故将该部分略去，以重点把握投诉人的原告资格问题。

从一审、二审以及再审法院的判决理由来看，对于苏、刘二人是否具有行政复议申请人资格，存在两种观点：第一种观点是一、二审法院均认为，苏、刘二人不具有行政复议申请人资格，因为苏、刘二人并非资产评估委托人或资产评估报告使用人，亦没有法律法规或规章规定财政部门在进行资产评估行业财政监督管理的过程中应当对苏、刘二人所主张的利益给予特别保护和考量；第二种观点是再审法院认为，苏、刘二人是执行案件的被执行人、被评估资产的所有权人，苏、刘二人对作出评估报告的资产评估机构、资产评估专业人员的行为进行举报投诉，显然是为了维护自身合法权益，与被诉不履行举报事项查处法定职责行为之间有利害关系，具有行政复议申请人资格。

这两种不同的观点所适用的法律规范均是，2018 年《最高人民法院关于适用〈中华人民共和国行政诉讼法〉的解释》第 12 条第 5 款规定"有下列情形之一的，属于行政诉讼法第二十五条第一款规定的'与行政行为有利害关系'：……（五）为维护自身合法权益向行政机关投诉，具有处理投诉职责的行政机关作出或者未作出处理的；……"但对于这一条款中"利害关系"的理解，一、二审法院与再审法院作出了不同的诠释。

在本文看来，再审法院的说理更加准确、合理，符合法律规定。具体地说，一、二审法院认为苏、刘二人不具有行政复议申请人资格的原因有二：一是苏、刘二人并非资产评估委托人或资产评估报告使用人；二是一、二审法院认为没有法律法规或规章规定财政部门在进行资产评估行业财政监督管理的过程中应当对苏、刘二人所主张的利益给予特别保护和考量。本文认为，一、二审法院通过限定资产评估法律关系的当事人范围，而将苏、刘二人是被评估资产的所有权人这一天然的"利害关系"没有予以考虑，实属疏忽或不当；一、二审法院提出"没有法律法规或规章规定财政部门在进行资产评估行业财政监督管理的过程中应当对苏、刘二人所主张的利益给予特别保护和考量"的观点属于对《资产评估行业财政监督管理办法》相关条款的不正确理解，忽视了《资产评估行业财政监督管理办法》第5条、第48条要求财政部门对于在进行资产评估行业财政监督管理的过程中应当对投诉人所主张的合法权益予以保护。[1]

同一案件事实作出不同的裁判，即便对于投诉人原告资格的法律规范主要集中于《最高人民法院关于适用〈中华人民共和国行政诉讼法〉的解释》第12条第5款之规定，但司法实务中由于案件事实的差别，对于投诉人原告资格的认定仍存有偏差。本文试图通过投诉人原告资格的演变，梳理现有法律规范之于投诉人原告资格认定标准，一般性地把握投诉人原告资格问题。

一、投诉人原告资格的规范演变

投诉人的原告资格争议由来已久，可以说自我国建立行政诉讼制度以来，不论是实务界还是理论界均对此展开过激烈的讨论。随着理论与法律规范的不断发展与完善，最新关于投诉人原告资格的法律规范是2018年《最高人民法院关于适用〈中华人民共和国行政诉讼法〉的解释》第12条第5款规定，"有下列情形之一的，属于行政诉讼法第二十五条第一款规定的'与行政行为有利害关系'：……（五）为维护自身合法权益向行政机关投诉，具有处理投诉职责的行政机关作出或者未作出处理的；……"该规定旨在说明，凡为自身合法权益向行政机关寻求救济的，属于投诉，以及确定了投诉人与具有处

---

〔1〕《资产评估行业财政监督管理办法》第5条："财政部负责统筹财政部门对全国资产评估行业的监督管理，制定有关监督管理办法和资产评估基本准则，指导和督促地方财政部门实施监督管理。财政部门对资产评估机构从事证券期货相关资产评估业务实施的监督管理，由财政部负责。"第48条："资产评估委托人或资产评估报告使用人对资产评估机构或资产评估专业人员的下列行为，可以向对该资产评估机构备案的省级财政部门进行投诉、举报，其他公民、法人或其他组织可以向对该资产评估机构备案的省级财政部门举报：（一）违法开展法定资产评估业务的；（二）资产评估专业人员违反资产评估法第十四条规定的；（三）资产评估机构未按照本办法规定备案或备案后未持续符合资产评估法第十五条规定条件的；（四）资产评估机构违反资产评估法第二十条规定的；（五）资产评估机构违反本办法第十六条规定的；（六）资产评估机构违反本办法第二十条第二款规定的。资产评估委托人或资产评估报告使用人投诉、举报资产评估机构出具虚假资产评估报告或者重大遗漏的资产评估报告的，可以先与资产评估机构进行沟通。

理投诉职责的行政机关作出或者未作出处理行为之间存在利害关系。这一规定释明了，投诉与举报的不同，将"举报"这一维护公共利益的行为排除于行政诉讼的范围之外，肯定了私益性的"投诉人"原告资格，强调投诉应是维护自身合法权益的行为，进而否定了"举报人""控诉人"等的原告资格；同时强调了"处理投诉"应是有权行政机关的职责，此处的职责来源于法律法规等规范性文件明确的法定职责，但需要注意的是，即便行政法实体规范明确行政机关负有处理投诉职责，也不意味着投诉人一定具有原告主体资格，只有投诉事项及处理结果对投诉人的自身合法权益产生实际影响且有必要保护时，投诉人才能就行政机关作出或未作出处理行为提起行政诉讼。

（一）行政诉讼法实施初期

根据当时由最高人民法院《行政诉讼法》培训班主编，汇集全国著名行政法和诉讼法学者讲义的《行政诉讼法专题讲座》中，对"受害人"行政诉讼原告资格问题进行的探讨。[1]此处的"受害人"意指合法权益受到第三方民事侵权等行为的损害，请求行政机关介入，履行追究加害人法律责任的职责，因对行政机关的不作为或处理不满，进而提起行政诉讼的人，与行政诉讼实践中惯常使用的"投诉人"并无实质差别，实际上就是本文所谈论的投诉人，只是困于当时的理论与实体法规范限制，只有当时的《治安管理处罚条例》和《专利法》赋予了非行政相对人的诉权，因此统一将"投诉人"称为"受害人"。当时的《治安管理处罚条例》《专利法》分别认为，治安管理中的被处罚人和受害人都是行政相对人，获得专利发明证书的人和申请发明专利权被驳回的人也都是行政相对人，均有权提起行政诉讼。

因此在该时期中的司法裁判与规范层面中，只停留在《治安管理处罚条例》第 39 条明确赋予被侵害人诉权的范畴。在 1991 年颁布的《最高人民法院印发关于贯彻执行〈中华人民共和国行政诉讼法〉若干问题的意见（试行）》中，作出了相应的规定，即第 37 条"治安行政案件中，复议机关撤销了原处罚决定，被侵害人不服而依法起诉的，人民法院应予受理。"以及第 38

---

〔1〕 最高人民法院《行政诉讼法》培训班编：《行政诉讼法专题讲座》，人民法院出版社 1989 年版，第 145 页。

条"被侵害人或者被处罚人不服公安派出所依据《治安管理处罚条例》第三十三条第二款的规定作出的警告或者50元以下的罚款裁决，向设立该公安派出所的公安机关申请复议，复议机关改变原裁决，作出50元以上罚款或者拘留处罚裁决，当事人对复议裁决不服的，可以直接向人民法院起诉。"该司法解释同时规定了"被侵害人认为被处罚人在同一事件中实施了两种违反治安管理的行为，公安机关只认定并处罚了一种行为，被侵害人如果要求公安机关处罚另一种行为而提起诉讼的，人民法院不予受理。"均是赋予了受害人的原告主体资格，但仅限于"治安管理领域"。

（二）2000年司法解释实施时期

毋庸置疑，2000年实施的《最高人民法院关于执行〈中华人民共和国行政诉讼法〉若干问题的解释》在我国行政诉讼制度发展史上具有里程碑的意义。在原告资格的认定问题上，不仅提出"法律上利害关系"这一判断标准，而且采用列举的方式，对实践中争议较大的一些特殊类型的原告资格予以明确规定，其中包括"要求主管行政机关依法追究加害人法律责任的"原告类型。根据司法解释制定者的释义，被侵害人可以通过行政诉讼，要求行政机关追究加害人的责任，行政机关追究侵害人的法律责任，属于保护被侵害人合法权益的范畴。[1]相较于此前的司法解释，这一规定突破了"治安管理"范畴，将受害人或投诉人的原告主体资格拓宽至治安管理之外的行政管理领域，一方面有利于保障当事人的合法权益，另一方面有利于督促有权行政机关积极履行其法定职责，以维护公共利益。

在这一时期，基于司法解释的权威性，投诉人的原告资格问题已经尘埃落定，但出现了公益性举报与私益性举报的争论。公益性举报指的是，举报人举报的事项与自身合法权益无关，单纯为公共利益或他人合法权益，甚至为监督行政机关依法行政而行使检举、控告的权利。私益性举报即指为维护自身合法权益而举报违法行为。[2]由于公益举报人没有自身合法权益保护的

---

〔1〕霍振宇："举报投诉人行政诉讼原告资格探讨——兼论行政诉讼原告资格的判断方法"，载《法律适用》2019年第6期。

〔2〕霍振宇："举报投诉人行政诉讼原告资格探讨——兼论行政诉讼原告资格的判断方法"，载《法律适用》2019年第6期。

请求，故行政机关就其举报事项的处理或不作为，不会对其造成不利影响或实际损害，因此，其不具有原告资格。[1]

并且，最高人民法院《关于举报人对行政机关就举报事项作出的处理或不作为行为不服是否具有行政复议申请人资格问题的答复》（［2013］行他字第14号），则通过对司法鉴定执业活动举报投诉相关案件的请示答复，确立了"举报人为维护自身合法权益而举报相关违法行为人，要求行政机关查处，对行政机关就举报事项作出的处理或不作为行为不服申请行政复议的，具有行政复议申请人资格"的规则。基于复议申请人资格的认定与行政诉讼原告资格的认定的标准具有同一性，因此该司法批复也被视为最高人民法院"只认可举报人为维护自身合法权益而举报相关违法行为人，要求行政机关查处，对行政机关就举报事项作出的处理或不作为行为不服的，有权提起行政诉讼"之规范依据。

（三）2018年司法解释实施时期

2018年，《最高人民法院关于适用〈中华人民共和国行政诉讼法〉的解释》施行。新司法解释中，赋予对于要求行政机关依法追究加害人法律责任的受害人原告资格的规定未作实质性改变，但增加了"为维护自身权益向行政机关投诉，具有处理投诉职责的行政机关作出或未作出处理"的投诉人具有原告资格的规定。根据新司法解释制定者的解释，规定投诉举报者的原告资格，是因为在司法实践中，投诉类行政案件等滋扰性案件数量激增，一些与自身合法权益没有关系或者与被投诉事项没有关联的"投诉专业户"，利用立案登记制度降低门槛之机，反复向行政机关进行投诉。被投诉机关无论是作出还是不作出处理决定，"投诉专业户"等都会基于施加压力等目的而提起行政诉讼，这些人为制造的诉讼，既干扰了行政机关的正常管理，浪费了法院有限的司法资源，亦使得其他公民正当的投诉权利受到影响。因此，新司法解释以"为维护自身合法权益"作为赋予举报投诉人原告资格的限定条件。[2]并

---

[1] 蔡小雪等编著：《现行有效行政诉讼法司法解释解读应用》，人民法院出版社2014年版，第445~446页。

[2] 最高人民法院行政审判庭编著：《最高人民法院行政诉讼法司法解释理解与适用》，人民法院出版社2018年版，序言第6页。

举例释明自身合法权益，即"如果投诉者是出于消费目的的购买者，则其原告资格应当得到认可。"这一解释，明确排除"职业打假人"这一类试图通过投诉举报以获得反射利益的消费者。

同时，司法解释者还举例说道，"公民认为某类食品或者药品不合格，要求行政机关作出处理，进而对行政机关的处理不服提起诉讼，在此情况下，人民法院就应当分析起诉是否具有个别性，具体地说，就是要看起诉人是否购买了该产品或者是否受到了该产品的损害，行政机关是否负有为保护其合法权益而作出具体处理的职责。如果任何一项答案为否，则不应承认起诉人的原告资格。如果涉及的范围非常广泛，在众多的受害人当中，起诉人如同汪洋中的一滴水，且其损害显著轻微，亦不宜承认其原告资格。解决此类问题合适的途径是公益诉讼，而公益诉讼则需要以法律特别规定为依据。"此外，最高人民法院还在《关于发展改革部门项目审核批复行政案件原告资格问题的答复》（〔2016〕最高法行他145号）中，也明确了行政机关作出被诉行政行为时所适用的行政实体法律规范，是否要求行政机关考虑、尊重和保护原告诉请保护的权利和利益，是判断利害关系的标准之一。通过引入保护规范理论丰富了认定投诉人原告主体资格的标准，即对于投诉人的原告资格的认定，取决于法律、法规或者规章是否规定了投诉举报的请求权以及该投诉举报请求权的规范目的，是否在于保障投诉举报人自身的合法权益。

可见，司法规范方面越发强调投诉人提起诉讼必须是以维护自身合法权益为目的，并且自身合法权益的明确排除了"反射利益"以及"公共利益"，进而排除了"职业打假人"等非单纯消费目的的投诉人以及公益投诉人的原告主体资格。

二、"为维护自身合法权益"的判断要件

通过上述梳理的关于投诉人原告资格的规范演变，可以发现目前对于投诉人能否提起行政诉讼的重点在于"以维护自身合法权益"，这是判断投诉人与相关行政行为有无"利害关系"的核心标准。从消极的范围来看，便排除了公益举报人的原告主体资格以及因反射利益驱使而提起诉讼的当事人。根据司法实务来看，判断投诉人是否"以维护自身合法权益"为目的而提起行

政诉讼的方法主要以消极排除的方式来认定，先排除为公共利益举报的原告资格，再排除因反射利益驱使而提起诉讼的原告资格，从而肯定或否定案件原告的诉讼主体资格。

（一）为维护公共利益而提起诉讼

不可否认，公民的举报投诉是为行政机关提供违法线索，有助于行政机关及时发现违法案件，敦促行政机关积极履行法定职责，保护民众合法权益免受违法行为侵害的重要途径，也是公民参与国家行政管理，影响、协助、监督行政权依法有效行使的重要渠道和权利。在我国的很多法律法规中，都明确规定了任何公民都有权对违法行为进行举报投诉，行政机关对属于职责范围内的举报投诉，应当依法处理，并将处理结果告知投诉举报人，对于不属于职责范围的举报投诉，应当书面通知并移交有权机关处理。相应地，很多行政执法机关或监管机构都制定了举报投诉处理办法，以规范办理举报投诉工作。

但需要注意的是，赋予公民举报投诉的权利并不代表，公民可以就有权行政机关对于举报投诉事项的处理行为提起行政诉讼的资格。行政诉讼制度带有救济个人合法权益的制度属性，对于公共利益的保护，公民可以借助"公益诉讼"渠道进行救济，否则会造成行政诉讼司法资源的极度浪费。将私益与公益分离，是维护行政客观法秩序的重要步骤，区别私益与公益，可以通过区分"投诉"与"举报"来实现，投诉是指当事人受到第三方违法侵害时，向负有处理职责的行政机关申请权益救济，第三方的违法行为主要是指民事法律行为的侵害，比如食药品领域；"举报"是指发生侵害不特定对象的违法行为时，未被侵害的对象或被侵害的对象督促负有处理职责的行政机关纠正违法行为，其目的是维护不特定对象的公共利益。二者的核心差别在于，投诉维护的是自身权益，举报维护的是不特定对象权益。具体来说，由于投诉前会存在争议，投诉目的是要求行政机关解决争议，投诉人行使投诉权的基础在于法律法规赋予的请求权，因而投诉一般包含具体的请求内容，反之，举报人行使的举报权是基于宪法的规定，不含有解决争议的请求内容，主要是督促有权行政机关积极履职，消除违法行为，所以区分二者最好的方式，就是结合当事人的实质诉求进行判断。同时，在不同行政管理领域的举报投诉处理办法中，处理投诉与举报的程序不同。

（二）为维护反射利益而提起诉讼

我国行政法学界对于反射利益的讨论，是基于保护规范理论研究的产物。2017 年"刘广明诉张家港市人民政府行政复议案"的出现，为我国行政诉讼司法实践对于判定"利害关系"提供了全新的路径，司法实践开始广泛引用保护规范理论，并通过主观公权利、反射利益等概念限定我国行政诉讼的原告资格。前文提及的《关于发展改革部门项目审核批复行政案件原告资格问题的答复》（［2016］最高法行他 145 号）中，也明确了行政机关作出被诉行政行为时所适用的行政实体法律规范，是否要求行政机关考虑、尊重和保护原告诉请保护的权利和利益，是判断利害关系的标准之一。这一观点实际上也暗含着保护规范理论。

"刘广明案"将反射利益排除于行政诉讼制度保护的范畴之外，"法院对行政行为合法性的评判，除了依据行政诉讼法等行政基本法，更要依据行政机关所主管的行政实体法；在实体问题上的判断，更多是依据行政实体法律、法规、规章甚至规范性文件。如果原告诉请保护的权益，并不是行政机关做出行政行为时需要考虑和保护的法律上的权益，即使法院认可其原告主体资格，但在对行政行为合法性进行实体审查时，仍然不会将行政机关未考虑原告诉请保护权益之情形，作为认定行政行为违法的标准"

总结上述理论来看，保护规范理论是用来证成主观公权利的，只有受公法保护的权利或者法律上的利益在受到行政行为侵害时才承认主观公权利的存在。行政机关履行职责均首先以维护行政管理秩序为目的，从而客观上具有保护与该行政管理秩序相关的不特定公众利益的功能。行政机关履行职责均首先以维护行政管理秩序为目的，从而客观上具有保护与该行政管理秩序相关的不特定公众利益的功能。当然，行政管理中也存在具有直接保护起诉人个人合法权益效果的行政行为，起诉人基于其法律上受保护的地位，有权通过行政诉讼等途径寻求法律救济。而判断起诉人是否具有原告资格，即在于根据相关行政法律规范，行政机关在履行相关法定职责时，除了维护行政管理秩序之外，是否同时还负有直接保护特定利害关系人合法权益的义务。据此，一项受私法保护或者法律上的利益，只有同时受到公法保护才存在主观公权利。反之，如一项权益并未受到公法保护，即为"反射利益"或"事实上的利益"。此时，即使该权益受到私法保护，如果在行政诉讼上主张时，亦仅为反射利益。[1]因此，原告单纯主张自己的权益受到被诉行政行为的不利影响，如果该项权益没有受到公法规范的保障并为特定人所享有，则不具有主观公权利。

在明晰了一般理论基础后，能够确定投诉人即便会因所诉行为而受惠，但只要该权益不属于公法规范之于特定人所保障，便无法获得原告资格，基于私法主张的权益是不会得到行政诉讼制度的司法保护的。此类消极范围较多存在于消费者投诉领域，大量的职业打假人基于某商品的瑕疵问题进行举报，并提起大量行政诉讼，并未依据消费者保护的相关法律规范寻求救济，而试图通过市场监督管理机关的行政处罚享受可能获取的利益，并不属于普通消费者为维护自身合法权益而进行的投诉，因而排除于行政诉讼原告之外。有一点必须注意的是，尽管保护规范理论的适用会导致原告资格呈现收紧的态势，但这种收紧是诉讼功能的"纯化"对单项制度所产生的必要影响，与无理由、无逻辑地开放原告资格相比，这种收缩反而更有助于诉讼制度的整体均衡。[2]

综上所述，我国法律赋予公民、法人和其他组织向行政机关投诉举报违法行为的权利，但投诉举报人并不因投诉举报行为而对举报处理行为当然享有诉权，只有投诉举报事项及处理结果对投诉举报人的自身合法权益产生实际影响时，投诉举报人才有权提起行政诉讼。《最高人民法院关于适用〈中华人民共和国行政诉讼法〉的解释》第12条第5款的规定，对于认定投诉人的原告资格具有决定性的规范意义。通过对该条款的演变以及解释进行梳理，可以总结出公民能否就投诉提起行政诉讼的关键在于"维护自身合法权益"，因而排除了举报人的原告资格，在法律规范上明确区分了"举报"与"投诉"这一对平行概念，进而借由保护规范理论排除了为维护公共利益与反射利益的投诉人原告资格。"维护自身合法权益"贴合行政诉讼制度救济个人合

---

〔1〕　翁岳生编：《行政法》，中国法制出版社2009年版，第1440～1441页。

〔2〕　赵宏："保护规范理论在举报投诉人原告资格中的适用"，载《北京航空航天大学学报（社会科学版）》2018年第5期。

法权益的属性，确保行政诉讼的起诉人能够主张个人具有法律上值得保护的权利，而非仅为维护公共利益或者反射利益，因此应为具有利害关系的判定要件。

【争议问题探讨】

第一，公共利益作为一个不确定的法律概念，其内涵和外延具有高度模糊性，由此导致个人利益和公共利益之间没有明确的区分标准。然而所有法律规范和制度设计最终都可以导出对个人利益保护的价值面向，法院在判定投诉人是自身合法权益受到侵害抑或公共利益受损时，其判定标准具有很大的模糊性，这不利于原告资格的判定。建议立法上对投诉人借由投诉所维护的"个人利益"进行类型化处理，然后利用保护规范理论在这些领域的适用经验，判定投诉人的原告资格。

第二，投诉人自身事实上的权益受到侵害，是否就必然具有行政诉讼原告资格？大多数情况下，投诉人具有原告资格。但为避免公民通过投诉途径滥用诉权，矛盾纠纷全部涌入行政诉讼通道，造成司法体系内部分工混乱，还必须考虑通过司法保护的必要性。如果投诉人还有其他救济渠道，就应否认其原告资格，驳回起诉。

【深度阅读】

［1］张扩振："论行政诉讼原告资格发展之历程与理念转换"，载《政治与法律》2015年第8期。

［2］黄锴："行政诉讼中举报人原告资格的审查路径——基于指导案例77号的分析"，载《政治与法律》2017年第10期。

［3］陈鹏："行政诉讼原告资格的多层次构造"，载《中外法学》2017年第5期。

［4］龙非："行政诉讼中'受害者'原告资格之反思——以德国法作为比较"，载《法律适用（司法案例）》2017年第22期。

［5］赵宏："保护规范理论在举报投诉人原告资格判定中的适用"，载《北京航空航天大学学报（社会科学版）》2018年第5期。

［6］程琥："行政法上请求权与行政诉讼原告资格判定"，载《法律适

用》2018 年第 11 期。

[7] 彭涛："举报人的行政诉讼原告资格"，载《行政法学研究》2019 年第 2 期。

[8] 杨晓菲："投诉人行政诉讼原告资格的审查认定"，载沈岿主编：《行政法论丛》，法律出版社 2020 年版。

[9] 霍振宇："举报投诉人行政诉讼原告资格探讨——兼论行政诉讼原告资格的判断方法"，载《法律适用》2019 年第 6 期。

（撰稿人：杨彬权）

案例2 章丘市冠泉商务宾馆诉山东省济南市 章丘区人民政府再审案

【案情简介】

（一）基本事实

2009 年 10 月 31 日，冠泉宾馆当时的经营者冯明道与章丘市种业有限公司（以下简称种业公司）签订《房屋租赁合同》，约定租赁种业公司位于章丘市××××号办公楼的西侧大部分房屋包括 1 楼四间、2~4 楼各 9 间、5 楼整层以及部分停车位从事酒店经营，租期为 15 年。该房产有合法产权证，所涉土地为国有性质。承租期间，冠泉宾馆为经营需要对承租房屋进行了装修、改造和提升，增设了部分家电及附属设施并一直正常经营。另查明，2015 年 9 月 30 日，中共章丘区委、章丘区政府联合发文，成立章丘市旧城（村）改造指挥部。因济青路两侧整治提升项目和章丘区城北综合体建设的推进需要，2016 年 12 月 7 日，章丘市旧城（村）改造指挥部与种业公司签订《征收补偿协议》，"就位于章丘市××路北侧（××）现属于商业、工业用途所使用的土地、房屋及其他建筑物、附属物补偿事项"达成协议，约定"2017 年 1 月 27 日前，种业公司将征收范围内涉及的所有房屋全部腾空并全部拆除完毕……拆除后的土地由国土部门按相关程序收储。"协议约定了被征收单位补偿（含土地使用权、房屋及所有附属物）总额为人民币 45 685 594.51 元。涉案房屋于 2017 年 3 月被拆除，该协议现已履行完毕。又查明，2017 年 2 月 22 日冯明道出具《承诺书》，载明："章丘市种业有限公司：今收到宾馆搬迁补助费（含装修补助费）叁拾万元整。现承诺收到补助费五日内即 2017 年 2 月 26 日前搬迁完毕。若不按时搬迁，愿意赔偿因此给该公司带来的损失。"次日，冯明道与种业公司交接 30 万元收条一张，事由栏标注为"搬迁补偿费"。其后，冠泉宾馆对章丘市旧城（村）改造指挥部与种业公司于 2016 年 12 月 7 日签订的《征收补偿协议书》不服，提出其在承租期间投入大量资金和精力进行了装修、改造和提升,增设大量空调等家电及附属设施,而章丘区政府实施征收但未予告知,没有对其承租房屋内装饰装修及附属设施进行调查登记、依法评估,其没有得到相应的搬迁费、过渡费、停产停业损失等经济补偿款项,该《征收补偿协议书》程序违法,损害其经济利益,应确认无效等一系列主张,故诉请人民法院依法判决确认章丘市旧城(村)改造指挥部与种业公司签订的《征收补偿协议书》无效。

(二)争议焦点

本案核心争议系冠泉宾馆是否具有原告诉讼主体资格,主要涉及对该宾馆与涉案《征收补偿协议》之间有无法定"利害关系"问题的理解与认定。

(三)裁判要旨

本案一审法院认为,冠泉宾馆在承租种业公司的房屋后,为实现经营目的进行了装饰装修及改造,增设了必要的家电及附属设施等。涉案房屋被征收时,租赁期限尚未届满。2016年12月7日,章丘市旧城(村)改造指挥部与种业公司签订《征收补偿协议书》时,就涉案房屋征收补偿的相关事项,没有将该房屋承租人即冠泉宾馆列为补偿协议相对人,未能顾及对涉案房屋已实际装修改造并经营的承租人之相关利益,属于遗漏征收补偿对象,程序不当。且该协议对相关项目补偿的价格证据不足,章丘区政府亦未提供涉案房屋系依法征收的证据,故涉案《征收补偿协议书》应予以撤销。因涉案房屋在章丘区政府行政区域内,为保障相关权利人的合法权利不受影响,应由章丘区政府依法在合理的期限内对涉案房屋的征收补偿重新作出处理。据此,一审法院于2018年12月4日作出(2018)鲁01行初764号行政判决:撤销章丘市旧城(村)改造指挥部与种业公司签订的《征收补偿协议》;由章丘区政府于本判决生效后三个月内就涉案房屋的征收补偿事项重新作出行政行为。章丘区政府和种业公司不服,上诉于山东省高级人民法院。

二审法院认为,《国有土地上房屋征收与补偿条例》第2条规定:"为了公共利益的需要,征收国有土地上单位、个人的房屋,应当对被征收房屋所有权人(以下称被征收人)给予公平补偿。"根据上述规定,征收国有土地上的房屋,补偿对象为房屋所有权人。本案中,政府征收对象系第三人种业公司的房屋及其他建筑物、附属物，并收回土地使用权，第三人种业公司系补偿对象，而冠泉宾馆作为承租人并非法律规定的补偿对象。至于冠泉宾馆对房屋的改建、装修损失，属于民事法律关系调整的范畴。冠泉宾馆与种业公司已就房屋拆除后合同终止以及拆迁补偿问题作出过约定，后双方经协商，种业公司向冠泉宾馆支付 30 万元，冯明道亦出具《承诺书》载明"章丘市种业有限公司：今收到宾馆搬迁补助费（含装修补助费）叁拾万元整。现承诺收到补助费五日内即 2017 年 2 月 26 日前搬迁完毕。若不按时搬迁，愿意赔偿因此给该公司带来的损失。"因冠泉宾馆并非征收补偿对象，与案涉《征收补偿协议》不存在利害关系，其起诉依法应予驳回。综上，一审判决适用法律确有错误，依法予以纠正。据此，二审法院于 2019 年 5 月 8 日作出（2019）鲁行终 112 号行政裁定：撤销一审行政判决，驳回冠泉宾馆的起诉。

最高人民法院认为，在房屋征收补偿案件中，通常而言，补偿的对象是被征收人，即房屋的所有权人，承租人与征收补偿行为之间不具有利害关系，因而不能成为行政诉讼的适格原告。但如果承租人在租赁的房屋上有难以分割的添附，且以其所承租房屋依法进行经营活动，那么在该房屋被征收时，对于承租人提出的室内装修、机器设备搬迁、停产停业等损失，依法应予考虑，此时承租人与征收补偿行为之间应视为具有利害关系，可以作为原告提起诉讼。本案中，冠泉宾馆在承租种业公司的房屋后，为实现经营目的进行了装饰装修及改造，增设了必要的家电及附属设施等。涉案房屋被征收时，租赁期限尚未届满。因此，承租人虽然不是被征收人，但对于其完成的室内装饰装修和改扩建项目的价值、经营用设备等的搬迁费用、停产停业损失等，依法有权获得合理补偿。最高法认为，一审法院正是循此逻辑作出专门分析后认可了冠泉宾馆对于涉案《征收补偿协议》的诉权和原告主体资格，在这一点上于法有据，并无不当。二审法院在评析征收活动时未能考虑承租人的相关利益，有关冠泉宾馆与种业公司已就房屋拆除后合同终止以及拆迁补偿问题曾作出过约定、《承诺书》载明事项以及冠泉宾馆并非征收补偿对象之推定，缺乏充分的法律和事实依据，不足以完全否定行政机关在组织征收活动中对于作为实际经营者依法应获得的行政补偿权益，确有不当。二审法院以冠泉宾馆与涉案《征收补偿协议》不存在利害关系、不具备原告资格为由，裁定撤销一审判决、驳回冠泉宾馆的起诉，存在适用法律不当情形，有必要予以纠正，对案件实体争议作出进一步审查。据此，作出指令山东省高级人民法院再审的裁定。

【案例解析】

从案件的判决结果来看，二者所引用的法条虽然都是《行政诉讼法》第25条第1款的规定："行政行为的相对人以及其他与行政行为有利害关系的公民、法人或者其他组织，有权提起诉讼。"但是一审法院与二审法院在对于"冠泉宾馆是否具有原告诉讼主体资格"上作出了不一样的理解与认定。

一审法院认为，冠泉宾馆虽然并非本案的行政相对人，但是由于冠泉宾馆在涉案房屋上存有重大添附物，因此章丘区人民政府在作出行政征收行为时，应对冠泉公司的权益予以考虑，以保护冠泉宾馆的权利；而二审法院则认为，涉诉的行政征收行为相对人是种业公司，对于冠泉宾馆的实体权利所产生的影响并非由于涉诉行政行为，与行政行为不具有利害关系，对于冠泉宾馆的损失，应由民事法律规范予以保护，并且承租人与出租人之间也已经订立了民事赔偿协议，冠泉公司的权利已经得到了保护，因此不具备原告主体资格。上述两种完全不同的判决，反映出实务界对于原告资格的认定问题，尤其是对"利害关系"一词依然存在不同的理解，以至于影响司法审查活动的统一。从最高院的判决理由来看，最高院赞同一审法院的判决，认为冠泉公司有权依法获得补偿。

行政诉讼原告资格问题是一个历久弥新的议题，对于原告资格的判断更是一个重点疑难问题。对于本案而言，能否从同一文本规范中解读出统一适用的判断标准是解决本案行政争议的重点所在。根据判决时所适用的《行政诉讼法》关于原告资格的条款"行政行为的相对人以及其他与行政行为有利害关系的公民、法人或者其他组织，有权提起诉讼。"这一规定实际上包含了两类原告：一是行政相对人；二是与行政行为有利害关系的公民、法人或其他组织。对于前者的原告资格，目前已经得到了普遍的承认，适用时的判断标准是统一的，而后者的内涵一直得不到准确的解释，因而在应用中存在疑难。

因此，本文将重点分析"利害关系"的内在含义，试图寻找"利害关系"的一般性判断标准。

（一）原告资格的规范演变

1989 年制定的《行政诉讼法》第 2 条、第 24 条第 1 款、第 41 条，对原告的起诉资格作出了规定。实际上，立法者并未具体阐述原告资格的概念。行政诉讼法实施初期原告资格的概念内涵及其根据条款是被解释出来的，其开端为当时由最高人民法院《行政诉讼法》培训班主编，汇集全国著名行政法和诉讼法学者讲义的《行政诉讼法专题讲座》，其中将第 2 条理解为原告资格规定。[1]

在当时，实务界普遍流行只有行政相对人具备原告资格的观点，对于因行政行为所产生的间接影响尚不认可。但逐渐地，不论是理论研究，还是司法实务，均认识到行政诉讼原告资格仅限于行政相对人的观点存在不足，开始突破只有行政相对人具备原告资格的保守观点。尤其是登载于 1993 年第 5 期《人民司法》的"王亚平等 43 户居民不服上海市普陀区规划土地局批照案"是突破行政相对人才是行政诉讼原告的典型案例。[2]其中判决理由示明，"二审法院认为具体行政行为在给他人设定权利或义务的同时还可能给原告设定了权利或义务，从而可能侵犯原告的合法权益，《行政诉讼法》强调的是合法权益受侵犯而非原告必须是行政相对人因而原告等人具有原告资格。"作为该领域早期的一个标志性案例，由它所引发的讨论推进了原告资格判断标准的形成，对原告资格的法规范解释而言具有重要作用。在这一标志性案件中，法院通过适用当时的《行政诉讼法》第 2 条的规定，以起诉人合法权益受侵害为理由，反驳了原告只局限于行政相对人的错误理解，将原告范围扩大为利害关系人，同时确立了原告资格判断标准——合法权益受侵害标准。[3]

---

〔1〕　最高人民法院《行政诉讼法》培训班编：《行政诉讼法专题讲座》，人民法院出版社 1989 年版，第 143 页。

〔2〕　上海市高级人民法院行政庭："规土局批照行为违法　普陀区法院依法撤销"，载《人民司法》1993 年第 5 期。

〔3〕　叶秋艳："原告资格判断框架的延续与优化——'黄陆军案'新解"，载《行政法学研究》2022 年第 5 期。

为固化逐渐形成的司法与学理共识，发展行政诉讼原告资格的内涵，2000年《最高人民法院关于执行〈中华人民共和国行政诉讼法〉若干问题的解释》第12条规定："与具体行政行为有法律上利害关系的公民、法人或者其他组织对该行为不服的，可以依法提起行政诉讼。"拓展了行政诉讼原告资格的内涵，并将判断标准明确为"法律上的利害关系"。同时，最高人民法院还通过司法解释释义提出"实际影响＋无法通过民事诉讼救济"的判断标准，指出"只要个人或组织受到行政行为的实际的不利影响，不管他是不是行政行为直接针对的对象，或行政行为所直接指名道姓的那个组织或个人，只要这种不利影响通过民事诉讼得不到救济，都应该考虑通过行政诉讼来解决"。[1]

而后，这一规定被2014年《行政诉讼法》修订时所吸收，并在新法解除了"与具体行政行为有法律上利害关系"的限定，修订为"与行政行为有利害关系"，进一步拓宽了行政诉讼原告资格的范围。自此，我国行政诉讼法中关于原告资格的规定明确为，行政行为的相对人以及其他与行政行为有利害关系的公民、法人或者其他组织，有权提起诉讼。对于该规定，具体来说就是，不论是相对人还是利害关系人，只要其合法权益可能为被诉行政行为所侵害，起诉人即有行政诉讼原告资格，质言之，判断的核心在于"不利影响"。就目前的司法实践来看，行政相对人的原告资格得到了普遍承认，因此在面对行政相对人之外的第三人时，多借由"不利影响"来判断"利害关系"。

（二）利害关系的构成要件

"利害关系"属于典型的不确定性概念，在长期的司法实践与理论研究的过程中，对于利害关系构成要件的理论观点形成了二要素说、三要素说、四要素说等多种学说，前文所言，对于"利害关系"的解释多借助"不利影响"进行判断，而"不利影响"则是以合法权益和因果关系为核心构成要件和标志性的特征，因此目前学界的主流观点，将利害关系的构成要件统一为"权益与因果关系"[2]，但对于这二者的认定尚不一致。

---

〔1〕　江必新：《中国行政诉讼制度之发展：行政诉讼司法解释解读》，金城出版社2001年版，第33页。

〔2〕　李晨清："行政诉讼原告资格的利害关系要件分析"，载《行政法学研究》2004年第1期。

直到 2012 年第 5 期《最高人民法院公报案例》登载的"黄陆军等人不服金华市工商行政管理局工商登记行政复议案"，对于利害关系的构成要件提出了全新的判断方法，并有统一原告资格判断方法之意。本案判决认为判断构成利害关系的要素有二：一是申请人的权益受到损害或有受到损害的现实可能性；二是权益损害与具体行政行为之间具有因果关系，即具体行政行为是因，权益损害是果。最高人民法院行政庭对该案的评析中，具体论述了对于因果关系的认定："（一）因果关系的顺序性：即原因在前，结果在后，必须先确认具体行政行为的成立，然后，再确认权益是否受到具体行政行为的影响；（二）行为结果或损害可能性的可预见性：在行政行为当时，行政机关能否预见行为结果或损害可能性，如果在作出行政行为时，难以预料到危害结果的发生，就不存在行政法律所保护的因果关系；（三）预见义务的法定性：预见行为结果或损害可能性，是行政法律、法规、规章等对行政机关设定的法定义务；（四）权益具有可恢复性：撤销具体行政行为，被损害权益就可以得到恢复，如果权益不能得到恢复，因果关系也难以成立。"[1]在笔者看来，该公报案例明确了对于"利害关系"判断标准的二要素构造，同时细化了"因果关系"的认定标准，对于利害关系的司法判断产生了重要意义。

在此之后，2017 年"刘广明诉张家港市人民政府行政复议案"的出现，为认定利害关系人的原告主体资格提供了全新的思路与方法，故而我国司法实践在原告资格的判定问题上开始发生重要转向。在本案再审裁定中，最高人民法院首次援引德国法上的"主观公权利"概念和"保护规范理论"来解释"利害关系"。该裁定所阐释"保护规范理论"或"保护规范标准"指的是"以行政机关做出行政行为时所依据的行政实体法和所适用的行政实体法律规范体系，是否要求行政机关考虑、尊重和保护原告诉请保护的权利或法律上的利益（以下统称权益），作为判断是否存在公法上利害关系的重要标准"。可见，适用保护规范理论的本质在于判断行政行为所适用的行政实体法规范是否具有"个人利益保护指向"，从而来判定个人主观公权利的存在与

---

〔1〕　最高人民法院行政审判庭编：《中国行政审判案例》，中国法制出版社 2012 年版，第，122～123 页。

否。同时，在裁判者看来，诉诸保护规范理论来判定主观公权利，不仅将"法律规范保护的权益与请求权基础相结合，具有较强的实践指导价值"，而且也与我国《行政诉讼法》规定的"行政行为合法性审查原则"相互契合："法院对行政行为合法性的评判，除了依据行政诉讼法等行政基本法，更要依据行政机关所主管的行政实体法；在实体问题上的判断，更多是依据行政实体法律、法规、规章甚至规范性文件。如果原告诉请保护的权益，并不是行政机关做出行政行为时需要考虑和保护的法律上的权益，即使法院认可其原告主体资格，但在对行政行为合法性进行实体审查时，仍然不会将行政机关未考虑原告诉请保护权益之情形，作为认定行政行为违法的标准"。由于"刘广明案"的示范效应，法院在此后诸多判决中都开始适用保护规范理论、主观公权利以及与其相关的"反射利益"等概念来框定我国的原告资格。学术界也因此开始集中研究"主观公权利"和"保护规范理论"。[1]在笔者看来，保护规范理论的引入对于我国行政诉讼实务产生了一定的冲击，原本处于不确定的"利害关系"概念再一次伴随着保护规范理论而产生了一定的理论摩擦。

（三）本案评析

本案中的一二审判决基于对利害关系的不同理解，作出了不同的判决结果。最高院在再审中表达了对于一审法院的判决结果及其理由的赞同，其中提及"在房屋征收补偿案件中，通常而言，补偿的对象是被征收人，即房屋的所有权人，承租人与征收补偿行为不具有利害关系，因而不能成为行政诉讼的适格原告。但如果承租人在租赁的房屋上有难以分割的添附，且以其所承租房屋依法进行经营活动，那么在该房屋被征收时，对于承租人提出的室内装修、机器设备搬迁、停产停业等损失，依法应予考虑，此时承租人与征收补偿行为之间应视为具有利害关系，可以作为原告提起诉讼。"对此，笔者认同一审与再审对于"利害关系"的认定。

1. 为什么赞同一审与再审，而认为二审法院的裁判有所不妥？二审法院的裁判之所以否定冠泉公司的原告资格，理由有二，一是根据《国有土地上

---

〔1〕 王天华："有理由排斥保护规范理论吗?"，载《行政法学研究》2020年第2期。

房屋征收与补偿条例》第 2 条规定："为了公共利益的需要，征收国有土地上单位、个人的房屋，应当对被征收房屋所有权人给予公平补偿"。房屋使用人被排除在征收补偿主体范围之外；二是冠泉公司与种业公司此前曾就涉案房屋拆除后的补偿问题作出过约定，属于民事法律规范调整。上述理由确有说服力，但不能作为否定冠泉公司具有征收补偿资格的理由。

首先，整体地查看《国有土地上房屋征收与补偿条例》，可以发现征收主体虽有限定，但对于征收范围的法律规定，即第 17 条第 1 款第 2、3 项规定，作出房屋征收决定的市、县级人民政府对被征收人给予的补偿包括"因征收房屋造成的搬迁、临时安置的补偿""因征收房屋造成的停产停业损失的补偿"，可见，由于冠泉公司对承租房屋所做的必要性装饰以及物品添附，会因征收行为产生室内装修、机器设备搬迁、停产停业等损失，因此需要从补偿范围的角度扩张被征收人的范围至承租人；更重要的是，虽然冠泉公司与种业公司就房屋的拆迁补偿问题作出过约定，但不能作为章丘市人民政府不考虑冠泉公司征收补偿权益的理由，否则属于消极履行行政职能，违背行政机关应履行的基本义务，损害冠泉公司的应有权益。行政诉讼制度的目的在于"权利保护与权力监督"，因此从行政机关的角度来看，章丘市人民政府理应积极预见冠泉公司因征收行为造成的损失，并将其纳入征收补偿的主体范围之中，进而在冠泉公司就征收补偿行为提起行政诉讼时，与征收行为存在利害关系，享有原告主体资格。承认冠泉公司的原告主体资格既是对于实体法律规范所作的合理解释，维护了冠泉公司的合法权益，又是对章丘市人民政府积极履行征收行为的合法督促。

一审以及再审对利害关系的认识属于一致，但在各自的判决理由中，均未具体阐述利害关系的内涵。笔者认为一审与再审裁定中，对于利害关系的理解倾向于传统的"权益＋因果关系"的二要素判断方法。首先，对于权益的解读，主流观点强调的是源于公法领域的法律权益确有受到损害或有受到损害的现实可能性。冠泉公司对承租房屋所做的必要性装饰以及物品添附属于冠泉公司的个人权益，该权益受到《国有土地上房屋征收与补偿条例》第十七条保护，冠泉公司因行政征收行为产生了室内装修、机器设备搬迁、停产停业等损失，因此冠泉公司的权益确实受到了损害；再者，因果关系强调的是，行政行为与权益的受损之间存在因果关系，笔者借助最高院于"黄陆军案"中对于因果关系的理解来释明冠泉公司的权益与章丘市人民政府征收补偿行为之间存有因果关系。"黄陆军案"的因果关系由"（一）因果关系的顺序性；（二）行为结果或损害可能性的可预见性；（三）预见义务的法定性；（四）权益具有可恢复性"这四个要件构成。结合本案案情来看，满足上述四个要件：第一，章丘市人民政府的征收行为在前，冠泉公司的权益受损在后，存在因果关系的顺序性；第二，征收行为对涉案房屋中的添附物存有现实损害的可能性；第三，基于《国有土地上房屋征收与补偿条例》第 17 条的规定，章丘市人民政府在作出行政征收行为时，对"因征收房屋造成的搬迁、临时安置的补偿""因征收房屋造成的停产停业损失的补偿"具有预见义务，因此也存有预见义务的法定性要件；最后，如果章丘市人民政府撤销征收行为，会恢复涉案房屋的所有权与使用权。因此结合本案案情与"黄陆军案"对于利害关系的判断思路，笔者赞同一审与再审对于冠泉公司原告主体资格的认可。

基于上述分析，承租人确实具有征收补偿的权利，但需要指明的是，本案承租人的原告主体资格属于例外情况，原则上承租人不应是行政征收补偿的对象，与征收补偿行为不具有利害关系。

2. 原则上承租人不具有原告主体资格。承租人是否具有获得征收补偿的权利，即承租人是否具有原告资格，是本案的焦点问题。不论是笔者支持的一审、再审，还是笔者认为不妥的二审，均在释明原则上，认为承租人不具备获得征收补偿的权利，但再审裁定指出了本案承租人即冠泉公司由于对承租房屋投入的必要性装饰以及添附，使其在因征收行为受到损害时，享有征收补偿权利，具有原告主体资格。

这样的观点是根据《国有土地上房屋征收与补偿条例》第 2 条作出的，即为了公共利益的需要，征收国有土地上单位、个人的房屋，应当对被征收房屋所有权人给予公平补偿。说明征收补偿的对象为房屋所有人，对于房屋使用人即承租人存有消极的补偿态度，孤立地从该规定来看，二审法院的判决没有错误，换言之，这一规定亦是对于征收补偿行为的原则性规定，即补偿主体原则上为"所有权人"。加之债权的相对性原理，承租人与出租人之间的法律关系应由民事法律规范所调整，冠泉公司在租赁期间受到的损失应受民事法律规范保护，行政机关的行政活动实质上并不会直接地影响到承租人与出租人之间的民事法律关系，而是属于反射利益，不应受行政诉讼制度所保护。

但整体地查看《国有土地上房屋征收与补偿条例》第17条第1款第2、3项之规定，其旨在说明行政征收补偿的损害范围，也即作出房屋征收决定的市、县级人民政府对被征收人给予的补偿包括"因征收房屋造成的搬迁、临时安置的补偿"和"因征收房屋造成的停产停业损失的补偿"。这样的规定，间接地扩张了补偿主体范围，因此笔者认为第17条与第2条的关系属于特别条款与一般条款的关系。所以当房屋使用人因征收行为产生第17条所言的损失时，就产生了征收行为需要补偿房屋实际使用人的例外情形，此时冠泉公司的权益不再限于民事法律规范保护，还存在公法领域的保护，因此冠泉公司便被纳入了被补偿的对象范围之列，享有原告主体资格。

3. 在何种程度上认可承租人的原告主体资格。前文已说明，在例外情形下，冠泉公司才能够具备原告主体资格，那接下来，需要回答的是能否一般化承租人原告主体资格的例外情形，更重要的是承租人享有原告资格的例外情形是否有法可依。

一般地看，承租人与出租人之间的民事法律关系属于债权债务关系，结合《最高人民法院关于适用〈中华人民共和国行政诉讼法〉的解释》第13条的规定来看，债权人以行政机关对债务人所作的行政行为损害债权实现为由提起行政诉讼的，人民法院应当告知其就民事争议提起民事诉讼，但行政机关作出行政行为时依法应予保护或者应予考虑的除外。但书部分属于有限的承认债权人原告资格的例外情形，这也是我们所要寻找的承租人享有原告主体资格的法律依据。该条款的设置是基于债权的相对性作出的规定，这与承租人与出租人的法律关系具有相似性，原则上债权人的利益由民事法律规范予以保护，但书部分即法定的例外情形强调的是，行政机关作出行政行为时依法应予保护或者考虑的除外。因此我们能够析出债权人或承租人享有原告主体资格情形的构成要件：一是债权人或承租人的权益确已受到损害或有受到损害的现实可能性，二是行政机关应当预见该损害，三是行政机关的预见属于法定义务。

回顾本案，正如二审法院所言，承租人与出租人的法律关系应由民事法律规范所调整，但需要法院进一步评判的是，行政机关作出行政征收行为时是否承担法定的预见承租人权益受损或可能受损的义务，结合案情以及《国有土地上房屋征收与补偿条例》，章丘市人民政府依法应保护或考虑冠泉公司因征收行为产生的室内装修、机器设备搬迁、停产停业等权益损失，因此章丘市人民政府未履行完毕其法定职责，冠泉公司有权就行政征收补偿行为提起诉讼，享有原告主体资格。

【争议问题探讨】

第一，行政协议外第三人是否具有原告资格不能一概而论，而应该具体问题具体分析。由于行政协议案件可以分为行为之诉和履约之诉，可在"两分法"的框架下，根据当事人的权利基础，对不同诉讼类型中协议外第三人的原告资格判断标准作进一步细化。除法律明确规定外，如果是"行为之诉"，仍可遵循"利害关系"标准，第三人均有可能获得原告资格；如果是"履约之诉"，则必须依据诉讼请求种类的不同，遵循"利害关系"标准和"协议相对人"标准。

第二，近年来，司法实践中逐渐借鉴引用"保护规范理论"作为判定原告资格的基准，以至于"保护规范理论"成为原告资格判定的主要依据和标准。尽管德国的"保护规范理论"能够为我国确定行政诉讼原告资格提供判断标准和框架，但德国的保护规范理论的实施需要具有完善的行政实体法规定，但我国行政实体法并不完善和发达，这就在一定程度上制约了保护规范理论作用的有效发挥，况且其也无法精确划分公权利和反射利益，又加之现代的法律关系纵横交错，公私关系复杂，仅用保护规范理论来确定原告资格未必适当。因此，如何很好地运用保护规范理论和其他理论共同评判原告资格还需进一步地理论研究。

【深度阅读】

[1] 李晨清："行政诉讼原告资格的利害关系要件分析"，载《行政法学研究》2004 年第 1 期。

［2］沈岿："行政诉讼原告资格：司法裁量的空间与限度"，载《中外法学》2004年第2期。

［3］赵宏："原告资格从'不利影响'到'主观公权利'的转向与影响——刘广明诉张家港市人民政府行政复议案评析"，载《交大法学》2019年第2期。

［4］章志远、李玉强："行政诉讼原告资格认定标准的新阐释"，载《苏州大学学报（哲学社会科学版）》2009年第6期。

［5］王天华："有理由排斥保护规范理论吗?"，载《行政法学研究》2020年第2期。

［6］陈无风："我国行政诉讼中'保护规范理论'的渐变和修正"，载《浙江学刊》2020年第6期。

［7］黄宇骁："行政诉讼原告资格判断方法的法理展开"，载《法制与社会发展》2021年第6期。

［8］叶秋艳："原告资格判断框架的延续与优化——'黄陆军案'新解"，载《行政法学研究》2022年第5期。

（撰稿人：杨彬权）

专题八 行政诉讼的证据

案例1 沙明保等诉马鞍山市花山区人民政府房屋强制拆除行政赔偿案

【案情简介】

（一）基本事实

2011年12月5日，安徽省人民政府作出皖政地〔2011〕769号《关于马鞍山市2011年第35批次城市建设用地的批复》，批准征收马鞍山市花山区霍里街道范围内农民集体建设用地10.04公顷，用于城市建设。2011年12月23日，马鞍山市人民政府作出2011年37号《马鞍山市人民政府征收土地方案公告》，将安徽省人民政府的批复内容予以公告，并载明征地方案由花山区人民政府实施。苏月华名下的花山区霍里镇丰收村丰收村民组B11-3房屋在本次征收范围内。苏月华于2011年9月13日去世，其生前将该房屋处置给四原告所有。原告古宏英系苏月华的女儿，原告沙明保、沙明虎、沙明莉系苏月华的外孙。在实施征迁过程中，征地单位分别制作了《马鞍山市国家建设用地征迁费用补偿表》《马鞍山市征迁住房货币化安置（产权调换）备案表》，对苏月华户房屋及地上附着物予以登记补偿，原告古宏英的丈夫领取了安置补偿款。2012年年初，被告组织相关部门将苏月华户房屋及地上附着物拆除。原告沙明保等四人认为马鞍山市花山区人民政府非法将上述房屋拆除，侵犯了其合法财产权，故提起诉讼，请求人民法院判令马鞍山市花山区人民政府赔偿房屋损失、装潢损失、房租损失共计 282.7680 万元；房屋内物品损失共计 10 万元，主要包括衣物、家具、家电、手机等 5 万元；实木雕花床 5 万元。

马鞍山市中级人民法院判决驳回原告沙明保等四人的赔偿请求。沙明保等四人不服，上诉称：①2012 年初，马鞍山市花山区人民政府对案涉农民集体土地进行征收，未征求公众意见，上诉人亦不知以何种标准予以补偿；②2012 年 8 月 1 日，马鞍山市花山区人民政府对上诉人的房屋进行拆除的行为违法，事前未达成协议，未告知何时拆迁，屋内财产未搬离、未清点，所造成的财产损失应由马鞍山市花山区人民政府承担举证责任；③2012 年 8 月 27 日，上诉人沙明保、沙明虎、沙明莉的父亲沙开金受胁迫在补偿表上签字，但其父沙开金对房屋并不享有权益且该补偿表系房屋被拆后所签。综上，请求二审法院撤销一审判决，支持其赔偿请求。

马鞍山市花山区人民政府未作书面答辩。

（二）主要争点

本案的争点为：在房屋强制拆除案件中，对于房屋内物品损失的赔偿范围如何确定。以及举证责任应当由原告承担还是被告承担。

（三）裁判要旨

法院审理后认为："关于被拆房屋内物品损失问题，根据《行政诉讼法》第三十八条第二款之规定，在行政赔偿、补偿的案件中，原告应当对行政行为造成的损害提供证据。因被告的原因导致原告无法举证的，由被告承担举证责任。马鞍山市花山区人民政府组织拆除上诉人的房屋时，未依法对屋内物品登记保全，未制作物品清单并交上诉人签字确认，致使上诉人无法对物品受损情况举证，故该损失是否存在、具体损失情况等，依法应由马鞍山市花山区人民政府承担举证责任。上诉人主张的屋内物品 5 万元包括衣物、家具、家电、手机等，均系日常生活必需品，符合一般家庭实际情况，且被上诉人亦未提供证据证明这些物品不存在，故对上诉人主张的屋内物品种类、数量及价值应予认定。上诉人主张实木雕花床价值为 5 万元，已超出市场正常价格范围，其又不能确定该床的材质、形成时间、与普通实木雕花床有何不同等，法院不予支持。但出于最大限度保护被侵权人的合法权益考虑，结合目前普通实木雕花床的市场价格，按'就高不就低'的原则，综合酌定该实木雕花床价值为 3 万元。"

【案例解析】

（一）本案诉讼请求分析

本案上诉后的二审程序中，所提诉讼请求针对一审判决而言，此处不再赘述。关于原告的诉求主要体现在一审程序中的诉讼请求，主要有请求被告赔偿"房屋损失、装潢损失、房租损失"、请求赔偿衣物、家具、家电、手机、实木雕花床等。此处可分为两类：第一类是关于房屋本身的赔偿，原告提到房屋、装潢、房租等事项；第二类是关于房屋以外财物的赔偿，原告提到衣物、家具、家电等内容。二者赔偿都指向被告，看似都是赔偿，然而实质上属于两类不同物品，也涉及被告所作出的两个行政行为。第一类物品涉及房屋本身，归根于被告所做出的第一个行政行为，即行政征收。行政征收所指向的对象是房屋本身，为行政机关出于公共利益等等的考虑而对房屋的所有权与行政相对人之间所达成的协议。第二类物品归属于第二个行政行为，即强制拆除行为所引发的后果。如房屋里的衣物、家具、家电等本身脱离于房屋而存在的物品。行政征收自然不会包含房屋以外的物品，其征收的对象只是基于房屋本身。所以第二类物品涉及的才是关于赔偿方面的问题，关于此类物品的损坏并不在行政主体与相对人之间达成的协议范畴之内。征收协议的目的只在于房屋本身所有权的转移。

那么第一个行政行为——行政征收，是否合法？在房屋征收行政行为过程中，马鞍山市政府做出《马鞍山市人民政府征收土地方案公告》，在公告期内并未收到 9 成当地居民的反对，随后进行征迁工作，在此过程中发布《马鞍山市国家建设用地征迁费用补偿表》《马鞍山市征迁住房货币化安置（产权调换）备案表》作为征迁补偿的款项明确，并对苏月华户房屋及地上附着物予以登记补偿，对于其征迁工作并无实体上和程序上的违法。其中，在征迁过程中，作为房屋所有人的古宏英的丈夫已经领取房屋征收的安置款。到底为止，其行政征收的行政行为已经可以说走到终结。那么对于"房屋损失、装潢损失、房租损失"赔偿的诉讼请求自然是不应当支持，理由在于房屋本身的价值已经在征收中被补偿。如若以"合法的"行政征收为基准，那么对于其房屋财产的灭失，就不能适用赔偿的标准，而是应该以征收补偿的标准，以弥补当事人房屋灭失的损失为目的。而这也正是房屋安置款所包含的内容所在，那么房屋安置款是否足额，是否协商一致仍然会存在争议，而与本案的第二个诉讼请求所指向的强拆行为并不属于同一行为。针对房屋安置款项的争议，应该以征收行为为基础针对补偿款项起诉。

此处的考量在于，征收行为的可诉性，征收行为属于抽象行政行为还是具体行政行为。而关键在于征收所指向的对象是否特定，本案中的征收行为所针对的对象属于一个范围内的居民，所确定的范围实质上是具体的，是针对一定范围内的特定的居民。从这个意义上来说，征收行为作为具体行政行为是可诉的。《国有土地上房屋征收与补偿条例》第 14 条："被征收人对市、县级人民政府作出的房屋征收决定不服的，可以依法申请行政复议，也可以依法提起行政诉讼。"从"一行为一诉"来看，关于行政征收所引发的争议自然应当由行政征收的诉讼来解决。而从行政征收行为的做出来看，并无违法情形出现。行政行为的效力上，行为的做出具有确定力，其次出于对社会信赖利益的保护而不允许朝令夕改，在行政征收并无重大违法的情况之下，也就不应当再对征收行为作出重新的评价和更改。

第二个行为是市政府的强制拆除行为，第一个问题是此行为是否合法。伴随着行政征收的完成，在相对人与行政主体之间的协议已经达成，房屋的所有权也应当由此转移。行政强制是行政行为行政性的最好体现，说到底行政行为不同于民事行为的最大区别在于其中一方行政主体的地位高于相对人。行政征收过程中体现了行政主体与相对方的协商特点，然而在协议达成之后的征收行为仍然需要强制力来保证完成。本案中的强制拆除就是对行政征收行为得以完成的强制性保障。《国有土地上房屋征收与补偿条例》第 28 条规定："被征收人在法定期限内不申请行政复议或者不提起行政诉讼，在补偿决定规定的期限内又不搬迁的，由作出房屋征收决定的市、县级人民政府依法申请人民法院强制执行。强制执行申请书应当附具补偿金额和专户存储账号、产权调换房屋和周转用房的地点和面积等材料。"从权力的制约和监督原则出发，行政权力必然受到制约，而强制拆除房屋的权力行使关系到公民的基本权利，更应该受到严格制约。《宪法》第 39 条规定："中华人民共和国公民的住宅不受侵犯……"其中包括不得非法搜查、侵入住宅，更多的是从隐私权、人格尊严的方面加以规定。住房，作为公民生活、生存最基本的营地，承载了公民的身体寄托和情感寄托。而对于住房的侵犯甚至更甚于对住宅隐私、人格尊严的侵犯。强制拆除行为应当受到严格限制。《国有土地上房屋征收与补偿条例》第 28 条中提到强制拆除必须由行政机关向人民法院提出申请，决定权交由人民法院手中便是对行政权力的分割。而人民法院着重对补偿金额和专户存储账号、产权调换房屋和周转用房的地点和面积等材料的审查，实则是为了维护公民住房的基本权利。而本案中的强制拆除行为并未提交人民法院决定，也未提供相应的住房补偿文件证明，而直接拆除公民的房屋，此行为严重侵犯公民的基本权利，属违法行政行为。

第二个问题是强制拆除后的赔偿问题，作为违法的行政行为应当受到处罚，由此涉及到对相对人的"赔偿"问题，而不是与征收行为所带来的"补偿"混为一谈。征收作为合法行为应当在相对人原先权利的基础上给予补偿，此补偿标准以协商为主，包括弥补相对人因此而产生的损失，其他合理的补偿。其中损失有直接损失，如房屋的灭失；也包括间接损失，如拆迁、搬迁成本，重新租房、买房等成本。而补偿问题更多以协商为主，不再赘述，此案的争议焦点在于违法拆迁之后的赔偿标准应当如何确定。以及赔偿数额的举证责任应该如何确定。

（二）强拆赔偿标准的确定

据《国家赔偿法》第 36 条第 4 项的规定："应当返还的财产灭失的，给付相应的赔偿金。"本案中的房屋内财物的灭失，自然应当归结于违法强拆，应当给予相应赔偿，不具有争议。而真正的难点在于其提出的房屋本身、装潢、房租等价值的赔偿是否应当归结于强拆行为呢？在前文的叙述中已经明确，房屋本身因为征收行为而发生所有权转移，依照正常流程应当由相对人自行拆除房屋。关于房屋本身的灭失当然也只能期待征收行为的补偿来解决。而违法强拆行为的出现带来了不同的结果：①房屋拆除的时间提前了；②相对人未能作出相应准备，造成屋内财产损失。

第一个结果：房屋拆除时间的提前，征收行为的发生最终会导致房屋所有权的转移，时间上的改变并不会对房屋所有者带来巨大的损失。然而实践中会有房屋出租，房屋正处于其他用途上的情形出现，而时间上的提前也必然会给所有者带来相应的损失，那么这个损失是否应当由违法做出行为的行政机关赔偿呢？目前的立法实践并未涉及。

房屋拆除时间的提前所带来的另一个结果是无形中行政权力的扩张。正常程序之下，强制拆除应当经历人民法院的申请、审查程序，最终由人民法院来决定拆除，此处也是对行政权力做出了限制。而行政权力的扩张致使行政机关越过人民法院申请、审查程序，直接对相对人的住房权利造成侵害。行政权力的扩张并不会对相对人实际利益造成损害，但行政权力的扩张对相对人的心理状态损害却是实实在在存在的，主要体现在对服务型政府建设上的损害。服务型政府将以市场即公众需求为导向，因为只有顾客驱动的政府，才能提供满足人们合理、合法需求的公共服务。越过正常程序限制而无限扩大的行政权力必然会损害政府在相对人心理的预期。而这种损失的赔偿立足于对行政机关的惩罚原则。

综上所述，关于行政机关的违法行为赔偿应当适当考虑违法行为所带来的间接损失，如时间提前所带来的对相对人信赖心理的损失、相对人失去准备时间而带来的民事行为违约损失；而不是仅仅限于直接损失，例如房屋内的物品损失。

第二个结果：房屋内财务损失，即直接损失。我国立法实践也仅仅支持对直接损失的赔偿。《最高人民法院关于审理民事、行政诉讼中司法赔偿案件适用法律若干问题的解释》第12条第2款规定："财产不能恢复原状或者灭失的，应当按照侵权行为发生时的市场价格计算损失；市场价格无法确定或者该价格不足以弥补受害人所受损失的，可以采用其他合理方式计算损失。"于是这里所给出的赔偿方式实际上是一个裁量权很大的标准，过多地依赖于法官的自由裁量来确定赔偿数额。本案中沙明保主张实木雕花床价值为5万元，已经超出市场正常价格范围，其又不能确定该床的材质、形成时间、与普通实木雕花床有何区别等，但出于最大限度保护被侵权人的合法权益考虑，结合目前普通实木雕花床的市场价格，综合酌定该实木雕花床的价值为3万元。

而法官的裁量行为需不需要构建一个统一的准则来规范呢？笔者认为从

公平正义的角度来看是必要的。为了使人民群众在每一个司法案件中都能感受到公平正义，一个统一的标准能够让每一个案件有章可循，而不是纯粹依赖法官的判断。在民法的赔偿原则中存在三个分类，第一是抚慰性原则，其赔偿数额远低于受害人实际受到的损害，只是追求对受害人的心理产生抚慰效果。第二是补偿性原则，赔偿数额基本持平受害人受到的损失，追求填平受害人的损失。第三是惩罚性原则，赔偿数额高于受害人收到的损失，追求对侵害人的惩罚。从总体来看，我国基本上适用的赔偿标准是补偿性原则，几乎没有用到惩罚性原则，这三种原则代表了受害人获得赔偿的由低到高不同水平标准，抚慰性原则不能全面赔偿受害人所遭受的损失，极其不公平，行政相对人得不到理应的赔偿自然违背服务型政府的原则。其次对于行政主体来说也是助纣为虐，为违法行政行为侵犯相对人利益提供了支持。补偿性原则是受害人实际损失多少，国家赔偿多少，突显了填平损失的宗旨。这种赔偿方式对于行政主体和相对人来说都是最能接受的做法。然而对于行政主体的权利扩张仍然是有利的，行政主体仍然可以在特定情形下用赔偿的对价来为自己的违法行为做支撑。例如一些拆迁钉子户，行政机关更倾向于违法强拆来实现自身所追求的行政目的，大不了之后进行赔偿即可。惩罚性原则包括弥补实际损失和超出补偿性数额两部分的惩罚性赔偿金。显然惩罚性原则是最能体现赔偿诚意的。惩罚性赔偿原则可以在更大的程度上限制行政违法行为，增加行政主体的违法成本。所以，在适用标准上，有必要引入惩罚性赔偿标准，至少应该提升惩罚性原则适用的地位，在立法中明确规定在何种情形下采用惩罚性原则。再者，《国家赔偿法》以保护公民权利和限制公权力为价值所在，国家赔偿标准的制定要体现出惩戒国家权力滥用的理念，一方面最大限度地弥补受害人的损失，另一方面，有助于国家机关及其工作人员依法履行职权和提高自身执法水平。

（三）举证责任承担

关于赔偿事项，一般来说是谁主张谁举证，应当由相对人对行政主体的违法行为，造成的损失数量进行举证。其次，在举证困难或者无法举证的时候又需要另外的原则来解决举证责任问题，于是出现了举证责任倒置的原则。《行政诉讼法》第38第2款规定："在行政赔偿、补偿的案件中，原告应当对行政行为造成的损害提供证据。因被告的原因导致原告无法举证的，由被告承担举证责任。"此处所采用的举证责任倒置就是让行政主体来承担举证的后果。这里同样带有惩罚的性质，是对违法行为的惩罚，目的在于警醒行政主体依法做出行政行为。

关于原告的举证责任，行政赔偿之诉性质上属于给付诉讼，其实现需要行政相对人提出诉讼并请求赔偿来实现。而其主张赔偿自然也应当承担举证的责任。不论是行政法意义上还是民法意义上的赔偿都以损害的存在为前提条件，有损害才有赔偿，无损害则无赔偿，因此在行政赔偿诉讼中，赔偿请求人应当对具体行政行为造成其损害的事实提供证据。在实践中，赔偿请求人提供证据证明的内容一般包括：赔偿义务机关实施的行政行为违法，该违法行为对行政相对人的合法权益造成了实际损害，该损害与赔偿义务机关的行为有因果关系，赔偿义务机关应予赔偿的损失数额等等[1]。

实践中自然会存在证据灭失，举证困难等情况，而行政相对人处在弱势地位自然也就处于更加不利的地位。《行政诉讼法》第38第2款表明，因为行政主体的原因导致证据灭失的情况之下，发生举证责任倒置，从而部分举证责任的分配转移到行政主体一方。本案中马鞍山市花山区政府在组织实施强制拆除过程中，既未制作物品清单，又未委托公证部门对房屋内物品公证并登记，房屋拆除后也未能说明房屋内物品的去向，导致沙明保对房屋内物品损失客观上举证不能。沙明保提供了初步证据证明其有财产损失，并提出了具体的赔偿请求，此时举证责任转移至马鞍山市花山区政府。但马鞍山市花山区政府既没有提供证据证明其强制拆除行为没有对沙明保造成财产损失，也没有对沙明保提出的赔偿请求提供反证，其应当承担举证不能带来的法律后果。

而仍然有部分举证责任分配于行政相对人，属于行政相对人自身未尽到合理的注意责任所导致的。如若从惩罚性原则继续深入思考，这部分举证责任分配有没有可能也让行政主体承担呢？前提是行政机关所实施的本身就是

---

〔1〕 宋鑫、石磊："《沙明保等诉马鞍山市花山区人民政府房屋强制拆除行政赔偿案》的理解与参照——违法强制拆除行政赔偿案件的举证责任分配及赔偿数额认定"，载《人民司法》2021年第17期。

违法行为，从这个角度出发，所有的举证责任都由行政主体承担仍然并不超过合理的范围。从表面上看，行政相对人所承担的举证责任是基于给付之诉所必要的举证，只要存在赔偿的请求就应当承担这部分举证责任。例如，本案的强拆情形之下，行政主体已经主动对房屋内的财物进行登记、备案以作后续的赔偿依据。然而因为行政相对人的阻挠而不得进行以上工作，并将房屋内的财物陷入灭失的风险之中。相对人在强拆行为本身就违法的情况下抵抗拆迁、抵抗备案登记的做法自然也在情理之中。如此一来，实则是因为相对人的原因而导致举证困难，再由相对人承担举证责任就有失公允。然而，行政违法行为所导致的赔偿举证责任分配仍然是一个复杂的过程，也不能单纯苛求行政主体承担全部举证责任。至少在惩罚性的原则之上，应当有这样的考量以维护行政关系双方之间的公平。

【争议问题探讨】

第一，强拆案件中的赔偿范围如何确定，在强拆案件中必然存在直接损失与间接损失。目前的实践中只涉及对直接损失的赔偿问题，对与屋内财物相关的赔偿当属直接损失。而违法强拆案件中必然有未经合法的程序、未经合理提前告知而导致相对人失去部分合理使用房屋的时间的情况，由此对相对人造成的其他民事违约责任等当属间接损失。如若放在强拆本身就违法的前提下来思考，那么增加对行政主体的惩罚性，纳入间接损失部分的赔偿标准并不超过合理的范围。

第二，违法性行政行为的赔偿标准中的自由裁量性应当如何确定，法官的自由裁量过程是否应当有具体的原则依据。在抚慰性原则、补偿性原则、惩罚性原则之间应当如何选择体现了行政主体与行政相对人之间的不同关系，也体现了行政法对于二者之间关系的维护。法官的自由裁量体现着公平正义，无根据、无原则必然导致裁量的结果相差甚远，建立统一的原则以约束裁量行为是必要的。因行政主体的违法行为，并且在行为过程中因为行政主体的原因导致相对人财产的灭失，适用惩罚性原则来确立赔偿标准也是合理的。

第三，关于举证责任。就强拆行为本身而言，因为行政主体的原因而未对财产进行登记备案，由此而导致的无法举证，最终由行政主体承担无法举证的不利后果。是因为强拆是对公民权利的严重侵害，在此过程中行政主体应当审慎而行，应对其行为进行严格限制。更进一步，强拆行为本身处在违法的前提之下，那么即使是因为相对人的过错而导致无法对房屋内财产备案登记，相对人对强拆行为的抵抗仍然是情有可原的。那么基于对行政主体违法行为的惩罚原则，这部分举证责任分配给行政主体承担，推定为行政主体的过错也是值得考虑的。

【深度阅读】

[1] 宋鑫、石磊："《沙明保等诉马鞍山市花山区人民政府房屋强制拆除行政赔偿案》的理解与参照——违法强制拆除行政赔偿案件的举证责任分配及赔偿数额认定"，载《人民司法》2021年第17期。

[2] 徐疆："行政赔偿诉讼中的事实推定：前提、价值和规则——基于对指导案例91号的观察"，载《行政法学研究》2022年第3期。

（撰稿人：赵哲）

案例2　宣懿成等诉浙江省衢州市国土资源局
收回国有土地使用权案

【案情简介】

（一）基本事实

原告宣懿成等18人系浙江省衢州市柯城区卫宁巷1号（原14号）衢州府山中学教工宿舍楼的住户。2002年12月9日，衢州市发展计划委员会根据第三人建设银行衢州分行（以下简称衢州分行）的报告，经审查同意衢州分行在原有的营业综合大楼东南侧扩建营业用房建设项目。同日，衢州市规划局制定建设项目选址意见，衢州分行为扩大营业用房等，拟自行收购、拆除占地面积为205平方米的府山中学教工宿舍楼，改建为露天停车场，具体按规划详图实施。18日，衢州市规划局又规划出衢州分行扩建营业用房建设用地平面红线图。20日，衢州市规划局发出建设用地规划许可证，衢州分行建设项目用地面积756平方米。25日，被告衢州市国土资源局（以下简称衢州市国土局）请示收回衢州府山中学教工宿舍楼住户的国有土地使用权187.6平方米，报衢州市人民政府审批同意。同月31日，衢州市国土局作出衢市国土（2002）37号《收回国有土地使用权通知》（本案例中简称《通知》），并告知宣懿成等18人其正在使用的国有土地使用权将收回及诉权等内容。该《通知》说明了行政决定所依据的法律名称，但没有对所依据的具体法律条款予以说明。原告不服，提起行政诉讼。

（二）主要争点

本案的争点为：被告没有告知原告行政行为的具体法律依据，行政行为是否合法；以及第三人的用地需要属于"公共利益"还是"为实施城市规划进行旧城区改建"。

（三）裁判要旨

法院审理后认为：被告衢州市国土局作出《通知》时，虽然说明了该通知所依据的法律名称，但并未引用具体法律条款。在庭审过程中，被告辩称系依据《土地管理法》第58条第1款作出被诉具体行政行为。《土地管理法》第58条第1款规定："有下列情况之一的，由有关人民政府土地行政主管部门报经原批准用地的人民政府或者有批准权的人民政府批准，可以收回国有土地使用权：（一）为公共利益需要使用土地的；（二）为实施城市规划进行旧城区改建，需要调整使用土地的；……"衢州市国土局作为土地行政主管部门，有权依照《土地管理法》对辖区内国有土地的使用权进行管理和调整，但其行使职权时必须具有明确的法律依据。被告在作出《通知》时，仅说明是依据《土地管理法》及浙江省的有关规定，但并未引用具体的法律条款，故其作出的具体行政行为没有明确的法律依据，属于适用法律错误。

【案例解析】

（一）引用具体法律规范的意义

程序意义而言，引用具体法律规范的目的在于对行政主体所作的行政行为说明理由，从而给行政相对人一个合理的交代。说明理由制度作为行政程序基本制度之一，是指行政主体作出涉及行政相对人权益的行政行为时必须说明事实根据、法律依据以及行政机关裁量的理由。由事实依据、法律依据、裁量理由三个要素所组成的说理体现了行政行为作出的审慎性和说理性。其次，关于具体法律规范的引用是行政过程完整性的必备条件。行政行为从作出、送达开始，所追求的便是行政目的的实现。但是行政法律关系双方的地位不是单方面压倒性胜利的，而是在行政主体和相对人的博弈之间实现的。也就是说行政行为的做出，除了保障行政目的的实现，还需要保障相对人在这个过程中有抵抗、反对的权利，体现在行政法律关系中也就是行政复议、行政诉讼等制度。从这个意义上而言，相对人对行政主体的抵抗和反对的武器正是行政主体在作出行政行为时所提供的法律依据。只有行政行为的作出引用明确的依据才能保证相对人能够以此为核心来思考行政行为的合法性，从而选择接受或是对抗。

实体意义而言，引用具体法律规范是行政行为本身合法性的表露。行政行为的合法要件由主体合法、权限合法、内容合法、程序合法组成，其中内容合法包括清晰的事实依据、正确的法律依据、合乎立法目的等三个方面的内容。关于正确的法律依据又包含三个层面的内容：首先是法律位阶选择正确，其次是全面地适用所有相关法律，最后是关于在众多复杂多样的法律条文中有针对性地选择与解决相应问题相适应的，同时又是现行有效的法律规范。其中最困难的当属选择与当前问题相适应的法律条文，而这也是行政行为合法所必要的因素。

（二）未引用具体法律规范的后果

司法实践中的做法，可以分为三类：第一是做肯定性答复，指在实践中对于不引用具体法律规范的行政行为认定为合法行为。如判决书中答复："未引用具体法律规范不意味该决定书中未适用上述法律法规"。第二是认定为程序违法，指法院判决中对行政行为未引用具体规范的做法认定为程序上的违法。第三类为做否定性答复，即法院判决中认为未引用具体规范的行政行为认定为违法行政行为。第一类做肯定性答复的判决实质上倾向于为行政主体开脱，其判断依据更加倾向于行政主体一方。实践中的做法通常为，要求行政主体在事后就具体的法律规范作出答复，重新明确其行为所依据的具体规范，也就是对其所作的行政行为进行补正即可。或者说法院对此要求不做答复，直接忽视相对人对此所提出的异议。这样的做法无疑是对相对人权利的忽视，同时也在这个过程中助长行政权力的扩张。此外，以此为基础就会衍生出更多违法行政行为。第二类认定为程序瑕疵的做法仍然是倾向于对行政主体一方有利。从程序法的角度来说，《行政处罚法》第44条规定："行政机关在作出行政处罚决定之前，应当告知当事人拟作出的行政处罚内容及事实、理由、依据，并告知当事人依法享有的陈述、申辩、要求听证等权利。"以及《行政强制法》第37条第2款规定："强制执行决定应当以书面形式作出，并载明……强制执行的理由和依据。"无论从学理还是规范的角度来看，将援引具体法律条款作为程序义务都是合理的，而行政主体不援引具体法律条款的做法显然是违背程序正义的。然而司法实践中这样的做法并不多，根源在于程序上的瑕疵对于行政行为最终的效力影响是微乎其微的。按照是否对相对人实体权利造成损害的标准来说，未具体引用自然达不到重大违法的程度。既已引用所依据的法律规范，而未引用得非常具体，以上情形只能认定为程序上的瑕疵，对于推翻行政行为的作用并不大。因而这条道路走得并不顺畅。第三类否定性答复便是倾向于保护行政相对人一方利益的做法了。在司法实践中表现为认定行政行为适用法律、法规错误，从而确定行政行为违法。所采取的路径为将"未引用"形式等同为"适用法律错误"，即单独作为行政行为无法律依据的违法事实，进而推定行政行为违法。但这种免不了类推解释的嫌疑，实质上为一刀切的做法，极力倾向于行政相对人的利益，同时剥夺行政机关后期补正的能力，一概否认"未引用"的行政行为也不利于行政效率的提高，以及行政争议的实质性解决。

（三）"未引用"行为的修正

程序价值上的引导。程序价值上的修正立足于对行政主体做出行政行为的谨慎性和说理性要求，对于行政主体做出合理、负责的行政行为具有督促作用，也在这个过程中杜绝行政主体消极作为的态度。在服务型政府的建设过程中，服务性体现在政府与公民之间关系趋向于提供服务者与消费者的关系，以市场即公众需求为导向。因为只有顾客驱动的政府，才能提供满足人们合理、合法需求的公共服务。而行政行为的做出也应当遵循着详尽、负责的原则，使相对方对行政行为的做出有全面而充分的理解，这也是体现政府身份的重要因素之一。引用具体法律规范在程序上的价值还体现在信息公开原则上，关于行政行为的作出理由、作出依据等事项的公开是必要的，从而保证相对人能够在行政行为做出后获取相关信息。

程序价值上的引导应当体现在新的立法实践中，关于行政行为的做出必然是要准确而又清晰明了的。从行政程序的角度加以限制也就意味着在行政行为做出之前加以规范，相较于行政行为做出后而引发的争议而言，也就更加提升了行政行为做出的效率并且节省了针对行政行为的诉讼资源。关于行政程序上的限制，主要方向在于对行政行为做出时就严格限制，对于其所依据的具体法律规范予以公告，并在公告过程中接受社会的审查，也在这个过程中及时发现其法律依据所存在的问题并作出答复。

司法审查方式的改进。前文所述的三种处理方式都存在自身的利弊，而对于"未引用"行政行为的定性却是极其复杂的，所牵扯到的行政法原则、规则也是复杂的。不论从维护行政主体做出行政行为的效率、节省行政成本的角度来看，还是从维护相对人的权益来看，都会对行政关系产生不利的影响。首先需要明确的是行政行为援引法律依据具有不可忽视的地位，对于行政行为的合法性、程序正当性而言都是必要的。司法审查作为对行政行为合法性的限制也是必不可少的，那么司法审查应该从何种角度展开呢？一刀切的做法不可取，不论是一味地承认其合法性还是一味地否定合法性都是对审判公正原则的背叛。对于纷繁复杂的行政案件而言，"未引用"类型的行政行为也存在不同的类型，不同类型行政行为对程序要求的严格程度、行政权力本身的扩张范围都是不同的，而对不同类型的归类总结是解决这个问题的关键。其中可以分为内部行政行为、简易程序的行政行为、无需适用法律依据的行为、通过其余途径与相对人充分沟通、告知的行为。对于不同行为采取不同的审查标准有利于司法审查更加趋于专业化。①不产生法律效果之事实行为，如行政指导、信息提供等，此类行为在行政后果上不产生实际的法律效果，不对相对人产生强制性义务，也不对相对人的权利产生实际的影响。此行为的行政过程中体现的是行政行为的柔性化和民主化特点，相对人在这个过程中不认可其做法，可以当然选择忽视，也就没必要进行更深层次的说理和告知。此行为的司法审查就更应该放宽限度。②与相对人充分沟通之行政行为，包括已经过听证程序之单方行为以及行政双方行为（行政协议），上述行为中，因程序上必然告知具体的事实与法律依据，且允许相对人充分申辩、陈述，或者相对人可以斟酌后决定行政法律关系的建立，故不必苛求行政行为必须援引依据。司法审查的目的本身在于督促行政机关履行告知义务，督促其行政的完整性。而听证程序的适用或者以其他途径对相对人履行告知义务的效果已经远远超出了本身的告知法律依据的效果，那么对于此类行为的司法审查自然也就不必多言。③适用简易程序的行政行为，在情节简单、争议不大或情势危急之下，执法人员可以口头告知或省略相关程序义务；简易程序的适用本身有严格的法律限制，已经从程序法的角度对行政行为做了初步审查。其次，简易程序所适用的案件数额、情节轻微，即使是行政行为有错误，行政主体权利有所扩张对相对人的实际影响也是轻微的，所造成的后果依然属于可控范围。那么对此行为是否引用具体法律规范的审查也应当与正常行为的审查标准拉开差距。④适用应急程序的行政行为，行政应急行为是在特殊情况下的特殊行政行为，并且也是法律所认可的行政权力相较于正常时期有一定程度的扩张，此处的司法审查也应当放宽对行政主体的权力限制。⑤非法律适用内容的规范，如与行政行为相关的职权依据、程序条款、救济途径等，只需具备合法外形或直接告知、实施即可，纵使这类问题发生争议，在司法过程中也容易查明。行政行为所运行的逻辑建立在"法无授权不可为"的基础上，也就是说行政行为的每一步骤、每一部分都应当有法律的依据。然而事无巨细都告知具体依据是不现实的，不仅徒增行政机关的工作量，也让行政行为的做出失去连贯性，因为法律规范的引用而变得支离破碎。

前文所提到法院的司法审查体现出不同的做法类型，其中有偏袒于行政主体一方也有偏袒于行政相对人一方的。而授益行政行为与负担行政行为正好典型地体现了二者的冲突，关于授益与负担行为是否应当区别对待呢？在授益行政行为的实施中，主要表现为对相对人利益的增加，一般不会对相对人权利构成威胁。那么是不是没有必要花费更多的时间来援引非常具体的法律依据呢？相反，在负担行政行为实施中，主要体现为对相对人设置义务，对其权利构成新的威胁。从限制政府权利与法治政府的角度而言是不是就应该更加强调对于具体法律依据的援引呢？负担行政行为自不必多言，应当对行政主体的行为作出严格要求。而问题在于授益行政行为，授益并不是绝对的，并不一定就是绝对地对相对人利益的增加。对特定行政相对人的授益，也同时伴随着对其他相对人的负担；对特定相对人的权利保护也可能建立在对其他相对人义务的设置上。由此看来，授益行政行为与负担行政行为都伴随着相对人的负担，那么对于具体法律依据的援引也就同样必要。

【争议问题探讨】

行政行为的做出是否需要援引具体的法律依据，援引具体的法律依据的意义在哪里。其中体现为程序上的正当性意义，实质上的行政行为合法性意义。本质上而言，如若承认行政机关无须引用具体法律依据实则是对其可以超越法律授权作出行政行为的认可，那么不论是程序上还是实质上对于行政行为加以限制都是为了在这个过程中限制行政权力的扩张，保证行政行为在合法的范围内运行的必要手段。援引具体法律依据是程序法上说理制度的体现，也是实质审查中行政行为合法的必要因素。

司法审查是对行政权限制的最后一道防线，而司法审查除去对行政权力的限制之外，还应当考虑更多的公平公正价值，除此之外也应当从提升行政效率，减少行政成本的角度出发。一味地承认、否认"未引用"行为的合法性表面上减少了司法审查的成本，实际上不能完全解决行政主体与相对人之间的争议。由此留下的隐患还会引发后续诉讼，或引发其他争议解决途径，对于司法资源仍然会造成浪费。司法审查需要在这个过程中升级，对于不同的行政行为进行归类是一个好的方式，通过不同类型的审查标准确立来指导实践中的审判是可行的方式。行政指导案例的建立在我国并不具有法律渊源的地位，那么对于指导案例的作用就会大打折扣。

立法形式上对行政主体引用具体规范的限制既体现在程序法上，也应当表现在司法审查的实质审查中。

【深度阅读】

[1] 张亮："对行政行为未引用具体法律条款的司法审查——兼评指导案例 41 号"，载《政治与法律》2015 年第 9 期。

（撰稿人：赵哲）

案例3 陆继尧诉江苏省泰兴市人民政府济川街道办事处强制拆除案

【案情简介】

（一）基本事实

陆继尧取得江苏省泰兴市泰兴镇（现济川街道）南郊村张堡二组138平方米的集体土地使用权并领取相关权证后，除了在该地块上出资建房外，还在房屋北侧未领取权证的空地上栽种树木，建设附着物。2015年12月9日上午，陆继尧后院内的树木被人铲除，道路、墩柱及围栏被人破坏，拆除物被运离现场。当时有济川街道办事处（以下简称街道办）的工作人员在场。此外，作为陆继尧持有权证地块上房屋的动迁主体，街道办曾多次与其商谈房屋的动迁情况，其间也涉及房屋后院的搬迁事宜。陆继尧认为，在无任何法律文书为依据、未征得其同意的情况下，街道办将后院拆除搬离的行为违法，故以街道办为被告诉至法院，请求判决确认拆除后院的行为违法，并恢复原状。

（二）主要争点

对原告房屋北侧地上附着物实施拆除的行为主体应如何确定。

（三）裁判要旨

原告房屋及地上附着物地处被告行政辖区内，涉案附着物被拆除时，街道办有工作人员在场，陆继尧房屋及地上附着物位于街道办的行政辖区内，街道办在强拆当天日间对有主的地上附着物采取了有组织的拆除运离，且街道办亦实际经历了该次拆除活动。作为陆继尧所建房屋的动迁主体，街道办具有推进动迁工作，拆除非属动迁范围之涉案附着物的动因，故从常理来看，街道办称系单纯目击而非参与的理由难以成立。据此，在未有其他主体宣告实施拆除或承担责任的情况下，可以推定街道办系该次拆除行为的实施主体。

【案例解析】

本案的争议焦点在于被诉行政行为实施主体的确定。一般而言，对于如何认定行政行为由谁作出的问题，如果是有以书面文件作为载体的行政行为，可以通过材料的具体内容、落款、签章等认定行政行为作出者；如果没有书面文件，可以通过实施行政行为的人员身份和所属单位来加以判断。本案就属于通过实施行政行为的人员所属单位来确定作出被诉行政行为的情形，即便被告辩称济川街道办事处工作人员系"因受托征收项目在附近，并未实际参与拆除活动"，也未能提交任何证据予以证明，若在工作时间该工作人员前去参观其他单位的拆迁行为，确实有些匪夷所思；另外，原告房屋处于被告行政辖区内，被告也是一直动员原告拆除其所建房屋的行政机关，而且在拆迁时恰好被告的工作人员又正在现场，让人很难不怀疑被告正是被诉拆迁行政行为的实施主体。

从此案可以看出，法院在原告无充分证据证明实施被诉行政行为主体时，能够结合案情作出某种程度上较大可能性的推定，这种推定是有利于实现原被告地位平等、维护案件真相的。2019 年 3 月 31 日，推动中国法治进程十大行政诉讼典型案例中，张平诉山东省惠民县政府行政强制及行政赔偿案[1]体现最高人民法院对无主体强拆中认定适格被告的裁判立场和规则。下表展示了该案基本证据与裁判观点：

当事人	举证	法院裁判观点
原告	1. 被告成立的旧城改造临时机构发布的征收《公示》与《公告》，涉案房屋位于征收范围内	最高人民法院（支持原告）：根据职权法定原则及举证责任推定被告实施或者委托实施了被诉强拆行为，是适格被告
	2. 七份案外人与被告达成的《旧城改造住宅房屋征收安置协议书》，被告作为征收部门加盖政府公章，涉案房屋位于征收范围内	
	3. 拆除房屋的照片等	

---

[1]　详见最高人民法院（2018）最高法行再 113 号行政裁定书。

当事人	举证	法院裁判观点
被告	否认实施过强拆行为	一、二审（支持被告）：原告提供的证据不能证明被告参与或者实施被诉强拆行为，裁定驳回起诉

根据同样的证据、最高人民法院和一、二审法院就被告是否适格作出了截然相反的结论。究其根本，是最高人民法院适用了推定规则，证明被诉强拆行为系被告作出，这一举证证明责任在原告，如果原告只能对于被告负有涉案房屋所在区域征收与补偿的法定职责承担证明责任，无直接证据可以断定拆除行为系被告所为，被告也无法证明强拆行为非其所为，应当推定其实施或者委托实施了被诉强制拆除行为。

这种适用上的推定规则包括两种情形，一种是对合法建筑的拆除就可以直接推定为行政强制行为，不用原告提供初步证据，"在房屋强拆案件中，对因行政机关过错导致原告无法证明具体实施主体的，应降低原告的证明责任。对合法建筑的拆除，首先应推定为行政强制行为，除非有证据足以推翻。在已有初步证据，结合行政惯例，能够确信被诉行政机关具有高度可能性的情况下，法院应当据此认定适格的被告。"第二种情形是拆除的建筑存在不合法或者有争议的部分，需要原告提交初步证据，在原告的初步证据不能证明强拆主体，被告也不能自证清白的前提之下，适用最高人民法院的这种推定规则，实践中主要是第二种情形。

结合案例可以发现，法官在未查明实施主体时，有三种推定的可能，第一种，推定被告即实施主体，根据主要是拆迁工作的目的、职权法定原则并结合案件进行认定，这种直接推定更为常见；第二种，推定实施主体与被告存在委托关系，可以直接推定为委托，也可以将无法律法规规章授权视为委托，依据的是征收公告的内容或者村委会这类无行政主体资格的实施主体；第三种是推定实施主体和被告是共同实施强拆行为，法院依据的内容主要结合实际，比如说，原告提交多个机关部门的联合发文，共同欲对涉案土地进行开发治理的文件，或者像本案一样原告提供的照片显示几个部门的工作人员都出现在拆迁现场等。

实施强拆的主体不明，原被告无法证明自身主张是法官适用推定规则的前提，需要明确的是，对于原告提供的初步证据只要能证明被告有可能是强拆主体即可，不能对其附加太高的证明责任，浙江省高级人民法院认为："原告只需提出初步证据证明被告参与了强拆的具体实施，即已完成举证责任。"[1]原告穷尽所有提供的证据可能在旁人看来关联性不大，此外，推定规则可以被推翻，如果被告有证据证明实施主体另有其人，以及由于第三人自认而摆脱被告作为实施主体或委托主体的嫌疑，此时这种推定就可以被推翻，只有在被告无法证明非其所为、也无法证明其没有委托他人实施时，才可以被推定为适格被告。

确认强拆行为的实施主体直接关系到行政诉讼被告的确定，当原告提供的证据不足以证明被告实施强拆行为，被告也无法证明非其所为时，司法裁判者如何作出正确的裁判，以原告提供的证据不足驳回起诉，还是对案件的适格被告作出推定。以前的做法可能更倾向于第一种，更加重视贯彻法律的明文规定，从近年司法实践看，法院逐渐趋向于运用规则推定适格被告。从已知的案件事实推断原告主张的事实存在，由被告自行举证自证清白，试图调整行政相对人在面对国家权力时弱势的局面，赋予其更多与行政机关平等对话的权利，帮助行政相对人获取更多司法救济。

【争议问题探讨】

笔者认为，本案性质为行政违法强制拆除行为，双方对此并无实质争议，只是对于原告证明被告主体身份证据不足，裁判者在确定强制拆除行为主体时如何作为存在争议。本案中的法官引入了一种推定规则来认定被告主体适格，这在某种程度上是法理和情理的协调。强拆案件曾对我们的社会造成恶劣影响，行政机关为了追求效率而牺牲正当程序本身是一种不正义不合法，房屋拆除行为又是一种事实行为，相对人获取证据、寻求救济往往存在现实困难。按照《行政诉讼法》的规定，起诉人证明被诉行为系行政机关而为是

---

〔1〕 详见浙江省高级人民法院（2019）浙行终304号行政裁定书。

起诉条件之一，由于行政机关在强制拆除之前并未制作、送达任何书面法律文书，相对人要想获得行为主体的相关信息和证据往往很难，行政机关的违法行为不仅给相对人造成了实际财产损失，也间接地导致相对人无法救济自身权利。这时法律如果不能合理偏向本就弱势的相对人，无异于将受害人拒之门外，本案法官的高明之处就在于没有不顾事实而单一地适用法律，"人民法院注意到强拆行为系动迁的多个执法阶段之一，通过对动迁全过程和有关规定的分析，得出被告街道办具有推进动迁和强拆房屋的动因，为行为主体的推定奠定了事理和情理的基础，为案件处理创造了情理法结合的条件"，这种推定规则虽然无法律上的明文规定，却得到了符合民心、公平正义的裁判结果，是法律在实践中形成的智慧，是行政法上的合理性原则的体现，也是对责任政府、法治国家的贯彻，充分体现了法官个人勇于担当、独立思考的高超法律素养。

【深度阅读】

[1] 王青斌："行政诉讼被告认定标准的反思与重构"，载《法商研究》2018 年第 5 期。

[2] 刘贵祥主编：《审判体系和审判能力现代化与行政法律适用问题研究——全国法院第 32 届学术讨论会获奖论文集》，人民法院出版社 2021 年版，第 1581~1592 页。

[3] 沈岿："行政行为实施主体不明情形下的行政诉讼适格被告——评'程宝田诉历城区人民政府行政强制案再审裁定'"，载《交大法学》2019 年第 3 期。

（撰稿人：赵哲）

案例 4　刘成运诉山东省庆云县人民政府行政强制及行政赔偿案

【案情简介】

（一）基本事实

刘成运系渤海路街道办西石官堂村村民，2015 年 4 月其种植的葡萄园在未签订补偿协议的情况下被占用。刘成运曾向山东省国土资源厅、庆云县国土资源局申请公开其所在村村西承包土地的征收批准文件、四至范围及具体位置、征地红线图等相关征收申请、批准及程序性文件等政府信息，均被告知政府信息不存在。刘成运向德州市法院提起诉讼请求确认庆云县政府强行占用其承包土地并将该附着物葡萄藤和设施设备一并损毁的行为违法，并要求庆云县政府将承包地恢复原状并赔偿经济损失 170.2 万元。

一审法院认为：刘成运提起本案诉讼符合法定条件。但其提供的照片、视频、政府信息公开申请等证据不能证实被诉行政强制行为系庆云县政府作出，刘成运要求确认庆云县政府强行占用其承包土地并将该土地上附着物葡萄藤和设施设备一并损毁的行为违法的主张，理由不能成立。刘成运并未对其要求庆云县政府将承包地恢复原状并赔偿经济损失 170.2 万元的请求提供相应证据，无法证实要求赔偿的事实根据，其要求庆云县政府予以赔偿的请求不能成立，不予支持，作出（2015）德中行初字第 43 号行政判决，驳回刘成运的诉讼请求。

刘成运不服，提起上诉，二审维持原判。刘成运提出再审申请，刘成运在向本院提出的再审申请中请求：撤销原一、二审判决，重新审理本案，依法改判支持再审申请人的诉讼请求。再审法院经审理认为，原审法院认为再审申请人所提供的证据和证人证言不足以证明庆云县政府主体适格，也不能证明庆云县政府实施被诉行政强制行为，通过再审申请人在庭审中的自认，能够认定被诉行政强制行为系庆云县政府组织、渤海路街道办实施，再审申请人对庆云县政府的指控明显缺乏事实根据，原审法院判决驳回其诉讼请求符合法律规定，再审法院裁定驳回再审申请人刘成运的再审申请。

（二）主要争点

行政强制执行案件中如何确定适格被告。

（三）裁判要旨

在行政诉讼中，被告适格包括两个层面的含义。一是形式上适格，也就是《行政诉讼法》第49条第2项规定的"有明确的被告"，以及第26条规定的关于适格被告的各款规定。形式上适格属于法定起诉条件的范畴，不符合这些规定的，应当裁定不予立案或者在立案后裁定驳回起诉。二是实质性适格，它是指被诉的行政机关作出了被诉的那个行政行为，并且该机关在此范围内能对案涉标的进行处分。实质性适格问题相对复杂，通常需要通过实体审理查明，如果通过实体审理确实不构成实质性适格，则以理由不具备为由判决驳回原告的诉讼请求。

【案例解析】

我国《行政诉讼法》第49条规定起诉条件中应当有明确的被告，在行政强制执行案件中，被告主体资格是否适格往往成为案件的争议焦点。本案的争议焦点就是确认被告主体是否适格。

对于主体资格的认定，我国《行政诉讼法》一般采取"谁行为谁被告"的原则，即行政强制行为一经作出，由该行为而产生的法律效果和法律责任一般就应归属于该行政强制行为的实施主体。本案中在一审程序中列庆云县政府为被告，法院在审理过程中发现原告提供的证据无法证明行政强制行为由庆云县政府作出，且原告自认实施主体为第三人渤海路街道办事处，因此法院认定原告的起诉不具有事实依据，错列被告，判决驳回原告的诉讼请求。这其实有一定的合理性，原告起诉庆云县政府请求确认其强占其承包土地并毁损财务的行为违法，就应当提供证据来证明被诉行政行为系由被告做出，而原告之后又自认实施主体另有其人，法院就会认为出现了被告与实际实施主体不一致的情况，自然不会支持原告找错告诉对象的诉讼请求。除此之外，学界还有另一种观点，对于这类未履行告知便强制拆除的行为，应当首先推定行政机关的行为存在程序性违法，在这时，如果将证明被告主体身份的任务完全交由原告，在实际操作中有些困难，所以对于原告的证明责任应当降低，即便原告错列被告，法院也应当认为原告控告的被告即为本案的适格被告。

第二种观点在实践中也有例证，"程宝田诉山东省济南市历城区人民政府行政强制案（2017）鲁行终 1463 号行政裁定"，虽然此案发生在本文讨论的案件之后，二者有很多相似之处，程案的结果仿佛更能体现我国行政诉讼温情的一面。在该案中，程宝田的房屋被拆，提起诉讼主张历城区政府实施了该强拆行为，法院认定程宝田提供的证据不足以证明历城区政府是强拆行为的实施主体，案件一直上诉到山东高院直到进入再审程序，再审判决书中有这样一段话，"本案被诉行政行为是实施强制拆除房屋的事实行为。在没有行政机关及其工作人员自认该行政行为的情况下，只要被诉行政机关在法律上或者事实上作出该行为具有较大可能性，在立案环节即可先予认可被告适格，立案后由审判部门审查。"再审法院看到了原告一路试图证明强拆主体身份的不易，愿意用"较大可能性"这样的字眼来赋予原告争取权利的机会，采用一种合理推定的方式，更能体现出行政诉讼法维护弱者地位、控制政府权力的立法宗旨。

因此，对于如何认定行政行为由谁作出的问题，一般认为，如果是有以书面文件作为载体的行政行为，可以通过材料的具体内容、落款、签章等认定行政行为作出者；如果没有书面文件，可以通过实施行政行为的人员身份和所属单位来加以判断。由此就产生一种实际操作的可能性（如本案），在没有有足够证明力的书面文件，也没有证据可以证明作出行政行为者身份时，原告受到侵害的财产权该如何维护，应由法院结合案件实际情况、当事人举证能力甚至是被告实施可能性来综合考量。除此之外，本案中一审二审程序中虽然指出原告错列被告，但都没有明确告知原告谁才是适格被告，让原告可以变更被告后再行起诉，法院的释明义务应当体现而未体现，原告后来再三参与诉讼并未解决主要争议，实际造成对司法资源某种程度上的浪费。

成为适格被告需要具备三个要素，实施主体即行政行为的作出者往往是案件的适格被告，这就具备了成为适格被告的第一个要素"实施要素"，第二个是"能力要素"，即当事人能力，在诉讼法上是指能够成为诉讼主体的资格，不以具体案件的发生为前提，而是某种抽象意义上的资格，我国法律认为有被告能力的，包括行政机关和法律、法规、规章授权的组织，在抽象意义上具有行政诉讼被告能力的机关或组织，并不必然是适格被告，还需要具备相应的构成，第三个是"责任要素"，即被告能够为自己作出的行政行为独立承担责任，这意味着行政机关委托的组织不是适格被告，因为被委托组织不能承担责任，综上，只有同时具备以上"实施要素""能力要素""责任要素"才能成为适格的被告。

本案"原告自认被诉行政行为系庆云县政府组织，原审第三人实施"，笔者试分析本案中为何原告在再审程序中明知错列被告，仍然选择不予变更，存在以下几种可能性，其一，原告认为其无法证明被诉行政行为系由庆云县政府组织，同样的，他也无法证明实施主体为渤海路街道办事处，既然如此，宁愿选择级别更高的庆云县政府作为被告，案件受到重视的可能性更大；其二，原告强调"被诉行政行为系庆云县政府组织"，认为被告和第三人在级别上是紧密的上下级，暗含了被诉行政行为可能由二者基于某种共识作出，而原告无法举证证明。其三，如果原告认为庆云县政府是组织者，在无法证明存在行政授权的前提下，应当认定其为行政委托，可是对于原告来说，证明被诉行政行为的实施主体尚且存在困难，证明存在行政委托的难度更是大于此，原告就只能将其想象中的委托主体（庆云县政府）作为被告。综上，确定行政诉讼的被告身份这一举证责任，对于原告来说可能还是有些沉重的，法院在操作中可以在某种程度上给予减轻，推定规则在一定意义上有助于实质正义的实现。

【争议问题探讨】

本案的争议问题除了适格被告的确定之外，在再审程序中申请人还对原一审程序追加第三人程序质疑，"原审法院未查明谁组织实施强制占用再审申请人家庭承包责任地，第三人与被申请人谁承担责任。"实际是不容置疑的，《行政诉讼法》第 29 条第 1 款规定："公民、法人或者其他组织同被诉行政行为有利害关系但没有提起诉讼，或者同案件处理结果有利害关系的，可以作为第三人申请参加诉讼，或者由人民法院通知参加诉讼。"法院作为解决社会矛盾、定分止争的国家机关，有权力在办案过程中将其他与案件结果有利害关系的行政机关作为第三人，这对于审判结果的公平公正具有积极意义，不属于偏袒或者违反规定的情形。

【深度阅读】

［1］沈岿："行政行为实施主体不明情形下的行政诉讼适格被告——评'程宝田诉历城区人民政府行政强制案再审裁定'"，载《交大法学》2019年第3期。

［2］朱建新、丁钰："行政诉讼被告资格认定的疑难问题解析"，载《人民法院报》2017年1月18日，第6版。

［3］刘贵祥主编：《审判体系和审判能力现代化与行政法律适用问题研究——全国法院第32届学术讨论会获奖论文集》，人民法院出版社2021年版，第1581～1592页。

（撰稿人：赵哲）

案例5 王玉春诉中原区政府撤销行政决定案

【案情简介】

（一）基本事实

王玉春与王东来、王俊春、王俊杰系兄弟关系。2014年4月22日，王玉春与中原区桐柏路街道城中村改造指挥部签订拆迁补偿安置协议（宅基地户）一份，编号纺-30。2015年6月30日，郑州市中原区桐柏路街道办事处出具证明显示：2015年1月23日上午，桐柏路办事处相关工作人员及牛砦村委会主任在牛砦村委会，共同对王玉春、王俊春、王俊、王俊杰兄弟拆迁房产纠纷进行调解，王俊春、王俊、王俊杰主张西站路17号院房产为父亲王奎全遗留，王玉春主张房产虽最初为其父亲所有，但后归其个人所有，最终没有达成调解意向。2015年7月14日，郑州市金水区人民法院向王玉春出示复印于郑州市房产档案馆的宅基地使用证材料，显示：户主王奎全，土地位于中原区，用地面积648亩；房屋所有权人王奎全，建筑面积44.99平方米。2015年7月15日，中原区政府作出《中原区桐柏路街道城中村改造关于牛砦村城中村改造居民王玉春安置协议作废问题的决定》，认为因王玉春其他家属持西站路38号院宅基证复印件、38号院房产证提出产权归属异议，决定中原区桐柏路街道城中村改造指挥部与王玉春所签协议（纺-30号）作废，等家庭内部达成协议后另行处理。王玉春不服，遂提起本案行政诉讼，请求撤销《中原区桐柏路街道城中村改造关于牛砦村城中村改造居民王玉春安置协议作废问题的决定》。

（二）主要争点

中原区政府未出庭履行举证责任，王玉春的其他家属等第三人提供的证据是否依法作为被诉作废决定相应的证据，能否证明该被诉作废决定的合法性。

（三）裁判要旨

《行政诉讼法》第 34 条第 2 款规定的"被告不提供或者无正当理由逾期提供证据，视为没有相应证据"，主要适用于行政机关针对行政相对人作出的损益性行政行为，因为按照先取证后裁决的原则，行政机关在作出一个损益性行政行为时，必须已经搜集到充足确凿的证据，行政机关在诉讼中不提供或者无正当理由逾期提供证据，则人民法院对该不利行政行为难以支持。但在行政行为涉及第三人合法权益的情况下，简单适用这一规则，则是将不利后果转嫁到第三人的头上。正因如此，《行政诉讼法》第 34 条第 2 款特别规定："……但是，被诉行政行为涉及第三人合法权益，第三人提供证据的除外。"这一特别规定还表明，行政诉讼的证据并非只应由行政机关提供，凡是能够证明案件事实的合法证据，都能成为行政诉讼的定案依据。

【案例解析】

在行政诉讼中，当事人之间实质上是一种不对等的关系，尤其体现在举证能力方面，行政机关作为公权力的行使者，其收集的证据比较全面，在举证时面对的困难也相对较小，因此，基于对诉讼当事人弱势一方的照顾和对行政机关合法行政的监督，行政诉讼要求被告对被诉行政行为的合法性承担举证责任，且其只能提交在行政程序中搜集的、据以作出行政行为的证据。但是，在司法实践中，被告出于各种原因在法定举证期限内未举证，如果此时机械地采取被告负举证责任的规则，对事实不清证据不足等案件判决撤销，从而将被告怠于举证的不利后果由与被告诉讼利益一致的第三人承受，不仅对第三人不公平，最终也可能危及公共利益，有违行政法的基本精神。

2015 年颁布的《行政诉讼法》第 34 条第 2 款规定："被告不提供或者无正当理由逾期提供证据，视为没有相应证据。但是，被诉行政行为涉及第三人合法权益，第三人提供证据的除外。"因此，对于本案而言，需要把握的是对于这类第三人提出的可证明行政行为合法性的证据如何认定的问题。

（一）第三人的举证规则

我国行政诉讼的举证责任制度诞生于 1989 年。1989 年 4 月 4 日颁布的《行政诉讼法》第 32 条规定："被告对作出的具体行政行为负有举证责任，应当提供作出该具体行政行为的证据和所依据的规范性文件"，该法律条文明确了在行政诉讼案件中，由作为被告的行政机关承担证明具体行政行为合法的举证责任。2000 年 3 月 8 日施行的《最高人民法院关于执行〈中华人民共和国行政诉讼法〉若干问题的解释》第 26 条第 2 款规定："……被告不提供或者无正当理由逾期提供的，应当认定该具体行政行为没有证据、依据。"该法律条文第一次对行政诉讼被告怠于举证的后果做出了规定。但是，这两个法律条文都忽略了对行政行为中第三人的合法权益的保护。当被告怠于举证时，被诉行政行为很可能被撤销，而从该行政行为中获益的第三人权益随着行为的撤销也将处于不确定的状态。鉴于行政法律体系在保护受益性行政行为当事人方面的无力，最高人民法院于 2009 年颁布《关于审理行政许可案件若干问题的规定》，该《行政许可规定》第 8 条增加了行政诉讼第三人举证的规定，对被告不提供或者无正当理由逾期提供的证据，与被诉行政许可行为有利害关系的第三人可以向人民法院提供；第三人对无法提供的证据，可以申请人民法院调取；人民法院在当事人无争议，但涉及国家利益、公共利益或者他人合法权益的情况下，也可以依职权调取证据。第三人提供或者人民法院调取的证据能够证明行政许可行为合法的，人民法院应当判决驳回原告的诉讼请求。但该《行政许可规定》只适用于行政许可案件。2015 年颁布的《行政诉讼法》第 34 条第 2 款规定："被告不提供或者无正当理由逾期提供证据，视为没有相应证据。但是，被诉行政行为涉及第三人合法权益，第三人提供证据的除外。"该条规定将 2009 年《行政许可规定》中的第三人举证的适用情形由行政许可案件扩大到所有的行政诉讼案件，当被告怠于举证之际，第三人可以提供相应的证据，从而保护行政第三人的合法权益。

在司法实践中，以行政行为的内容对行政相对人是否有利作为标准，可以将具体行政行为分为两类。行政主体为行政相对人设定权益或者免除义务的行政行为是授益性行政行为。而行政主体为行政相对人设定义务或者剥夺、限制其权益的行政行为都是损益行政行为。在行政诉讼中，由授益性行政行为之行政相对人转化而来的行政第三人，其诉讼请求和诉讼利益与被告一致，即要求维持被诉行政行为，以保护其基于该授益性行政行为获得的权益；而由损益行政行为之行政相对人转化而来的行政第三人，其诉讼请求和诉讼利益与原告一致，即要求撤销或者改变被诉行政行为，以消除或减少基于该损益性行政行为附加的责任。在诉讼过程中，如果行政第三人与被告诉讼利益一致，其对被诉具体行政行为的合法性无须承担举证责任，但当被告怠于举证之际，其可以向人民法院提供证据证明被诉行政行为的合法性，[1]以弥补被告的怠诉行为，进而维护自身合法权益。

笔者重点讨论的是与被告的诉讼利益一致的第三人的举证规则，笔者注意到，该类第三人因其与被告的诉讼利益相一致，往往会积极举证被告行政行为的合法性，当其提出的证据能证明被告行政行为合法性，而这些证据被告未在法定举证期限内提出时，法院应该如何认定该类第三人提交的证据？第三人提交的证据是否违反行政诉讼的案卷排他主义等基本原则？所谓案卷排他性原则是指行政机关作出行政处理决定，只能以案卷作为根据，除法律规定外，不能在案卷以外，以行政相对人所未知悉的和未论证的证据材料作为裁决的事实依据。根据"先取证后裁决"的正当性程序原则，被告应当在作出行政行为时就已经搜集了充足的证据来证明自己行政行为的合法性，法院也只审查行政行为作出之前形成的案卷中所载的证据。对于被告而言，在法定举证期限内不提供或者无正当理由逾期提供证据，无论事实上是否有证据和依据，在法律上都视为没有相应证据依据，这是对制度价值的尊重，也是出于对司法效率的考量。[2]但是此时，如果第三人为维护合法权益，提供了被告行政程序中为证明行政行为合法性而搜集的证据，法院应当认可其证明的效力，作出驳回原告诉讼请求的判决。因为第三人提供的是被告在行政程序中已经搜集的证据，用以证明行政行为的合法性并未违反案卷排他主义的原则。并且此时采纳第三人的证据，用以证明行政行为的合法性，维护了行政行为的效力，更有助于实质性解决争议。

（二）本案中第三人举证的认定

本案中，最高人民法院认为，中原区政府未出庭履行举证责任，应视为

---

〔1〕　叶平："行政诉讼第三人举证问题研究"，载《行政法学研究》2003年第3期。

〔2〕　张耀泽："行政诉讼一审中第三人举证规则——以新行政诉讼法第三十四条为视角"，载《人民司法（应用）》2016年第31期。

其作出的被诉作废决定没有相应证据支持，而应承担败诉责任。但是，本案被诉决定涉及王玉春的其他家属等第三人的合法权益，王玉春的其他家属等第三人提供的证据依法应作为被诉作废决定相应的证据，且王玉春的其他家属等第三人已提供证据证明郑州市西站路 38 号院可能存在王玉春、王东来、王俊春、王俊杰对该物权合法权益的争议，故对一审行政判决予以撤销。[1]由此可知，行政诉讼的证据并非只应由行政机关提供。但是在某些案件中，因被告的举证责任直接影响了第三人的举证是否有效，从而直接决定了第三人的行为合法性，因此为保证判决的公平公正，在特殊情况下，应赋予法官一定的合理分配举证责任的权利。如在行政诉讼中，在被告不履行或延迟履行举证责任，从而导致与被告诉讼利益一致的第三人的利益受到损害时，可采用第三人的举证作为证明案件事实或被告行为合法性的证据。在这一过程中，被告的客观举证责任不可转移，但是第三人根据案件的实际情况可承担主观举证责任。所以采纳第三人举证的证据，需要判断第三人在行政诉讼中的诉讼利益是否与被告一致，还要看被告的举证是否积极，最后再结合第三人的个人利益与该案件的关系，来规定其举证的合法性。

本案中，王东来、王俊春、王俊杰等第三人与被申请人中原区政府在行政诉讼中的诉讼利益一致，在中原区政府未出庭履行举证责任，举证消极的情况下，涉及王东来、王俊春、王俊杰等第三人合法权益的保护，王东来、王俊春、王俊杰等第三人提出的证据可以作为证明被告行为合法性的证据，否则将不利于对第三人合法权益的保护。

【争议问题探讨】

第一，现行《行政诉讼法》第 34 条第 2 款规定："被告不提供或者无正当理由逾期提供证据，视为没有相应证据。但是，被诉行政行为涉及第三人合法权益，第三人提供证据的除外。"被诉行政行为涉及第三人的合法权益，该第三人的合法权益应是与被告诉讼利益一致的第三人合法权益，因为只有第三人与被告诉讼利益一致的情况下，被告怠于举证才会损害该第三人的利益，

---

〔1〕　详见最高人民法院（2017）最高法行申 5835 号行政裁定书。

第三人有权举出证明被诉行政行为合法性的证据，以避免被告证据失权结果的出现，维护自身的合法权益。

第二，第三人举证的证明标准不明确。证据的证明标准是一个无法回避的问题，人民法院对证据进行司法审查也是在明确证明标准之后，在厘清证据和真实性、合法性和关联性的基础上，基于认定有效的证据作出相应的事实认定。但是在第三人举证规则的规定中并没有相应的内容，也就是说，第三人提出的证据需要达到哪种程度，才能被认定为证明被诉行政行为合法的证据，这在目前的法律体系中仍然缺乏具体的标准。

【深度阅读】

[1] 叶平："行政诉讼第三人举证问题研究"，载《行政法学研究》2003年第3期。

[2] 张耀泽："行政诉讼一审中第三人举证规则——以新行政诉讼法第三十四条为视角"，载《人民司法（应用）》2016年第31期。

[3] 最高人民法院（2017）最高法行申5835号行政裁定书。

（撰稿人：赵哲）

案例6　李波、张平诉山东省惠民县政府行政
强制及行政赔偿案

【案情简介】

（一）基本事实

惠民县西关片区旧城改造建设指挥部（以下简称西关片区指挥部）于2014年6月14日发布《西关片区旧城改造征收与补偿安置方案公示》，惠民县历史文化名城开发建设指挥部于2014年9月18日发布《旧城改造公告》。上述两文件均载明西关片区旧城改造范围为：北起西关大街，南至一中宿舍，东起西护城河，西至西关和家胡同、新村东侧第一胡同。原告李波和张平系夫妻关系，被列入上述旧城改造规划范围。因对补偿标准有异议，原告一直未与西关片区旧城改造住宅房屋征收补偿安置协议书载明的征收人，即惠民县孙武镇鼓楼街居民委员会签订上述安置协议。2015年8月13日，原告李波得知后向公安机关报案，请求公安机关对山东鼎烁房地产开发有限公司有关工作人员以故意毁坏财物罪依法立案侦查，追究参与违法强拆人员故意毁坏财物罪的刑事责任，同时要求赔偿损失，恢复房屋原状。2015年10月13日，原告提起本案行政诉讼。另查明，2015年11月30日，惠民县公安局向李波出具惠公不立字（2015）00029号《不予立案通知书》，告知李波经审查认为没有犯罪事实发生，不符合立案条件，决定不予立案。

一审法院认为，惠民县政府辩称未曾实施过上述行为，原告李波、张平提供的证据不能证实惠民县政府工作人员曾参与或实施拆除房屋行为，因此惠民县政府并非本案适格被告，原告李波、张平的起诉不具备起诉条件，故裁定驳回起诉。二审维持。其后案件进入再审程序。

（二）本案争点

被申请人是否为本案被诉行政强制行为的主体。

（三）裁判要旨

法院认为：《国有土地上房屋征收与补偿条例》第4条、第5条规定，明确了市、县级人民政府及房屋征收部门、实施单位之间因房屋征收补偿工作产生的法律责任。在无主体对强拆行为负责的情况下，人民法院应当根据职权法定原则及举证责任作出认定或推定。如果用地单位、拆迁公司等非行政主体实施强制拆除的，应当查明是否受行政机关委托实施。

李波、张平起诉时提交的证据，可以初步证明县政府负有涉案房屋所在区域征收与补偿的法定职责，在双方未达成补偿安置协议且涉案房屋已被强制拆除的情况下，除非有相反证据证明涉案房屋系因其他原因灭失，否则举证责任应由县政府承担。在县政府无法举证证明非其所为的情况下，可以推定其实施或委托实施了被诉强拆行为并承担相应责任。

【案例解析】

根据《行政诉讼法》第49条的规定："提起诉讼应当符合下列条件：（一）原告是符合本法第二十五条规定的公民、法人或者其他组织；（二）有明确的被告；（三）有具体的诉讼请求和事实根据；（四）属于人民法院受案范围和受诉人民法院管辖。"所谓明确的被告，主要是指起诉状所载的被告能够与其他行政机关或法律法规规章授权的组织相区别，且提交初步证明被告可能实施案涉行政行为的证据，即完成了初步举证责任。本案中，一、二审法院均是以李波、张平提供的证据不能证明惠民县政府组织或实施了对涉案房屋强制拆除的行为为由，认为惠民县政府不是本案的适格被告，从而裁定驳回起诉。在相同证据的情况下，最高人民法院适用推定原则，首先，证明被诉强拆行为由惠民县政府实施的举证责任在李波、张平，其次，在李波、张平提出的证据已经初步证明惠民县政府负有涉案房屋所在区域征收与补偿的法定职责，惠民县政府无法证明非其所为时，应当推定惠民县政府实施或者委托实施了被诉强拆行为。

（一）推定规则的适用

推定规则适用的前提是强拆的责任主体不明确，实质上是法官运用价值衡量规则对举证责任的一种重新分配，但这种重新分配并没有免除原告的证明责任，也不属于举证责任的倒置。当由于行政机关的原因导致原告举证困难时，应适当降低原告对适格被告主张的证明标准。

首先，原告提供的初步证据能够证明被告参与强拆行为。强拆是一种事实行为，山西省高级人民法院认为："原告只要能够提供初步证据证明事实行为存在且极有可能系起诉者所列被告实施，即已初步履行了适格被告的举证责任。"[1]浙江省高级人民法院认为："原告只需提出初步证据证明被告参与了强拆的具体实施，即已完成举证责任。"[2]从上述文义来看，极有可能与参与是两种不同程度的证明标准，前者对法官的内心确信要求较高，而后者只需证明被告与被诉强拆行为有关联。笔者认为，行政诉讼的目的之一是保护公民、法人和其他组织的合法权益，这就要求在确定行政诉讼证明标准时，尤其在房屋征拆案件中，对弱势群体要有侧重地保护。[3]对行政相对人的保护就意味着对其证明标准的要求要低一些、弱一些。具体到本案中，被告否认对原告的房屋实施拆除行为，且原告已穷尽其举证能力，提供的证据仍不能证明系被告所为，仍要求其举证达到"极有可能"的程度，对原告来说过于困难，推定规则也几乎没有适用的空间。人民法院在审理此类案件时，在穷尽法律规定的情况下，应立足于行政诉讼法的立法目的，根据公平原则和诚实信用原则作出利益衡量，降低原告的证明责任。从司法实践的案例来看，当原告提供的证据表明被告有可能实施或者参与强拆，即与强拆行为有关联时，即可适用推定规则。故对原告提供的证据的要求为证明被告参与强拆即可。其次，被告提供的证据需足以证明强拆非其所为。被告需尽到与其诉讼地位、诉讼能力相当的证明责任，若被告没有举证，只是单纯否认实施强拆，无疑可以适用推定规则。在本案中，一、二审法院在未查明山东鼎烁房地产开发有限公司是否为相关用地单位、是否受行政机关委托的情况下，以惠民县政府否认实施被诉强拆行为为由，将举证责任分配由李波、张平负担，不符合推定规则的适用。

从近年的司法实践来看，在强拆案件中被告的适格性往往成为当事人诉

---

〔1〕 详见山西省高级人民法院（2019）晋行终 368 号行政裁定书。

〔2〕 详见浙江省高级人民法院（2019）浙行终 304 号行政裁定书。

〔3〕 李伟伟："强拆案中适格被告和赔偿数额的认定"，载《人民司法》2019 年第 5 期。

辩焦点，最高人民法院认为，行政诉讼的适格被告应当根据"谁行为，谁被告；行为者，能处分"的原则确定。在一般情况下，行政行为一经作出，该行为的主体就已确定。[1]当无法查明具体实施主体时，法院并不需要纠缠于被诉强拆行为的实际实施者究竟是谁的问题，而是会着重考虑被告是否适格的法律问题。初步证据与强拆行为具有关联性，即推定该证据代表的行政机关需为强拆承担法律责任，在法律上就将其视为强拆的实际实施方。在本案中，西关片区旧城改造项目是按照惠民县城市总体规划进行的房屋征收，虽然该协议的签订主体为鼓楼街居民委员会与各被征收人，但惠民县政府作为征收部门在备案栏加盖了政府公章。被征收人李波、张平提供的证据可以证明涉案房屋位于征收及旧城改造范围内，被征收人未与征收人达成补偿安置协议，涉案房屋的强制拆除行为与旧城改造项目涉及的征收行为具有高度关联性。所以惠民县政府需为强拆承担法律责任，在法律上就将其视为强拆的实际实施方。

（二）推定规则的完善

司法实践中法院最终认定的适格被告包括区县政府、镇政府、街道办、市国土局等多种行政机关，如何在个案中根据原告提供的初步证据推定出案件的适格被告，我们可以采取两步走的方法：

第一，从初步证据到实际实施者。实际实施者应当为独立的行政主体。个案中的初步证据可能一组也可能多组，如果一组或者多组证据指向同一个行政主体，且该主体具有独立承担法律责任的主体资格，此时应当推定该行政机关为实际实施者；若证据指向的主体不具有独立承担法律责任的资格如内部机构等，则推定成立或者隶属的行政机关为实际实施者。

第二，从实际实施者到适格被告。实际实施者和适格被告都为独立的行政主体，但是两者并不等同。一般而言，作出行政行为的行政机关是被告，即实际实施者为被告。其他行政机关成为适格被告在行政强拆中主要表现为涉及委托、授权、共同作出等情形。个案中谁可以成为适格被告，主要看其他行政机关是否组织实施或者直接参与了强拆。

---

〔1〕 详见最高人民法院（2018）最高法行再113号行政裁定书。

1. 其他行政机关未组织或者参与强拆：实际实施者为适格被告。适格被告以组织或者参与实施强拆为前提，若初步证据无法证明其他行政机关对强拆有授意时，应当按照"谁行为，谁被告；行为者，能处分"的原则确定，实际实施者为适格被告。

2. 其他行政机关组织或者参与强拆：根据法律关系确定适格被告。若初步证据表明其他行政机关也组织或者参与了强拆，如其他行政机关发布了征收公告，此时可以从实际实施者的强拆行为是主动实施还是被动实施这一角度进行区分。如果实际实施者的强拆行为具有主动性，初步证据无法证明与其他行政机关存在委托、授权等关系，只是证明其他行政机关也参与了强拆，则应当认定强拆是其他行政机关与实际实施者共同实施的，两者为共同适格被告。如果实际实施者的强拆行为是基于其他行政机关的委托、授意、指派等行为实施的，应当以委托方为案件的适格被告。

【争议问题探讨】

第一，确定适格被告需要先认定行为的实施者，虽然行为实施者并不必然成为适格被告，但是，如果对被诉行为是谁所为都不能认定的话，那么适格被告就更加无法确定了。在行政诉讼中，被诉行为的实施者与适格被告的关系基本分为两类。第一种，行为实施者本身就是有权做出该行为的独立责任主体，行为实施者就是适格被告；第二种，行为实施者是受被诉行为责任主体的委托。无论何种情形，都必须在具体案件中对行为实施者进行认定，然后在此基础上对相关法律和事实做进一步分析来确定被告的归属。

第二，证据不明时推定实施主体有利于救济权益受损者。因为在司法实践中，此类案件的发生往往与房屋征收、违法建筑查处等相关，如果职能部门简单予以否认就能规避诉讼风险，显然不利于保障行政相对人的合法权益。因此，对于此类案件，一方面，人民法院要合理运用举证规则，依法查明适格被告；另一方面，要根据房屋是否纳入征收范围、是否就补偿事宜进行过协商、是否口头或书面作出拆除通知等因素依照职权法定原则，合理判断行政诉讼的被告。

【深度阅读】

[1] 山西省高级人民法院（2019）晋行终 368 号行政裁定书。

[2] 浙江省高级人民法院（2019）浙行终 304 号行政裁定书。

[3] 最高人民法院（2018）最高法行再 113 号行政裁定书。

[4] 李伟伟："强拆案中适格被告和赔偿数额的认定"，载《人民司法》2019 年第 5 期。

（撰稿人：赵哲）

专题九　行政诉讼的程序

案例 1　刘某诉山西省太原市公安局交通警察支队晋源一大队道路交通管理行政强制案

【案情简介】

原告刘某于 2001 年 7 月购买了一辆东风型运输汽车，车架号码 11022219。2006 年 12 月 12 日，刘某雇佣司机任某驾驶该车辆送货，车辆行驶到太原市和平路西峪乡路口时，被晋源交警一大队的执勤民警以车辆未经年审扣留并存于存车场。2006 年 12 月 14 日，刘某携带完成车辆审验（审验日期为 2006 年 12 月 13 日）的行驶证至交警办事处处理车辆扣留行为。执勤民警在核实行驶证过程中发现车辆发动机和车架号码看不到，遂以该车涉嫌套牌、发动机号码和车架号码无法查对为由对车辆继续扣留，并口头告知刘某提供其他相关合法有效手续。刘某多次托人与交警交涉并提供相关材料，但交警大队一直以其不能提供车辆合法来历证明为由扣留车辆。刘某不服，提起行政诉讼，请求法院撤销交警大队的扣留行为并返还该车。

一审法院（太原市中院）审理期间，双方当事人在法院组织下对车辆车架号码焊接处进行了切割插眼，切割后显示的车架号码为 GAGJB – DK011022219，而刘某提供的车辆行驶证载明的车架号码为 LGAGJBDK011022219。一审法院认为，交警大队口头通知刘某提供其他合法有效手续后，刘某一直没有提供相应的合法手续，因此，交警大队继续扣留涉案车辆有法律依据。口头通知只是程序瑕疵，不构成不合法的行政行为，不能成为撤销扣留行为的法定事由。刘某仅提供了汽车技术服务站出具的更换发动机缸体的相关证明。未经批准擅自更换发动机、改变发动机号码的行为均是相应法律、法规所禁止的。所以，刘某要求撤销扣留行为，返还涉案车辆的诉讼请求不能成立。据此，一审法院作出行政判决：驳回刘某的诉讼请求。刘某不服，提起上诉。

二审法院（山西省高院）受理后，认为案件争议焦点在于刘某是否提供了车辆的合法来历证明，这将决定交警大队未及时返还车辆行为的合法性。就车辆的来历证明而言，一审法院组织的切割查验后显示的车架号码相较行驶证载明的号码，缺少首字母 L；刘某提供了汽车技术服务站出具的更换发动机缸体的相关证明，但未经批准擅自更换发动机、改变发动机号码的行为是相应法律、法规所禁止的。交警大队据此认为刘某未能提供相应的合法手续，依据当时有效的《道路交通安全违法行为处理程序规定》（2004 年），决定扣留该车。但是，交警大队作为行政执法机关，依据《道路交通安全违法行为处理程序规定》第 15 条的规定，对认为来历不明的车辆可以自行调查，但交警大队一直没有调查，也未及时作出处理，构成行为不当。据此，二审法院作出行政判决：①撤销一审法院行政判决；②责令交警大队在判决生效后三十日内对扣留涉案车辆依法作出处理并答复刘某；③驳回刘某的其他诉讼请求。

二审后，刘某又提出再审申请，请求撤销二审法院终审判决，判令交警大队返还车辆，并提出行政赔偿的请求。再审法院查明，车架号码是由字母和数字共 17 位字符组成。第 1 位字符是国家或者地区代码，中国的代码是"L"。最后 8 位即第 10 位至第 17 位字符代表车辆的年份、生产工厂、生产下线顺序号等信息。比对切割查验后的涉案车辆车架号码和行驶证载明的车架号码，前者缺失了代表车辆生产国家或者地区的首字母。刘某主张缺失的首字母"L"系在切割查验时不慎损毁所致，交警大队对此未发表相反意见。鉴于涉案汽车确系中国生产，对该型号的汽车切割查验后显示的车辆车架号码和涉案车辆行驶证载明的车架号码的最后 8 位字符均为"11022219"，可以认定被扣留的车辆就是刘某所持行驶证载明的车辆。刘某先后提供购车手续、汽车租赁有限公司出具的说明、汽车技术服务站出具的三份证明等相关证据材料，交警大队认定涉案车辆涉嫌套牌而持续扣留，构成主要证据不足应予撤销。[1]

【案例解析】

（一）原告论点

原告主张，以涉嫌车辆套牌所作扣留决定违法。原告基于朴素的感觉，认为交警大队长期扣留其车辆是不合法的，因此请求法院撤销扣留决定。

（二）被告论点

被告认为，扣留决定作出后已经口头通知原告提供其他合法有效手续后，原告一直没有提供相应的合法手续，故被告扣留涉案车辆有法律根据。

（三）法院判决及其理由

一审法院认为扣留涉案车辆的行为属于事实行为，所以交警大队在行政执法过程中的程序瑕疵（口头通知扣留决定）不能成为撤销扣留行为的法定事由。原告虽然提供了某汽车技术服务站出具的更换发动机缸体的相关证明，但未经批准擅自更换发动机、改变发动机号码的行为均为我国相应法律、法规所禁止。原告事后一直未提供该车的其他合法有效手续，所以其诉讼请求不能成立。

二审法院将案件的争议焦点落在了刘某是否提供了车辆的合法来历证明，法院认为这将决定交警大队未及时返还车辆行为的合法性。在此认识的基础上，二审法院组织了对涉案车辆发动机的切割查验。切割后显示的车架号码相较行驶证载明的号码，缺少首字母 L。刘某虽然提供了某汽车技术服务站出具的更换发动机缸体的相关证明，但二审法院认为未经批准擅自更换发动机、改变发动机号码的行为是相应法律、法规所禁止的。所以，交警大队据此认为刘某未能提供相应的合法手续，依据当时有效的《道路交通安全违法行为处理程序规定》（2004 年），决定扣留该车是合法的。但是，交警大队作为行政执法机关，依据《道路交通安全违法行为处理程序规定》第 15 条的规定，

---

[1]　"刘云务诉山西省太原市公安局交通警察支队晋源一大队道路交通管理行政强制案"，载《最高人民法院公报》2017 年第 2 期。

对认为来历不明的车辆可以自行调查，但交警大队一直没有调查，也未及时作出处理，构成行为不当。法院以交警大队有调查权而不调查，也未及时作出处理，构成行为明显不当，作出撤销判决，并要求交警大队依法作出处理并答复刘某。这里实际是两个判决：长期扣留行为明显不当的撤销和交警不作为的要求履行义务。

【争议问题探讨】

本案存在很多争议，我们详细分析：

（一）管辖法院问题

本案行政争议并非《行政诉讼法》第15条中级人民法院管辖的范围。因为本案被告既不是国务院部门，也不是县级以上人民政府或者海关，争议既不涉外、涉港澳台，也并不具备辖区内重大、复杂的条件。那么为什么本案一审起诉到了中级人民法院？这就涉及行政诉讼程序中提高管辖审级的问题。

从《行政诉讼法》及2018年适用《行政诉讼法》的司法解释来看，除了法定的中级人民法院管辖之外，还有两条路径会从基层人民法院管辖转向中级人民法院管辖，即2018年司法解释的第6条和第7条。第7条描述的适用情形是有管辖权的基层法院，对于自己管辖的第一审行政案件，认为需要由中级人民法院审理或者指定管辖的，报请中级人民法院决定。中级人民法院可以决定自行审理，也可以指定本辖区其他基层人民法院管辖，或者决定由报请的人民法院审理。从形式上看，这似乎是中级人民法院管辖的一种新的情形。但无论从对法条内容的理解，还是司法实践情况来看，第7条的基层法院报请中级人民法院管辖的案件，往往是因为案件涉及追加被告、影响较大等原因，触发了中级人民法院管辖的法定情形，引起了中级人民法院的管辖，基层人民法院从而报请中级人民法院决定。因此，这种中级人民法院管辖本质上还是法定级别管辖的延伸。

2018年司法解释的第6条对接的是《行政诉讼法》第52条的规定。根据《行政诉讼法》第52条的规定，人民法院既不立案，又不作出不予立案裁定的，当事人可以向上一级人民法院起诉。上一级人民法院认为符合起诉条件的，应当立案、审理。即中级人民法院管辖第一审行政案件，除了法定管辖之外，还有基于上级监督的中级人民法院管辖情形。这一规定相当于对诉权有一个特别保护规定。当行政相对人起诉行政机关时，如果法院在 7 日内既不立案，又不作出不予受理裁定的，法律并没有规定可以视为立案，但根据诉权保护的特别规定，可以向上一级法院起诉。尽管从级别管辖的有关规定出发，案件并非由上一级人民法院管辖，但由于有管辖权的法院既不立案，又不作出不予受理裁定，法律允许在这种情况下当事人可径行向上一级法院提起诉讼。这个规定允许在特定情况下提高审级管辖案件。需要注意，由于相对人是向上一级法院"起诉"，而不是申诉、控告，因此，不允许越级到高级及以上人民法院。同时，上一级法院经审查发现符合起诉条件的，虽然可以自己立案、审理，也可以指定辖区内其他下级法院立案、审理，但却不能责令原下级法院立案、审理，防止原法院对当事人不利。[1]

事实上，《行政诉讼法》第 50、51 和 52 条都是围绕诉权保障问题设置的制度解决途径。《行政诉讼法》第 3 条明确规定了法院保障公民、法人和其他组织的起诉权利，对应当受理的行政案件依法受理。但原则性的规定，若无规则内容的支撑，没有制度上的解决办法，将形同虚设。第 50、51 和 52 条通过分类的方式，将行政相对人在起诉过程中可能遭遇到的障碍通过严密的分类标准设计，穷尽了所有情形，并针对性地给出制度上的解决途径。在法条评析的课堂上，我们经常要求学生分析这三个法条，划出其间的分类谱系，体会其缜密的逻辑体系。这是一个非常好的法律逻辑和思维训练。

（二）行政程序及实体争议

晋源交警一大队先以车辆未经年审为由扣押刘某的车辆，在原告提供年审材料后，继续以涉嫌套牌（发动机号码和车架号码无法查对）为由对车辆继续扣留，并口头告知原告提供其他相关合法有效手续。在刘某多次托人与交警交涉并提供相关材料后，交警大队以刘某不能提供车辆合法来历证明为由继续扣留车辆。原告遂提起行政诉讼，请求判决撤销交警大队的扣留行为。

被告行政行为虽然以扣留车辆的连续状态存在，但如果以案件事实发生

---

〔1〕 江必新、邵长茂：《新行政诉讼法修改条文理解与适用》，中国法制出版社 2015 年版，第190 页。

的不同时间阶段,可以看作三个独立的行政决定。第一个扣留决定据以作出的法律事实是原告车辆未经年审,在原告提供已经车辆审验的行驶证时,第一个扣留决定所根据的事实已经消失,此时,第一个扣留决定应当予以撤销。

然而,法律事实可以单独分析,真实事件却在持续进行。交警大队在核查已经审验的行驶证时,发现车辆发动机和车架号码看不到,遂根据《道路交通安全违法行为处理程序规定》(2004 年)第 13 条第 2 项"具有使用伪造、变造或者其他车辆的机动车登记证书、号牌、行驶证、检验合格标志、保险标志嫌疑的"规定,决定扣留。但这项规定的适用,需以"因无其他机动车驾驶人代替驾驶、违法行为尚未消除、需要调查或者证据保全等原因不能立即放行的"为前提。并且,该规定是"可以扣留"而非必须扣留,即交警大队有权裁量是否作出扣留决定。结合案情,交警大队要作出扣留决定,必须基于对车辆是否构成"伪造、变造机动车号牌"进行调查的需要进行。到这个时间点,交警大队的扣留决定还是合法的。

但是,第二个扣留决定作出之后,交警大队并没有对车辆是否构成"伪造、变造机动车号牌"进行调查。原告多次提供相关材料以自证不构成"伪造、变造机动车号牌",交警大队既没有告知原告更换或者补充相关的材料,也没有主动展开调查,而是一直以原告不能提供车辆合法来历证明为由决定扣留车辆。第三个扣留决定是违法的,其违法情形既有程序上的要件,也有实体上的要件。程序上,在审查相对人证明材料时交警大队没有履行告知相对人提供准确材料的义务,存在程序法上的不作为行为。虽然第二个扣留决定本身是合法的,但第二个扣留决定的合法以交警积极进行调查为前提。如果交警没有进行调查,却长期扣留,第二个扣留决定就构成了事实认定错误的违法决定。同时,由于交警在扣留期间需要展开调查,交警大队没有展开调查构成不作为的违法。所以,第三个长期扣留就是违法的。

至此,该案件事实及法律争议已厘清,法院应该判决撤销。然而,由于一审法院没有厘清事实及法律争议,驳回了原告的诉讼请求。原告不服,又提起了上诉。

二审法院通过自己组织的调查活动,查清了涉案车辆发动机和车架号码。这意味着,交警大队不仅有调查的职责,而且完全有能力调查清楚车辆是否套牌却没有展开积极的调查。但二审法院存在一个事实认定上的错误：法院忽略了交警大队在行政程序上的义务。交通执法大队负有告知刘某提供什么样的材料证明其没有"套牌"的法定职责而不作为，认为刘某应自行主动提供车辆合法手续，并承担相应举证责任，属于法律适用错误。

最后，再审法院查明，车架号码是由字母和数字共17位字符组成。第1位字符是国家或者地区代码，中国的代码是"L"。最后8位即第10位至第17位字符代表车辆的年份、生产工厂、生产下线顺序号等信息。比对切割查验后的涉案车辆车架号码和行驶证载明的车架号码，前者缺失了代表车辆生产国家或者地区的首字母。而缺失的首字母"L"是在二审法院组织切割查验时不慎损毁所致。涉案汽车是在中国生产，切割查验后显示的车辆车架号码和涉案车辆行驶证载明的车架号码的最后8位字符均为"11022219"，可以认定被扣留的车辆就是刘某所持行驶证载明的车辆。刘某先后提供购车手续、汽车租赁有限公司出具的说明、汽车技术服务站出具的三份证明等相关证据材料，交警大队认定涉案车辆涉嫌套牌而持续扣留，构成主要证据不足应予撤销。

【深度阅读】

［1］梁慧星：《民法解释学》，法律出版社2015年版。

（撰稿人：刘东霞）

案例2　黄泽富、何伯琼、何熠诉四川省成都市金堂工商行政管理局行政处罚案

【案情简介】

2003 年 12 月 20 日，四川省金堂县图书馆与原告何伯琼的丈夫黄泽富联办多媒体电子阅览室。经双方协商，由黄泽富出资金和场地，每年向金堂县图书馆缴管理费 2400 元。2004 年 4 月 2 日，黄泽富以其子何熠的名义开通了 ADSL84992722（期限到 2005 年 6 月 30 日），在金堂县赵镇桔园路一门面房挂牌开业。4 月中旬，金堂县文体广电局市场科以整顿网吧为由要求其停办。经金堂县图书馆与黄泽富协商，金堂县图书馆于 5 月中旬退还黄泽富 2400 元管理费，摘除了"金堂县图书馆多媒体电子阅览室"的牌子。2005 年 6 月 2 日，金堂工商局会同金堂县文体广电局、金堂县公安局对原告金堂县赵镇桔园路门面房进行检查时发现，金堂实验中学初一学生叶某、杨某、郑某和数名成年人在上网游戏。原告未能出示《网络文化经营许可证》和营业执照。金堂工商局按照当时的《互联网上网服务营业场所管理条例》第 27 条"擅自设立互联网上网服务营业场所，或者擅自从事互联网上网服务经营活动的，由工商行政管理部门或者由工商行政管理部门会同公安机关依法予以取缔，查封其从事违法经营活动的场所，扣押从事违法经营活动的专用工具、设备"的规定，以成工商金堂扣字（2005）第 02747 号《扣留财物通知书》决定扣留原告的 32 台电脑主机。何伯琼对该扣押行为及扣押电脑主机数量有异议遂诉至法院，认为实际扣押了其 33 台电脑主机，并请求撤销该《扣留财物通知书》。2005 年 10 月 8 日金堂县人民法院作出（2005）金堂行初字第 13 号《行政判决书》，维持了成工商金堂扣字（2005）第 02747 号《扣留财物通知书》，但同时确认金堂工商局扣押了何伯琼 33 台电脑主机。同年 10 月 12 日，金堂工商局以原告的行为违反了《互联网上网服务营业场所管理条例》第 7 条、第 27 条的规定作出了成工商金堂处字（2005）第 02026 号《行政处罚决

定书》，决定"没收在何伯琼商业楼扣留的从事违法经营活动的电脑主机 32 台"。黄泽富等人对该没收决定不服，向法院起诉。四川省金堂县人民法院于 2006 年 5 月 25 日作出（2006）金堂行初字第 3 号行政判决：①撤销成工商金堂处字（2005）第 02026 号《行政处罚决定书》；②金堂工商局在判决生效之日起 30 日内重新作出具体行政行为；③金堂工商局在本判决生效之日起 15 日内履行超期扣留原告黄泽富、何伯琼、何熠的电脑主机 33 台所应履行的法定职责。宣判后，金堂工商局向四川省成都市中级人民法院提起上诉。成都市中级人民法院于 2006 年 9 月 28 日以同样的事实作出（2006）成行终字第 228 号行政判决，撤销一审行政判决第三项，对其他判项予以维持。[1]

【案例解析】

（一）当事人论点

由于公布材料描述所限，无法完全还原原、被告论点。就案情来看，原告主张应为工商局作出的"没收在何伯琼商业楼扣留的从事违法经营活动的电脑主机 32 台"不合法，请求法院撤销该处罚决定。被告主张应为所作没收决定合法。

（二）判决与理由

法院主要接受了原告的观点。法院认为被告金堂县工商局没有依据行政处罚法的有关规定组织听证程序就径直作出处罚决定，构成程序违法。法院适用的是 1996 年《行政处罚法》第 42 条的规定。该条规定："行政机关作出责令停产停业、吊销许可证或者执照、较大数额罚款等行政处罚决定之前，应当告知当事人有要求举行听证的权利……"法院认为，虽然该条规定没有明确列举"没收财产"，但是该条中的"等"系不完全列举，应当包括与明文列举的"责令停产停业、吊销许可证或者执照、较大数额罚款"类似的其他对相对人权益产生较大影响的行政处罚。为了保证行政相对人充分行使陈述权和申辩权，保障行政处罚决定的合法性和合理性，对没收较大数额财产

---

〔1〕"黄泽富、何伯琼、何熠诉四川省成都市金堂工商行政管理局行政处罚案"，四川省成都市中级人民法院（2006）成行终字第 228 号判决书。

的行政处罚，也应当根据 1996 年《行政处罚法》第 42 条的规定适用听证程序。关于没收较大数额的财产标准，应比照当时的《四川省行政处罚听证程序暂行规定》第 3 条："本规定所称较大数额的罚款，是指对非经营活动中的违法行为处以 1000 元以上，对经营活动中的违法行为处以 20000 元以上罚款……"中对罚款数额的规定。因此，金堂工商局没收黄泽富等三人 32 台电脑主机的行政处罚决定，应属没收较大数额的财产，对黄泽富等三人的利益产生重大影响的行为，金堂工商局在作出行政处罚前应当告知被处罚人有要求听证的权利。本案中，金堂工商局在作出处罚决定前只按照行政处罚一般程序告知黄泽富等三人有陈述、申辩的权利，而没有告知听证权利，违反了法定程序，依法应予撤销。

【争议问题探讨】

（一）互联网上网服务营业场所管制性质

本案发生在互联网上网服务营业场所，表面上看管制的是互联网上网服务的营业场所，实际上管制的是经营者的经营行为，通过管制维护公众和经营者的合法权益，保障互联网上网服务经营活动健康发展，促进社会主义精神文明建设。从管制性质上看，属于保护性社会管制。

保护性社会管制既不涉及利益竞争主体，也不涉及公共资源分配，因此效率、公平价值的维护均不是管制目的。互联网上网服务经营者提供的服务是否具备安全性和健康、文明是其主要规制目的。所以，管制主体除了工商局之外，还有公安行政部门和文化行政部门。工商局决定是否具备上网服务市场准入资格，公安局负责上网服务营业场所经营单位的信息网络安全、治安和消防安全的监督，文化局基于对网络服务内容的管制目的，既负责上网服务营业场所经营单位的设立审批，也负责对其经营活动的监督。

明确互联网上网服务营业场所管制性质后，就可以明确原告黄泽富等人最初与金堂县图书馆联办多媒体电子阅览室，就是想绕过工商局和文化局的管制开展互联网上网服务经营活动。因为《互联网上网服务营业场所管理条例》第 2 条规定的管制对象排除了"学校、图书馆等单位内部附设的为特定对象获取资料、信息提供上网服务的场所"。原告黄泽富等人以联办"图书馆多媒体电子阅览室"为由逃避管制，经营互联网上网服务的行为在金堂县文体广电局市场科整顿网吧时被叫停。

此后，原告黄泽富等人摘掉"金堂县图书馆多媒体电子阅览室"的牌子直接以网吧形式经营互联网上网服务，进入了互联网上网服务营业场所的管制范围。在无照经营了一年之后，于2005年6月2日在金堂工商局会同金堂县文体广电局、金堂县公安局对原告金堂县赵镇桔园路门面房进行检查时被发现。三个部门根据当时的《互联网上网服务营业场所管理条例》第27条："擅自设立互联网上网服务营业场所，或者擅自从事互联网上网服务经营活动的，由工商行政管理部门或者由工商行政管理部门会同公安机关依法予以取缔，查封其从事违法经营活动的场所，扣押从事违法经营活动的专用工具、设备"的规定，以成工商金堂扣字（2005）第02747号《扣留财物通知书》决定扣留原告的32台电脑主机。该扣留决定虽然在扣留数目上存在争议，但其扣留决定事实认定清楚，证据充分，程序合法，法院判决维持。

争议主要出现在行政处罚决定上。2005年10月12日，金堂工商局在扣押电脑主机进行调查的基础上，以原告的行为违反了当时的《互联网上网服务营业场所管理条例》第7条、第27条的规定作出了成工商金堂处字（2005）第02026号《行政处罚决定书》，决定"没收在何伯琼商业楼扣留的从事违法经营活动的电脑主机32台"。金堂工商局适用第7条的合法性应无争议。原告确系未经许可设立互联网上网服务营业场所并从事互联网上网服务经营活动。争议主要发生在第27条的法律适用上。

（二）以"听证适用范围"为核心的法律适用展开

本案之所以被纳入最高人民法院指导性案例，概因金堂县人民法院在适用当时的《行政处罚法》（1996年）第42条规定时对"等"字的解释。法院认为，虽然行政处罚听证程序适用范围规定没有明确列举"没收财产"，但是该条中的"等"系不完全列举，应当包括与明文列举的"责令停产停业、吊销许可证或者执照、较大数额罚款"类似的其他对相对人权益产生较大影响的行政处罚。为了进一步增强其对"等"字的解释的说服力，法院运用目的解释方法，认为这样的解释是"为了保证行政相对人充分行使陈述权和申辩权，保障行政处罚决定的合法性和合理性"。在确定何谓与"责令停产停业、吊销许可证或者执照、较大数额罚款""类似"的其他对相对人权益产生较大影响的行政处罚时，法院"比照"了当时的《四川省行政处罚听证程序暂行规定》第 3 条对"较大数额的罚款"的规定。法院分别使用了目的解释和类推（"类似""比照"）的方法，将没收财产纳入了行政处罚听证程序，认为被告金堂县工商局未经听证程序便作出没收原告 32 台电脑的行政处罚决定不合法。最高人民法院遴选指导性案例时认为这个案件中金堂县人民法院对行政处罚较为原则的听证程序适用范围规定进行了细化，准确把握了听证程序的立法原意适用原则，对处理类似案件具有一定指导意义，所以将其列入指导性案例。

事实上，如果我们运用法律解释方法对《行政处罚法》（1996 年）第 42 条规定进行解释，会发现金堂县人民法院对第 42 条的理解是规范适用法律的必然结果。首先，第 42 条第 1 款规定中"行政机关作出责令停产停业、吊销许可证或者执照、较大数额罚款等行政处罚决定之前，应当告知当事人有要求举行听证的权利"构成一个完整的法律规范，其构成要件为"行政机关作出责令停产停业、吊销许可证或者执照、较大数额罚款等行政处罚决定之前"，法律效果为"应当告知当事人有要求举行听证的权利"。法律效果要件清晰明确，既不存在法律解释问题，也不存在效果裁量问题。这条规定适用的关键，落在了构成要件上。

构成要件中的"责令停产停业""吊销许可证或者执照""较大数额罚款"都是内涵非常明确的行政处罚类型，并不需要解释。唯一不明确的就是这个"等"字的理解，适用的关键也正在"等"的解释上。我们先运用文义解释确定"等"的字面含义，发现其有两层含义：到"等"列举结束和到"等"列举没有结束、只是省略。由于文义解释出现了两种意思，此时，法律适用者不能贸然采用任何一种解释完成适用，必须借助其他法律解释方法确定"等"的含义。根据法律解释方法的适用次序，接下来要适用体系解释对"等"的意思进行确定。"等"出自行政处罚法这个一般法和上位法，并不存在借助整体确定某个条文意思的空间。于是，继续按照法律解释适用顺序，运用立法解释（或称历史解释）确定"等"字内涵。在《行政处罚法》出台之前，第八届全国人大法律委员会关于行政处罚法（草案）审议结果的报告曾经指出，草案规定，对行政机关作出的责令停产停业、吊销营业执照、较大数额罚款三种行政处罚，当事人可以要求举行听证。有代表提出，这一规定仅适用于这三种行政处罚，范围较窄，吊销各种许可证和执照也是对当事人权益影响较大的行政处罚，建议扩大允许听证的范围，以更充分地保护当事人权益。因此，对该条进行修改，不仅增加了"吊销许可证"内容，还多了"等"字。可见，立法者赋予"等"的意思是未列举完全、省略的意思。综上，通过文义解释、立法解释，就能确定"等"的意思。因此，行政处罚听证程序适用的范围并不限于责令停产停业、吊销许可证或者执照、较大数额罚款三种处罚类型。

其次，没收较大价值的财产能否适用行政处罚听证程序。"等"虽然指的是不完全列举的等，但无论如何解释都不能解释出"没收财产"的意思。没收较大价值财产是否属于行政处罚听证适用范围并无法律明确规定。对"没收较大价值财产"的听证程序适用，法律出现了漏洞。此时，法律适用者需要对法律漏洞进行补充。对法律漏洞的补充，在法律思维上可分为三个阶段，结合本案，表述如下：①对没收较大价值财产的处罚的听证程序适用，法律没有规定，属于法律漏洞；②责令停产停业、吊销许可证或者执照、较大数额罚款三种处罚属于听证程序适用范围，听证程序适用范围不限于这三种处罚（由"等"的解释得来），且立法者将此三种处罚纳入听证程序适用范围，目的在于在那些对相对人权利义务产生重大影响的行政处罚决定作出过程中给予当事人就重要的事实充分表达意见的机会以便查清事实，没收较大价值财产的处罚，与三种处罚决定类似，也满足法律设置听证程序所欲保护的价值；③没收较大价值财产的处罚也应适用听证程序。[1]

最后，本案中没收 32 台电脑主机是否属于没收较大价值财产。电脑主机的价值指的是其价格，即市场价，由具体的钱款数额表征。没收较大价值财产的标准便可比照"较大数额的罚款"认定标准进行。案件发生在四川省，根据四川省当时的《四川省行政处罚听证程序暂行规定》第 3 条规定："较大数额的罚款，是指对非经营活动中的违法行为处以 1000 元以上，对经营活动

---

〔1〕 王泽鉴：《民法总则》，北京大学出版社 2009 年版，第 57～70 页。

中的违法行为处以 20000 元以上罚款"。32 台电脑主机的价格远超 20000 元，满足较大价值财产的标准。

综上，没收 32 台电脑的处罚决定应该经过听证程序。本案中金堂县工商局未告知原告有听证权利，未经听证程序即作出没收 32 台电脑主机的处罚决定程序违法。

2021 年《行政处罚法》修改通过，新的处罚法对听证适用范围的规定仍然采用"列举＋兜底"模式。列举的范围包括较大数额罚款，没收较大数额违法所得、没收较大价值非法财物，降低资质等级、吊销许可证件，责令停产停业、责令关闭、限制从业。兜底规定是"其他较重的行政处罚"和"法律、法规、规章规定的其他情形"。相较旧规定，新的行政处罚听证程序规定具体、明确，操作性强，似乎一定程度上减弱了本案作为指导性案例的影响。实际并不完全如此，本案作为指导性案例，最重要的意义并不限于明确行政处罚听证程序适用范围，而在于对法律概念的解释和法律漏洞进行补充的法律思维和技术。

【深度阅读】

[1] 王泽鉴：《民法总则》，北京大学出版社 2009 年版。

（撰稿人：刘东霞）

专题十 行政诉讼的裁判

案例1 田永诉北京科技大学拒绝颁发毕业证、学位证案

【案情简介】

（一）基本事实

原告田永于1994年9月考取北京科技大学，取得本科生的学籍。1996年2月29日，田永在电磁学课程的补考过程中，随身携带写有电磁学公式的纸条。考试中，去上厕所时纸条掉出，被监考教师发现。监考教师虽未发现其有偷看纸条的行为，但还是按照考场纪律，当即停止了田永的考试。被告北京科技大学根据原国家教委关于严肃考场纪律的指示精神，于1994年制定了校发（94）第068号《关于严格考试管理的紧急通知》（本案例中简称第068号通知）。该通知规定，凡考试作弊的学生一律按退学处理，取消学籍。被告据此于1996年3月5日认定田永的行为属作弊行为，并作出退学处理决定。同年4月10日，被告填发了学籍变动通知，但退学处理决定和变更学籍的通知未直接向田永宣布、送达，也未给田永办理退学手续，田永继续以该校大学生的身份参加正常学习及学校组织的活动。1996年9月，被告为田永补办了学生证，之后每学年均收取田永交纳的教育费，并为田永进行注册、发放大学生补助津贴，安排田永参加了大学生毕业实习设计，由其论文指导教师领取了学校发放的毕业设计结业费。田永还以该校大学生的名义参加考试，先后取得了大学英语四级、计算机应用水平测试BASIC语言成绩合格证书。

被告对原告在该校的四年学习中成绩全部合格，通过毕业实习、毕业设计及论文答辩，获得优秀毕业论文及毕业总成绩为全班第九名的事实无争议。

1998 年 6 月，田永所在院系向被告报送田永所在班级授予学士学位表时，被告有关部门以田永已按退学处理、不具备北京科技大学学籍为由，拒绝为其颁发毕业证书，进而未向教育行政部门呈报田永的毕业派遣资格表。田永所在院系认为原告符合大学毕业和授予学士学位的条件，但由于当时原告因毕业问题正在与学校交涉，故暂时未在授予学位表中签字，待学籍问题解决后再签。被告因此未将原告列入授予学士学位资格的名单交该校学位评定委员会审核。因被告的部分教师为田永一事向原国家教委申诉，原国家教委高校学生司于 1998 年 5 月 18 日致函被告，认为被告对田永违反考场纪律一事处理过重，建议复查。同年 6 月 10 日，被告复查后，仍然坚持原结论。田永认为自己符合大学毕业生的法定条件，北京科技大学拒绝给其颁发毕业证、学位证是违法的，遂向北京市海淀区人民法院提起行政诉讼。

北京市海淀区人民法院于 1999 年 2 月 14 日作出（1998）海行初字第 00142 号行政判决：一、北京科技大学在本判决生效之日起 30 日内向田永颁发大学本科毕业证书；二、北京科技大学在本判决生效之日起 60 日内组织本校有关院、系及学位评定委员会对田永的学士学位资格进行审核；三、北京科技大学于本判决生效后 30 日内履行向当地教育行政部门上报有关田永毕业派遣的有关手续的职责；四、驳回田永的其他诉讼请求。

北京科技大学提出上诉，北京市第一中级人民法院于 1999 年 4 月 26 日作出（1999）一中行终字第 73 号行政判决：驳回上诉，维持原判。

（二）主要争点

本案的争点主要有：

1. 田永是否可以对北京科技大学提起诉讼？田永诉母校的诉讼属于什么性质的诉讼类型？北京科技大学在诉讼中是什么身份角色？

2. 高校的校纪校规是否可以成为法外的"真空之地"？

3. 被告对田永的退学处理结果送达程序是否有问题？

4. 田永的权利通过什么样的救济途径可以得到充分保障？

（三）裁判要旨

1. 高等学校对受教育者因违反校规、校纪而拒绝颁发学历证书、学位证书，受教育者不服的，可以依法提起行政诉讼。

2. 高等学校依据违背国家法律、行政法规或规章的校规、校纪，对受教育者作出退学处理等决定的，人民法院不予支持。

3. 高等学校对因违反校规、校纪的受教育者作出影响其基本权利的决定时，应当允许其申辩并在决定作出后及时送达，否则视为违反法定程序。

【案例解析】

（一）本案能否适用行政诉讼标准受理

我国现行的法律体系对于受教育权及学位授予制度均作有较详细的规定：

《教育法》第 43 条规定："受教育者享有下列权利：（一）参加教育教学计划安排的各种活动，使用教育教学设施、设备、图书资料；（二）按照国家有关规定获得奖学金、贷学金、助学金；（三）在学业成绩和品行上获得公正评价，完成规定的学业后获得相应的学业证书、学位证书；（四）对学校给予的处分不服向有关部门提出申诉，对学校、教师侵犯其人身权、财产权等合法权益，提出申诉或者依法提起诉讼；（五）法律、法规规定的其他权利。"

《教育法》第 22 条规定："国家实行学业证书制度。经国家批准设立或者认可的学校及其他教育机构按照国家规定，颁发学历证书或者其他学业证书。"第 23 条规定："国家实行学位制度。学位授予单位依法对达到一定学术水平或者专业技术水平的人员授予相应的学位，颁发学位证书。"

《学位条例》第 8 条第 1 款规定："学士学位，由国务院授权的高等学校授予；硕士学位、博士学位，由国务院授权的高等学校和科学研究机构授予。"

依据以上法条，法院作出生效裁判，认为："根据我国法律、法规规定，高等学校对受教育者有进行学籍管理、奖励或处分的权力，有代表国家对受教育者颁发学历证书、学位证书的职责。高等学校与受教育者之间属于教育行政管理关系，受教育者对高等学校涉及受教育者基本权利的管理行为不服的，有权提起行政诉讼，高等学校是行政诉讼的适格被告。"本案中被告北京科技大学是从事高等教育事业的组织，代表国家和田永形成了教育行政管理关系，作为原告的田永诉请其向自己颁发毕业证和学位证，正是基于北京科技大学代表国家向受教育者颁发学历和学位证书的教育行政管理行为引发了争议，这是一种国家行政权力的行使和运用，理应适用行政诉讼法予以解决。

（二）关于本案校纪校规是否具有合法性的探讨

高等学校依法具有一定的教育自主权，这使得其可以自主制定一些校纪校规，并有权依此对学生进行相应的教学管理行为，甚至依此对严重违反校规校纪者作出对应的处分。但校纪校规的制定，并不能因为高校的自主性而恣意任性，其制定必须符合法律、法规和规章的规定，必须遵循上下位阶的法律层级效力要求，必须做到尊重和保护当事人的合法权益。校规作为大学高度自治的重要承载体及大学教育行政管理行为作出的具体依据，是法律、法规和规章在本校细化后的操作细则，具有鲜明的高校个性。

本案中田永在补考中随身携带纸条的行为属于违反考场纪律的行为，被告可以按照有关法律、法规、规章及学校的有关规定予以处理，但其对原告作出的退学处理决定所依据的是该校制定的第068号通知，而该通知与当时的《普通高等学校学生管理规定》第29条规定的法定退学条件相抵触。也就是说，退学决定作出的依据本身，就是违反上下位阶法律精神要求的。如果是依据违背国家法律、法规或规章的校规、校纪作出了处理决定，那这种退学处理的决定就是违法的，人民法院对此自应不予支持。

校规接受司法审查，是保障学生权利的客观要求，也是监督大学规范自治、合理用权的必要举措。

（三）关于对正当程序原则适用的思考

正当程序原则是源自英国自然正义原则而发展出来的美国行政法一基本原则，其是对行政权力运作作以程序方面的限定以保障实现公平正义所设定的规范。其主要包括以下几个方面的内涵：任何人不能作自己案件的法官；在对一个人作不利处理的时候，应当告知当事人理由，给予当事人陈述申辩的机会，并认真听取当事人的意见，必要时，还应组织听证。遵从正当程序原则，保障相对人的程序参与权，通过听取当事人的陈述申辩，可以使行政机关更加全面地把握案件具体事实，准确适用法律，防止偏听偏信，从一定层面上确保实体结果的公正。相对人也只有在充分了解案件事实、法律规定及可能面临的不利后果后，才可能有针对性地进行陈述和申辩，发表具有价值的申辩意见。

本案对原告作出的退学处理决定，涉及原告能否继续上学的受教育权，可以说是对原告利益影响重大，而这关涉重大利益影响的决定，从正当法律程序原则出发，必然要求对利益影响人充分送达，释明利害关系，保障当事人合法的知情权和陈述申辩权，并告知可能的救济途径。但被告却并未按照此原则的要求送达退学决定，也未实际性地给原告办理注销学籍、迁移户口或退回档案等手续，而且被告还于后续时间为原告补办了学生证并进行了注册，这种事实行为不免让人理解为被告改变了先前对原告作出的退学处理决定，撤销了退学决定并恢复了原告的学籍。不仅如此，被告还安排原告参加了后续的各种教学活动，继续修学分，交学费，参加各种课程考试和考核，各类实习以及毕业设计并顺利通过了毕业答辩，虽然上述行为是由院校部分教师具体实施，但无疑是职务行为，理应由被告承担上述行为所产生的法律后果，其后续的各种行为也从事实层面说明学校先前所作出的退学决定从未曾发生过让原告退学的客观效果。

综上，被告未按照法律及正当法律程序原则的精神，告知原告且规范送达对其作出的重大不利处理决定内容，漠视了原告的陈述和申辩权，其教育行政管理行为不具有合法性。

自"田永案"以后，法院开始在裁判理由中吸纳正当程序原则，教育部21号令和41号令作为部门规章，在学生处分的程序方面也都明确提出了要遵循"程序正当"的要求。但由于我国重实体轻程序的传统，司法实践中正当法律程序原则的普及率仍不可高估，而且，由于正当法律程序原则在诸多的法律体系中，即便是有规定，多也处于原则性指引，常常是欠缺具体程序性制度构建。由于缺乏明确的实定法指引，法院在适用其时，难免会因操作细则不明晰，从而遭受适用阻力，使得当事人即便提出了程序性正当的审查诉求，也往往是陷入实质性救济尴尬的现实困局。

【争议问题探讨】

一、原被告之间的诉讼类型解析

本案一经媒体公布，引发舆论一片哗然。多个问题纷至沓来：作为一介学生的田永能否对作为堂堂母校的北京科技大学提起诉讼？如果田永基于公民权利自由的原则向法院提起了诉讼，那么法院到底能不能受理？如果法院要受理的话，是直接就可以受理，还是需要以穷尽其他的如申诉复议等救济途径为前提？如果法院最终受理了案件，那么这个诉讼应该由什么庭的法官来审理？这个案件从性质划分上来看，是属于民事诉讼还是行政诉讼？如果是属于行政诉讼的话，北京科技大学本身属于事业单位属性，又该如何厘清其行政诉讼被告身份的质疑？

本案中，北京科技大学在纠纷中的法律地位，即是否具有适格诉讼被告身份，是司法审查所要解决的首要问题。在传统的行政法通说理论中，行政诉讼的被告一般是具有组织法意义上的行政组织，通常由国家财政予以供养，其成员具有固定编制，且一般是纳入到公务员体系进行调整；而作为被告的北京科技大学并不具有此等特点，这使得对其的诉讼定位陷入了迷惑之中。但毋庸置疑的是，田永与北京科技大学之间并不具有平等民事主体，对价有偿可互相讨价还价的民事活动特征，在学位授予的重大事项上，北京科技大学对田永行使的是一种类似行政组织管理属性的行为。自此，北京科技大学的此行为被拟制为行政行为，在学位授予此类的被授权范围事项内，高校被拟制成为具有行政法属性的授权行政主体，成为可以用高校自己的名义作出行政属性的行为，并对此独立承担行政法效果法律责任的主体。此后，行政诉讼的被告范围以此案例为契机，拓展囊括了一批以事业单位、社会团体为代表的主体，只要其具有法律、法规的授权作为依据，皆可成为适格的行政诉讼被告。不仅如此，规章作为授权依据也在修订后的《行政诉讼法》第 2 条[1]中

---

〔1〕 《行政诉讼法》第 2 条规定："公民、法人或者其他组织认为行政机关和行政机关工作人员的行政行为侵犯其合法权益，有权依照本法向人民法院提起诉讼。前款所称行政行为，包括法律、法规、规章授权的组织作出的行政行为。"

被明确正名，自此也具有了合法性身份。

二、法院司法审查的深度与高校自治权范围的纠葛

受德国"特别权力关系理论"的影响，一直以来，高校等特殊主体是不能被作为诉讼的被告的。但随着社会的进一步发展，作为理论源发国的德国对该理论因有实践需求予以了更新，对其从"基础关系与管理关系"理论发展到了"重要性理论"阶段。台湾地区也通过"司法院大法官会议"第382号、第684号解释，对其予以了修正。曾一度处于法治真空地带的高校圣地逐渐演变成司法审查的有限介入领域。

毋庸置疑的是，高校有其学术自治的特点，学校在一定程度上具有着一定领域的教育自主权，这决定了法院在行使司法审查权的时候，应当采取谦抑而非能动的司法态度，尊重高校自治权并自我克制予以适度审查，也就是说，对高校的审查处理要符合法律法规背后的宗旨和精神，要把握对其审查深度的深浅。完全不介入，可能会造成高校管理行为游离于法律之外，有损受教育者的受教育权。但如果介入过宽、过深，又可能会损害高校的独立自主性，不利于高校教育事业的发展。所以，合理把握司法审查的介入深度，对于各方而言意义重大。"大学自治原则"以及"大学专业判断"是限制司法审查密度或强度的核心因素。笔者以为，可以从以下层面予以路径建构：

第一，区分不同的权力来源。对于学籍管理、学生处分等更偏向于管理属性的校规，可以充分行使合法性合理性并重的全面审查；而在学位授予等学术问题上，则应充分尊重大学自治和学术自治内核，一般应以合法性审查和程序审查为主，不适宜过多介入合理性审查。

第二，对于学术问题的审查方式。主张按照与学术核心事项的远近度区分不同密度进行审查。具体而言，首先，适用不冲突原则，审查与国家法是否冲突。其次，以符合最低限度为标杆，对学术问题的制定程序和事实适用尤其是告知流程是否严格适用法定程序情况进行审查。再次，司法可以对学术问题进行合目的性审查，但不宜介入到具体合理与否领域。最后，按照与学术核心事项的远近来区分审查密度，如对于品德类的规定，应可以进行司法审查。

第三，对于管理事项的全面审查方式。严格遵循法律优位和法律保留原

则，适用不抵触原则。具体而言，在制定校纪校规时，不仅要不违反上位法明文规定，还要符合法的精神和原理，可参考 2018 年《最高人民法院关于适用〈中华人民共和国行政诉讼法〉的解释》第 148 条的规定，围绕制定主体是否超越法定职权、制定内容是否与上位法相抵触、是否没有上位法依据而增加了义务或减损了权利、是否未履行批准公布程序等方面要素进行审查。

纵观诸多纠纷，高校校纪校规所规定的内容，是发生纠葛的主要缘起。那么，高校校纪校规，能否有一定的自主创设权呢？固然，不违反国家大政方针政策的规定是前提，但作为具有学术引领导向的高校，能否具有一定的独立自主甚至创新排头兵的权利呢？比如高校的校纪校规，尤其是学术性方面的内容规定，能否设立一个高于教育部之上的标准？不同层级的高校，如"985""211"、一般的省属普通高校、以至于三本民办高校，又能否制定以本校级别定位为基础的自主性学术标准呢？比如现实中，某些 985 高校在博士学位授予上会提出比教育部一般标准更高的标准，甚或同一 985 高校，不同的院系和专业会有不同的院系学位授予的学术考核指标，如果学生以违反上位阶法律规定诉其违法，但学校却以选拔更优秀人才，增强市场竞争力，防止学术惰性、庸俗化，论述其具有合理性，那么法院又该如何审查，其正当性又该如何证成，这都是值得进一步细细思量的问题。

三、涉高校纠纷的多元化救济路径及争议的实质性化解之道

事实上，田永案并不是孤案，在其发生前后，同样引发学界关注的还有"刘燕文诉北京大学不授予博士学位案"[1]；而在 2017 年，距离田永案发生有近二十年同样以违反正当法律程序为由结案的"于艳茹诉北京大学撤销博士学位决定案"[2]，都深刻折射出学生与高校纠纷案件的法治化道路任重而

---

〔1〕　参看海淀区人民法院（1999）海行初字第 104 号行政判决书。该案的一审判决核心内容如下：①责令北大在两个月内颁发给原告博士毕业证书；②本案的诉讼费用由被告承担。吊诡的是，本案上诉后，上一级法院发回重审，下一级法院又说当事人在一审时已经过了诉讼时效。

〔2〕　参看北京市第一中级人民法院（2017）京 01 行终 277 号行政判决书。该案的一审判决核心内容如下：北京大学作出的被诉《撤销决定》违反法定程序，适用法律存在不当之处，法院应予撤销。该《撤销决定》被依法撤销后，由北京大学依照相关规定进行处理。于艳茹要求恢复其博士学位证书法律效力的诉讼请求，不属于本案审理范围，法院依法予以驳回。据此，一审法院（转下页注）

道远。

近年来，伴随着人权意识的高涨以及法治社会发展步伐的推进，学生诉高校案件，其范围领域呈现出多样化态势。学生诉高校行政案件粗略分类统计表，可参看下图[1]。不仅如此，涉高校类案件，还呈现出主体多元化，案情复杂化的特点。教育行政纠纷类型已经从传统的发放"两证"、勒令退学、开除学籍等领域向更广阔的世界进军，权利觉醒意识下大量新兴教育行政纠纷不断涌现，所涉领域包括却已不限于奖学金评定、学术不端查处、招生录取公正、教师职称评审、教师辞职解聘等范围。教育行政争端的范畴也已不再局限于教学管理与学术评价，甚或其在权利框架体系下还处于无名之列，也阻挡不了其寻求权利救济的极大诉求。诉讼相涉的主体范围也已不再局限于学生与学校、还延伸到了教师与学校，甚至于学校与教育行政部门之间。

表 2 学生诉高校行政案件分类表

类型	学位/学业证书管理	严重纪律处分	学籍管理	信息公开	招生考试录取	其他	合计
数量	72	62	26	10	9	4	183
占比	39.34%	33.88%	14.21%	5.46%	4.92%	2.19%	100%

在现行的制度框架下，涉高校类纠纷的案件，大致有校内申诉、校外申诉、行政复议、行政诉讼等多种纠纷解决路径，但现行纠纷解决机制面临着一些困境。这大致体现在：其一，申诉制度缺乏细化的规定，在可操作性及实效性上表现欠佳。虽然申诉权作为宪法中明确规定的公民的基本权利，并已经为《教育法》《中华人民共和国教师法》《中华人民共和国义务教育法》《中华人民共和国高等教育法》等明确规定，但具体的实体性及程序性操作规

（接上页注〔2〕）依照行政诉讼法第69条、第70第2、3项之规定，判决撤销北京大学作出的《撤销决定》，并驳回于艳茹的其他诉讼请求。北京大学不服一审判决，提起上诉，二审依照《中华人民共和国行政诉讼法》第89条第1款第1项之规定，判决驳回上诉，维持一审判决。

〔1〕梁成、韩小雨："学生诉高校行政案件疑难焦点实证研究"，载《复旦教育论坛》2019年第6期。

程并不明朗，这使得申诉制度难以成为有效的权利救济途径。而且，申诉制度的内部性特点，使得其公正性颇受质疑。其二，各种救济路径的制度衔接性设计不足，比如对于申诉、复议和诉讼，彼此之间的程序递转关系，并没有在相关法律文件中予以很详尽的制度表达。其三，从实践运作状况来看，由于社会高速发展，诉高校类纠纷呈现多样化特征，哪些可诉哪些不可诉，目前法律法规中并没有详细明确的规定，这导致了诸多教育行政纠纷类型在可诉和不可诉之间徘徊，庭审中，该行政行为到底可诉不可诉，法院到底该不该受理常常成为诉辩焦点之一。而且，司法救济中的运作状态，在各级各地法院，也呈现出一种发展不平衡的局面，现实中不乏内核高度同质的涉高校类纠纷案件，法院在对其的受理态度和裁判立场上却大相径庭。这些都充分说明对于涉高校类纠纷案件，无论是相关制度设计还是司法实践都仍然有较大的提升空间。

　　进一步值得思考的是，现行行政诉讼的审查原则主为对行政行为的合法性进行审查，而这，也一直被学界尊为行政诉讼的特有原则。这种制度设计的初衷原因是基于行政权和司法权作用的空间不同，秉持尊重各自特性的精神，司法审查一般仅限于对行政行为进行合法性审查，原则上不对行政行为的合理性进行审查。以诉高校类案件为例，梳理大量的法院判决会发现，多数案件都是以尊重学术自治为缘由，驳回了当事人的诉讼请求；即便是对高校作出的行为予以了撤销决定，极其少数的案件判决后面跟了责令高校作出一定的后续相关行为，如田永案件的判决要求在判决生效之日起 30 日内向田永颁发大学本科毕业证书；60 日内组织本校有关院、系及学位评定委员会对田永的学士学位资格进行审核；判决生效后 30 日内履行向当地教育行政部门上报有关田永毕业派遣的有关手续的职责。但为数更多的案件，却仅仅只是作出了撤销决定，如于艳茹案。时隔近 20 年，同为以违反法定程序为由，判决理由惊人相似的同时，于艳茹案却并没有获得类似田永案的命运，能够在判决中附随要求作为被告的北京大学履行有关博士学位相关问题的任何内容，法院以于艳茹要求恢复其博士学位证书法律效力的诉讼请求，不属于本案审理范围为由，根本性地回避了于艳茹提起诉讼背后关注的实质性切实利益。值得指出的是，田永案在 2014 年为最高人民法院审判委员会以指导案例的方式通过，从理论上来说，其就应该对 2017 年发生的于艳茹案的审理方式起到裁判指引功能，但从现实中的裁判结果来看，田永案的解决路径并没有为于艳茹案所参照。从此种意义上而言，指导案例并没有发挥出其应有的地位和功效，其并未能对后续案例形成清晰有效的审查路径指引，这也从侧面折射出现实中最高人民法院的指导案例与公报案例所处的尴尬地位。

作出此等感慨的原因是，固然，法院要尊重高校的学术自治权，避免有司法权越权干涉高校自主权之嫌疑，但却不应以"尊重大学自治"为名，行回避司法审查之实。法院只是作出撤销决定，而不要求高校在一定期限内履行一定的职责，那么，即便是当事人赢了官司，也未必会获得其所期待的实体权利。于艳茹在判决之后，是否从北京大学最终获得了博士学位证书，我们不得而知。试想，如果以合法的程序重新作出与被撤行政行为结果相同的行为，从行政法学原理以及现行行政诉讼法的相关法条来看，完全是可以的。如果这样的话，当事人所期待的实体性利益并没有得到保障，那么当事人打这个官司的意义又何在？对行政行为进行合法性审查的制度设计，其理论缘由在于尊重行政权具有自主合理性特点，但这样的制度设计，会导致一种案结事不了，程序空转的逻辑怪圈。当事人在诉讼后转向诉讼外的其他争议解决渠道，徒浪费司法资源，徒耗损当事各方的人力物力财力。我们不免会想，现行这种制度设计，对于纠纷的实质性化解功效到底有多大？未来对于行政诉讼纠纷的审查深度能否拓展，又该如何拓展？

欲促成争议的实质性化解，固然要让行政行为的行使遵循正当法律程序原则，遵循比例原则，提升行政过程的合法合理性，增强其正当性和可接受度；固然要在法院判决的论说部分加强说理论证过程，增强说服力，使得当事人尤其是败诉方从内心增强对判决的认同感，但更为重要的，可能更在于构建一种更为良善的定分止争制度。我们关注个案，但关注的不仅仅是个案本身，我们更为关注个案背后制度正义的实现；我们关注当下，却也更为关注无数当下延伸发展出来的未来。行政法必须追随生活的逻辑，只有回应现实问题的呼声，并构建出切实的解决之道，才有可能使其葆有持续不断的源头活水，焕发出蓬勃的生机活力。

当然，笔者并不主张法院过度介入到大学事务当中，法院在司法审查行政案件时应秉持谦抑性，同时，学术自治也并不是绝对的，它也依赖于司法权对其予以保障和监督。司法审查的过程中，法院要在相对人权利和大学利益之间作衡平裁量，根据具体个案界定司法审查的强度和范围，以保持两者在适当张力基础上的动态平衡。

【深度阅读】

［1］胡建淼："'特别权力关系'理论与中国的行政立法——以《行政诉讼法》《国家公务员法》为例"，载《中国法学》2005年第5期。

［2］饶亚东、石磊："'田永诉北京科技大学拒绝颁发毕业证、学位证案'的理解与参照——受教育者因学校拒发毕业证、学位证可提起行政诉讼"，载《人民司法（案例）》2016年第20期。

［3］湛中乐、靳澜涛："我国教育行政争议及其解决的回顾与前瞻——以'推动教育法治进程十大行政争议案件'为例"，载《华东师范大学学报（教育科学版）》2020年第2期。

［4］朱芒："高校校规的法律属性研究"，载《中国法学》2018年第4期。

［5］谢海定："作为法律权利的学术自由权"，载《中国法学》2005年第6期。

［6］耿宝建："高校行政案件中的司法谦抑与自制"，载《行政法学研究》2013年第1期。

［7］林华："学位撤销案件中的司法审查范围模式及其反思"，载《东方法学》2020年第6期。

［8］车骋："高校惩戒学生行为救济制度之建构"，载《高教探索》2021年第4期。

［9］张圆："正当程序原则的司法逻辑——'于艳茹诉北京大学违法撤销学位案'判解"，载《时代法学》2018年第5期。

［10］秦昀、高恒山："高校学位纠纷处理中的正当程序研究"，载《中国高教研究》2018年第9期。

（撰稿人：胡晓玲）

案例2 "北雁云依"诉济南市公安局历下区分局燕山派出所公安行政登记案

【案情简介】

（一）基本事实

2009年，吕某与妻子张某，因酷爱诗词歌赋和中国传统文化，夫妇二人给爱女起了一个既不随父姓也不随母姓的名字——"北雁云依"。在吕某为其女办理户口登记时，山东省济南市公安局历下区分局燕山派出所工作人员认为其要求登记的姓名"北雁云依"不符合办理户口登记的条件，遂作出拒绝以"北雁云依"为姓名办理户口登记的行政行为。

2009年12月17日，吕某以被监护人"北雁云依"的名义向山东省济南市历下区人民法院提起行政诉讼，请求法院判令确认被告拒绝以"北雁云依"为姓名办理户口登记的行为违法。

因案件涉及法律理解的适用问题，需送请有权机关作出解释或确认，该院于2010年3月11日裁定终止审理。随后，该院层报至最高人民法院并由最高人民法院提出议案，提请全国人民代表大会常务委员会做出解释。

2014年11月1日，第十二届全国人民代表大会常务委员会第十一次会议通过了《全国人民代表大会常务委员会关于〈中华人民共和国民法通则〉第九十九条第一款、〈中华人民共和国婚姻法〉第二十二条的解释》。该立法解释规定："公民依法享有姓名权。公民行使姓名权，还应当尊重社会公德，不得损害社会公共利益。公民原则上应当随父姓或者母姓。有下列情形之一的，可以在父姓和母姓之外选取姓氏：（一）选取其他直系长辈血亲的姓氏；（二）因由法定扶养人以外的人抚养而选取抚养人姓氏；（三）有不违反公序良俗的其他正当理由。少数民族公民的姓氏可以从本民族的文化传统和风俗习惯。"

2015年4月21日，法院据此恢复审理此案并于25日作出判决，驳回原告"北雁云依"要求确认被告燕山派出所拒绝以"北雁云依"为姓名办理户口登记行为违法的诉讼请求。

原被告双方均未提出上诉,判决已发生法律效力。

(二)主要争点

本案的争点主要有:

1. 当时的《婚姻法》第 22 条规定:"子女可以随父姓,可以随母姓。"这个"可以"是任意性规范还是强制性规范?子女必须在父姓和母姓之间择一姓吗?子女能否随第三姓?如果可以,适用的前提条件是什么?第三姓的范围该如何选取?又可否创制第三姓?

2. "北雁云依"这个名字是否适用"有不违反公序良俗的其他正当理由"条款。

(三)裁判要旨

法院裁判认为:公民选取或创设姓氏应当符合中华传统文化和伦理观念。仅凭个人喜好和愿望在父姓、母姓之外选取其他姓氏或者创设新的姓氏,不属于当时《全国人民代表大会常务委员会关于〈中华人民共和国民法通则〉第九十九条第一款、〈中华人民共和国婚姻法〉第二十二条的解释》第 2 款第 3 项规定的公民"有不违反公序良俗的其他正当理由。"

【案例解析】

本案属于一典型姓名权纠纷,可作为现实诸多姓名权纠纷案件的缩影,管窥个性张扬时代,个人私权利行使的边界和国家行政规制权之间纠葛的划界貌态。

姓名,本是一标识个体的识别符号,但同时,姓名也承载着社会属性。纵观历史,姓名刻有时代烙印;横观中外,姓名也折射出国别、种族、民族的特征。泱泱中华大国,几千年传统文化史,姓名更具有标识宗族祭祀辈分及承继宗亲血缘脉络的属性,古代中国,姓氏还有着"明尊卑"即体现社会等级的作用。可以说,姓名是一种对外承载社会统治功能,对内标识主体权利的识别标志,具有体现传统和承载文化价值的功效。

2001 年《婚姻法》第 22 条是我国法律对子女姓氏作出的专门条款。该条规定："子女可以随父姓，可以随母姓。"那么，这个"可以"该如何理解？它是强制性规范还是任意性规范？子女是必须随父姓或随母姓吗？可否随父母之外的第三人姓？甚至于创制姓氏？第三姓又可以选择哪些？可否是旁系血亲或姻亲之姓？可否是现存百家姓之外的任意其他姓？可否是新创设的姓？这些都是从该条款引发的疑惑。

鉴于该案无法从现有条款的规定中得到答案，所以不得不报请相关部门予以解释，而在报请上级后得到的立法解释，给予了上述争议确定性解答，立法解释明确公民的姓原则上应当随父姓或者随母姓。选取父姓或母姓以外的第三姓需要符合特定条件，即法条明确出来的三种情形：①选取其他直系长辈血亲的姓氏；②因由法定扶养人以外的人抚养而选取抚养人姓氏；③有不违反公序良俗的其他正当理由。

从条款规定来看，明确允许选取第三姓的情形之一是选取其他直系长辈血亲姓氏，姻亲和旁系血亲并不可以，从侧面折射出姓名在传承宗族血脉文化上的特点。情形之二因抚养关系选取抚养人姓氏，主要发生在婚姻关系或收养状态下，因为形成了经济或情感层面事实上的抚养依赖关系，而发生姓氏上的变更。条款第三项是兜底规定，可以看作一开放性条款，事实上却具有极大的限缩性，即需要有正当理由，且不得违反公序良俗。

在最初拒绝对"北雁云依"这个名字予以户籍登记的山东省济南市公安局历下区分局燕山派出所工作人员看来，"子女可以随父姓，可以随母姓"，法条并没有规定可以随第三姓。行政机关要严格依法行政，秉持谦抑性原则，法律没有规定的行为，行政机关是不可为的，行政机关无权对法律作扩大化解释；而且，法律确认姓名权是为了公民以姓名区别于他人，实现自己的人格和权利，随父姓或随母姓是中华民族的传统习俗，标志着血缘关系，可以很大程度上避免近亲结婚，但是姓第三姓，则与这种传统习俗、与姓的本意相违背。故而，子女只有随父姓或随母姓这两种选择。

全国人大常委会的立法解释，虽然允许第三姓存在，却要具备一定的条件。本案的事实状态，自然不符合适用第一种和第二种情形的条件，即本案不存在选取其他直系长辈血亲姓氏或者选取法定扶养人以外的扶养人姓氏的情形，那么，"北雁云依"这个名字能否适用立法解释第 2 款第 3 项规定的

"有不违反公序良俗的其他正当理由"以证成其正当性呢？

法院认为，"姓氏，来源于客观上的承袭，系先祖所传，承载了对先祖的敬重、对家庭的热爱等，体现着血缘传承、伦理秩序和文化传统……公民对姓氏传承的重视和尊崇，不仅仅体现了血缘关系、亲属关系，更承载着丰富的文化传统、伦理观念、人文情怀，符合主流价值观念，是中华民族向心力、凝聚力的载体和镜像。公民原则上随父姓或者母姓，符合中华传统文化和伦理观念，符合绝大多数公民的意愿和实际做法。反之，如果任由公民仅凭个人意愿喜好，随意选取姓氏甚至自创姓氏，则会造成对文化传统和伦理观念的冲击，违背社会善良风俗和一般道德要求。"姓名权和其他权利一样，受到法律的限制而不可滥用。公民选取或创设姓氏应当符合中华传统文化和伦理观念。仅凭个人喜好和愿望在父姓、母姓之外选取其他姓氏或者创设新的姓氏，不属于《全国人民代表大会常务委员会关于〈中华人民共和国民法通则〉第九十九条第一款、〈中华人民共和国婚姻法〉第二十二条的解释》第 2 款第 3 项规定的公民"有不违反公序良俗的其他正当理由。"

因由本案生成的立法解释的核心要义现已被《民法典》完全吸纳。在《民法典》第四编第三章姓名权和名称权篇章，第 1012 条和第 1015 条明确规定有："自然人享有姓名权，有权依法决定、使用、变更或者许可他人使用自己的姓名，但是不得违背公序良俗。""自然人应当随父姓或者随母姓，但是有下列情形之一的，可以在父姓和母姓之外选取姓氏：（一）选取其他直系长辈血亲的姓氏；（二）因由法定扶养人以外的人抚养而选取扶养人姓氏；（三）有不违背公序良俗的其他正当理由。少数民族自然人的姓氏可以遵从本民族的传统和风俗习惯。"

值得指出的是，现行立法尚留有一定的不足。从权利体系维度上看，姓氏选取权与姓氏创制权是两种不同质的权利，全国人大常委会立法解释只是规定了"姓氏选取权"，《民法典》也完全照搬了上述规定，姓氏创制权领域的法规范在整个法律体系中尚属于一空白处女地。在现在放开三孩的政策背景下，重名重姓大概率会增加，社会发展愈加多元开放的时代背景下，一定意义上会出现对创制第三姓权利的市场需求，由此彰显出对其予以立法规制的必要性。如果立法不能及时跟上，面对此类的法律漏洞，必然会有相关的纠纷再次挑战司法，或许实践中也可等待通过"法官造法"的方式将其解决。当然，生活远远比法条精彩，法条永远不可能穷尽，也无法完全预知精彩纷呈的大千世界将会带给我们什么惊喜。

【争议问题探讨】

一、公民姓名权行使的政府公权力规制

伴随社会的发展进步，人权意识高度膨胀，寻求与众不同，张扬个性在日常生活中颇为盛行，追求姓名的独特性也印迹于其间。传统的二字或三字姓名之外，大量的四字甚至多字名字也开始出现，许多名字并不是复姓，除了一些以父姓和母姓合在一起作为姓氏的以外，还有一些自创姓氏，更有一些奇怪名字出现。搜索网页会发现有"重庆市民为儿子取名欧阳成功奋发图强"的，常住人口登记卡上有登记名为"王者荣耀"的，拟录取硕士研究生名单上有叫"谢天谢地"的，上海有女子请求改名字为日本名字的，更有甚者，不知是恶搞还是真的，网页图片上还有身份证名字为"曹尼玛""好牛逼"的。这些所谓独具创意，甚至过度任性的名字往往会被户籍部门拒绝登记，于是，就有了一系列姓名权行政纠纷诉讼。

通说一般认为，姓名权是公民依法享有的决定、使用、变更自己的姓名并要求他人尊重自己姓名的一种人格权利，包括姓名决定权、姓名使用权和姓名变更权。《民法典》第 1012 条规定："自然人享有姓名权，有权决定、使用、变更或者许可他人使用自己的姓名，但是不得违背公序良俗。"第 1014 条规定："任何组织或者个人不得以干涉、盗用、假冒等方式侵害他人的姓名权或者名称权。"也就是说，公民个体对于自己的姓名享有法律赋予的自主权，并具有要求他人尊重的权利。无疑，姓名权是一种公民的私权利，应当由公民自由支配。那么，这种自主权有没有边界？禁止他人干涉，他人是否包括负责姓名登记的公安机关呢？

对姓名进行文化解读，是把握姓名权自由行使和公法予以限制的前提和基础。一定意义上而言，姓名仅是一个指代此者不同于他者的指代符号而已，但同时，此符号蕴含着一定的社会意义。此时，其从简单地识别个体代码变成了承载身份意义和人格意义的符号混合体，并进而形成了一种独立的人格

权。自此，其从原初的私权利层面开始具有了社会属性，也因其承载了社会功能，使其的命名要兼考虑社会效果，而不能太过任性，而这也正是立法解释规定姓氏选取不得违反公序良俗原则的原因，也为姓名权的行使划定了要受公法规制的边界。对公民姓名权行使自由予以公权力规制时，要受到法律保留原则、比例原则及正当法律程序原则等构成的阶层化原则体系的限制。

二、"北雁云依" 这个名字是否应适用 "有不违反公序良俗的其他正当理由" 条款

（一）何为公序良俗

公序良俗，即公共秩序与善良风俗的简称。公共秩序，指社会存在与发展所必需的一般秩序，包括国家利益、社会经济秩序和社会公共利益；善良风俗，指良善的社会道德观念和风尚。一般认为，公序良俗原则起源于罗马法，其在协调利益冲突、维护社会正义等方面发挥着极为重要的功能。违反公序良俗原则的行为在法律效果上是无效的。公序良俗原则的内涵和外延，并非一成不变，其随着时间和社会的发展在适时更新。

作为民法的一项基本原则，"公序良俗"原则充分体现了国家、民族和社会的基本利益要求，反映了社会的一般道德标准。我国从《中华人民共和国民法通则》到《中华人民共和国民法总则》及至《民法典》，都有公序良俗原则条款的明确规定。现行《民法典》第8条规定："民事主体从事民事活动，不得违反法律，不得违背公序良俗"。第10条规定："处理民事纠纷，应当依照法律；法律没有规定的，可以适用习惯，但是不得违背公序良俗"。第143条规定："具备下列条件的民事法律行为有效：（一）行为人具有相应的民事行为能力；（二）意思表示真实；（三）不违反法律、行政法规的强制性规定，不违背公序良俗"。第153条第2款规定："违背公序良俗的民事法律行为无效"。民法之所以要规定公序良俗原则，是因为立法不可能预见一切损害国家利益、社会公益及道德秩序的行为并作出详尽的禁止性规定，故设立该原则可弥补法条之不足，尤其是在法律不足以评价主体行为时，公序良俗原则可极大地限制民事主体的意思自治，防止权利的滥用。公序良俗原则，作为一典型的"不确定法律概念"，在具有极大开放性的同时，兼具极大的模

糊性，其在适用上必然会包含大量的法官自由裁量因素。

（二）"北雁云依"这个名字违反公序良俗吗？

公序良俗作为非常抽象的概念和标准，其尺度常常交由司法机关予以裁量。

引发公众对公序良俗原则极大探讨的，莫过于曾极大吸引眼球，并被称为公序良俗第一案的"泸州遗产继承案"[1]，该案几经纠葛，最终法院援用公序良俗原则对该案件予以判决，但判决的落地并没有终结纠纷，反而引发舆论更大的哗然。"第三者"固然不值得称道，但对于个人合法遗产的遗嘱处置效力却没有被认定为高于法定继承，颇让人感觉不公。即便是该遗嘱经过了公证程序，即便是死者和法律意义上的妻子长年分居事出有因，即便是死者在罹患癌症，多年病床前都是"第三者"在跑前跑后照顾，而"妻子"基本销声匿迹，不见踪影。固然，法律要维护社会良善秩序，但同时，法律对于个人合法财产的处置权在该案中却难逃伸手过长的嫌疑，而且也使人对"第三者"出于感情照顾死者，却在事后落得"人财皆空"且主流舆论一片骂声甚至叫好声中唏嘘不已。笔者并非倡导"第三者"行为，但该案中的所谓"第三者"，绝对不是只为财奔走，其和死者的关系只差一纸婚姻证明，而其和死者多年来共同生活，尤其是在死者患病以后，不离不弃地悉心照顾，更是践行了夫妻具有互相照顾义务之实质要求。法律应考虑一般性，但法律是否也该在个案中融合特殊性，在个案有其特殊性时，法院的判决是否应该更为温情一点，以体现法律的温度与人文关怀呢？公序良俗原则本身根基是置身于民法体系的，其内容必然应该与私法自治的内核价值保持一致，即便是在公安机关行使行政规制权对其进行审查是否合法之时，私法自治的精神也不应该在公序良俗原则的张扬中完全隐匿。

回到本案而言，"北雁云依"这个名字违反公序良俗吗？本案法院裁判要旨折射出来的核心意思是"北雁云依"这个名字背离了中国传统文化及纲常

---

〔1〕　参见（2001）泸民一终字第 621 号四川省泸州市中级人民法院民事判决书。该案的裁判要旨是：当法律规则适用明显会导致不公和偏差时，就应放弃规则而适用原则；被继承人将遗产赠送给"第三者"的这种民事行为违反了当时的《民法通则》第 7 条的规定："民事活动应当尊重社会公德，不得损害社会公共利益，破坏国家经济计划，扰乱社会经济秩序。"因此该遗嘱应当认定为无效。

伦理精神要义，不符合中国传统文化和伦理观，简言之，其违背了公序良俗原则。

笔者个人拙见，并不太认同法院的观点。北雁云依，固然是非父姓或母姓，也非直系血亲之姓，但此姓名并不见得违反了"公序良俗"。如前所述，公序良俗原则的适用，是为了维护社会的公共秩序和善良风俗，笔者并不认为"北雁云依"这个名字冲击了良善的社会秩序，该姓名并不存在任何消极、贬低或歧义之处，相反，其蕴含着一份父母极为美好的期待和祝愿。相比于前述诸多乱象中的奇葩名字，比如"谢天谢地""王者荣耀"之类的，"北雁云依"这个名字极具诗情画意。中国有句古话，叫人如其名，送给孩子陪伴终身的一份极好的礼物，就是起一个好名字。看到这个名字，我们会觉得有一个温柔婉约的极具东方古典美的女孩款款向我们走来，这个名字极大地传递着中国传统文化信息。

事实上，现存的中国百家姓中的诸多姓氏，都是顺由一定的历史发展脉络而慢慢创制出来的，其皆因由社会发展需求而适时诞生并数典问祖沿用延续至今。及至今日，虽然姓氏已极大丰富，但并非不能再创制姓氏，在全球文化交流日盛并互相融合的时代，创制一些有中国民族文化特色的姓氏，对传承和弘扬中华民族传统文化大有裨益，功在当代，利在千秋。

故而，笔者以为立法部门包括法院其实完全可以将此案例以另外一种视角去进行诠释，该案完全可以作为创制第三姓的一个开放性案例。该案也仍可以援引公序良俗原则予以裁判，但"北雁云依"这个名字并不违反公序良俗的内涵精神，何况公序良俗原则本身就是一极具开放性并随着社会发展不断更新其内涵的原则条款。当然，也有一种对于创制第三姓权利被放开后的担忧，即在彰显个性、新奇事物层出不穷的时代，如果放开先例，难免不会出现各种五花八门的姓名，会对传统姓氏文化的传承造成冲击。笔者以为，这有点多虑，一方面法院完全可以通过公序良俗原则对其予以个案衡平裁量；另一方面，治理之道在于疏通，而不在于堵塞，民众在拥有权利之后未必一定会滥用权利，长久的治理之策在于民众的自我规制。

（三）公民姓名权行使自由中特殊名字的正当性探讨

2007 年重庆江北区市民欧阳成功期望儿子有个美好未来，于是想将孩子原名"欧阳祖民"改名为"欧阳成功奋发图强",意在激励孩子长大后努力学习和工作,通过自身发展有所建树。欧阳成功称,为儿子改名没少花工夫,查字典、找过算命先生,最后征求一家人意见才确定下来。可他前往公安机关登记时,却遭到了拒绝,公安机关称姓名字数太长,超过了户政电脑系统的显示长度。根据《姓名权登记条例(初稿)》第14条规定,"除依照第六条或者第十一条的规定使用民族文字或者书写、译写汉字的以外,姓名用字应当在二个汉字以上,六个汉字以下。"

事情无独有偶。2006年,赵C在进行二代身份证换证时,鹰潭市月湖分局告知其"赵C"一名无法录入统一的户籍管理系统,要求其更名。与上述纠纷不同的是,赵C的父亲赵志荣作为儿子的委托代理人于2008年1月将月湖分局告上了法院,鹰潭市月湖区人民法院对此案作出一审判决,赵C胜诉,月湖分局向鹰潭市中级人民法院提出上诉。2009年2月,鹰潭市中院终审判定,准许上诉方鹰潭市公安局月湖分局撤回上诉,并撤销了月湖区人民法院的一审判决。

上述两案例的共性在于公民姓名权自由中名的自主权边界到底有多大?欧阳案例中,基于其并未提起诉讼,所以未曾引发普遍关注,而赵C案却因提起诉讼,且一二审法院前后态度迥异,引发了学界的兴趣与讨论。笔者下文也主要围绕此案例展开分析。

《居民身份证法》第4条第1款规定,"居民身份证使用规范汉字和符合国家标准的数字符号填写"。那么,"C"是否属于符合国家标准的数字符号呢?"数字符号"是应该仅解释为"数字符号"还是"数字或者其他符合国家法律规定的符号"呢?公安一方认为,C显然不属于中文汉字,也不是阿拉伯数字;而赵志荣则把C称为"左半月形符号",他认为"C"既可以是英文字母,也可以是拼音符号、罗马数字或其他科学符号,因此属于"符合国家标准的数字符号"范畴,是合法的名字,且希望社会舆论对"赵C"这种有新意的名字给予宽容。

当对法律条文的理解出现分歧之时,自然需要对法律条文予以解释。常见的解释方法有语义解释、文本解释、结构解释、体系解释等多种方式,无疑,无论何种解决路径都应立足溯源于立法者的立法本意。从居民身份证上所载各事项的特征分析来看，赵 C 这个名字中的 C 并不符合《居民身份证》第 4 条规定之要求。公民的姓名决定权应在遵循社会公序良俗和公共道德的前提下行使，赵 C 的起名行为有扰乱社会经济秩序之嫌疑。

【深度阅读】

[1] 王歌雅："姓名权的价值内蕴和法律规制"，载《法学杂志》2009 年第 1 期。

[2] 刘练军："姓名登记规范研究"，载《法商研究》2017 年第 3 期。

[3] 陈锦波："公民姓名权的行政法双重保护"，载《行政法学研究》2020 年第 5 期。

[4] 李永军："论姓名权的性质与法律保护"，载《比较法研究》2012 年第 1 期。

[5] 刘远征："论作为自己决定权的姓名权——以赵 C 姓名权案为切入点"，载《法学论坛》2011 年第 2 期。

[6] 王春梅："论自然人姓名权的行政克减"，载《学术交流》2020 年第 2 期。

[7] 刘文杰："民法上的姓名权"，载《法学研究》2010 年第 6 期。

[8] 张红："姓名变更规范研究"，载《法学研究》2013 年第 3 期。

[9] 黄泷一："姓氏选择、公序良俗与法律解释——最高法院第 89 号指导案例与姓名权立法解释评述"，载《法治研究》2018 年第 5 期。

[10] 袁雪石："姓名权本质变革论"，载《法律科学（西北政法大学学报）》2005 年第 2 期。

（撰稿人：胡晓玲）

案例3　重庆市涪陵志大物业管理有限公司诉重庆市涪陵区人力资源和社会保障局劳动和社会保障行政确认案

【案情简介】

（一）基本事实

罗仁均系重庆市涪陵志大物业管理有限公司的保安。2011 年 12 月 24 日，罗仁均在涪陵志大物业公司服务的圆梦园小区上班（24 小时值班）。8 时 30 分左右，在兴华中路宏富大厦附近有人对一过往行人实施抢劫，罗仁均听到呼喊声后立即拦住抢劫者的去路，要求其交出抢劫的物品，在与抢劫者搏斗的过程中，不慎从 22 步台阶上摔倒在巷道拐角的平台上受伤。事后，罗仁均向被告重庆市涪陵区人社局提出工伤认定申请。涪陵区人社局受理后向罗仁均发出《认定工伤中止通知书》，要求罗仁均补充提交见义勇为的认定材料。就此事，重庆市涪陵区社会管理综合治理委员会作出了《关于表彰罗仁均同志见义勇为行为的通报》。罗仁均补充了见义勇为相关材料。涪陵区人社局核实后，根据《工伤保险条例》第 14 条第 7 项之规定，作出《认定工伤决定书》，认定罗仁均所受之伤属于因工受伤[1]。涪陵志大物业公司不服，向法院提起行政诉讼。在诉讼过程中，涪陵区人社局作出《撤销工伤认定决定书》，并根据《工伤保险条例》第 15 条第 2 项之规定，作出新的《认定工伤决定书》，认定罗仁均受伤属于视同因工受伤[2]。涪陵志大物业公司仍然不服，向重庆市人社局申请行政复议，重庆市人社局作出《行政复议决定书》，予以维持[3]。涪陵志大物业公司仍不服，遂诉至法院，请求判决撤销《认定工伤决定书》，并责令被告重新作出认定。

重庆市涪陵区人民法院于 2013 年 9 月 23 日作出（2013）涪法行初字第

---

[1]　参见涪人社伤险认决字〔2012〕676 号《认定工伤决定书》。

[2]　参见涪人社伤险认决字〔2013〕524 号《认定工伤决定书》。

[3]　参见渝人社复决字〔2013〕129 号《行政复议决定书》。

00077 号行政判决，驳回重庆市涪陵志大物业管理有限公司要求撤销被告作出的涪人社伤险认决字〔2013〕524 号《认定工伤决定书》的诉讼请求。一审宣判后，双方当事人均未上诉，裁判现已发生法律效力。

（二）主要争点

本案的争点是职工因见义勇为负伤，能否属于视同工伤范围，以及认定"见义勇为致伤"纳入视同工伤的法律依据适用问题。

（三）裁判要旨

法院生效裁判认为：职工见义勇为，为制止违法犯罪行为而受到伤害的，属于《工伤保险条例》第 15 条第 1 款第 2 项规定的为维护公共利益受到伤害的情形，应当视同工伤。

罗仁均不顾个人安危与违法犯罪行为作斗争，既保护了他人的个人财产和生命安全，又维护了社会治安秩序，弘扬了社会正气。法律对于见义勇为，应当予以大力提倡和鼓励。法院裁判从两方面入手解释见义勇为属于"维护公共利益行为"，应视同工伤，一是在主观目的上，凡是见义勇为，同违法犯罪行为作斗争，与抢险救灾一样，都是维护社会公共利益的行为，应当视同工伤；二是按照效力位阶的体系解释方法，认为《重庆市鼓励公民见义勇为条例》[1] 符合《工伤保险条例》的立法精神，符合体系解释精神，保障了劳动者合法权益，弘扬社会正气，可作为直接适用的法律依据。

【案例解析】

法院裁判思路围绕"维护公共利益"为中心，从以下几方面展开说理：

第一，从立法目的层面予以分析，认定"见义勇为负伤"应视同工伤。《工伤保险条例》中规定了工伤和视同工伤两种情形。法律规定工伤一般离不开工作地点、工作时间和工作原因这三要素[2]。《工伤保险条例》第 15 条规

---

〔1〕《重庆市鼓励公民见义勇为条例》（已失效）第 19 条、第 21 条进一步明确规定，见义勇为受伤视同工伤，享受工伤待遇。

〔2〕《工伤保险条例》第 14 条："职工有下列情形之一的，应当认定为工伤：（一）在工作时间和工作场所内，因工作原因受到事故伤害的；（二）工作时间前后在工作场所内，从事与工作有关的预备性或者收尾性工作受到事故伤害的；（三）在工作时间和工作场所内，因履行工作 （转下页注）

定了"视同工伤"的具体情形，突破了工伤认定对工作时间、工作地点、工作原因这三要素的限定，扩大对劳动者权益的保护，旨在弘扬社会正气，鼓励有奉献精神的职工。该条款同时规定了三种"视同工伤"的情形，其中，第1项与第3项"视同工伤"的标准较为确定，在实践中容易明确和认定，而第2项的标准则较为抽象，工伤保险部门认定的裁量空间比较自由，在实践中也颇有争议。

《工伤保险条例》第15条第2项规定，职工在抢险救灾等维护国家利益、公共利益活动中受到伤害的，视同工伤。法律规范在最初并没有对见义勇为作以工伤认定的规定[1]，后来才将抢险救灾、救人等为维护国家、社会公共利益行为而负伤、致死亡的，纳入到了工伤认定的范围，但由于实践争议较大，且与传统的因单位利益受到伤害的工伤范围之间不太吻合[2]，到了2003年才有《工伤保险条例》第15条第2项的规定，试图通过法规范，对因维护国家利益、公共利益而受到伤害的职工予以倾斜性保护。因为，为工伤职工提供救治和补偿，对劳动者予以提供尽可能充分的保护，是工伤保险制度的宗旨。

《工伤保险条例》第15条第2项指明了为维护国家利益、社会公共利益而受到伤害的劳动者，视同工伤，但该项仅列举了"抢险救灾"一种情形，其他情形都以"维护国家利益、社会公共利益活动中受到伤害的"予以概括，可见此项并非完全列举。该项的立法本意是，凡是类似于"抢险救灾"，为了维护国家利益和社会公共利益的其他行为，都属于"视同工伤"的行为。依此解释方法，法官展开如下论证："跟违法犯罪行为作斗争，与抢险救灾等维护国家利益、公共利益活动中受到伤害的行为具有一致性，应当予以大力提

（接上页注〔2〕）职责受到暴力等意外伤害的；（四）患职业病的；（五）因工外出期间，由于工作原因受到伤害或者发生事故下落不明的；（六）在上下班途中，受到非本人主要责任的交通事故或者城市轨道交通、客运轮渡、火车事故伤害的；（七）法律、行政法规规定应当认定为工伤的其他情形。"

〔1〕　20世纪50年代所确定的工伤范围受条件所限，范围较窄，如1951年颁布的《劳动保险条例》以及随后公布试行的《劳动保险条例实施细则修正草案》中并无对见义勇为行为进行工伤认定的规定。

〔2〕　1996年劳动部颁发的《企业职工工伤试行办法》第8条规定："……下列情形之一负伤、致死亡的，应当认定为工伤：……（六）从事抢险、救灾、救人等维护国家、社会和公众利益的活动的。"

倡和鼓励，符合'视同工伤'的情形。"因此，为制止违法犯罪而受伤的见义勇为行为与"抢险救灾"行为，在性质内涵上高度一致，理所应当视为工伤。

本案即是基于《工伤保险条例》第15条第2项的规定而作出的裁判。法院结合案件事实，依法作出裁量，认为本案中第三人罗均仁虽然不是在工作地点、因工作原因受到伤害，但是客观维护了公共利益，且以"抢险救灾行为"为参照物，其见义勇为行为与该项规定具有性质上的高度一致性，应当按照工伤予以认定。

第二，从法律规范适用层面予以分析。目前，因见义勇为行为致伤的，全国没有形成统一的工伤认定与工伤保障机制，各地的评判标准并不统一。本案中法官在裁判时充分考虑了我国的工伤制度现状，法院基于裁判的需要，从体系解释的角度出发，审查了《重庆市鼓励公民见义勇为条例》是否符合上位法规定。体系解释主要分为条文之间的解释、效力位阶的解释及上下文关系的体系解释三种方法。本案中，法院主要通过效力位阶的体系解释方法，认为《重庆市鼓励公民见义勇为条例》第19条明确规定因见义勇为行为造成的伤害应作为工伤对待，享受工伤待遇，符合《工伤保险条例》的立法精神。因此，可以将其作为判案依据，将罗某因见义勇为行为造成伤害的具体情况认定为工伤，以最大限度地保护劳动者的合法权益。

第三，从社会效果层面予以分析。见义勇为行为本身就具有公益性，罗某不顾个人安危与违法犯罪行为作斗争，不仅保护了他人的人身财产和生命安全，也维护了社会秩序。在法律没有规定为他人利益见义勇为是否为工伤的情况下，人社局以《关于表彰罗某同志行为的通报》和《重庆市鼓励公民见义勇为条例》为参考，援用《工伤保险条例》中公共利益条款对罗某的行为予以价值判断，认定为他人利益见义勇为属于维护社会公共利益，体现了行政机关对见义勇为行为的肯定，也彰显了行政机关维护公益的价值取向。行政机关通过权衡见义勇为在此案中的社会定位，作出了合乎公众价值观的认定。见义勇为者在制止不法侵害过程中受伤，从法律层面将其认定为工伤，并以政府财政对其予以补偿和奖励，可以最大限度地保护劳动者的合法权益，有利于形成并维护以公平正义为核心的法律价值观。

【争议问题探讨】

（一）本案中"因见义勇为致伤"是否属于《工伤保险条例》第15条规定的，"维护国家利益、公共利益"认定为工伤的适用范围

《工伤保险条例》第15条所称"维护国家利益、公共利益"是指单位员工主动地为了国家利益或社会公共利益免受各种不良威胁而采取的制止侵害的救助性行为。何为公共利益，学界也不存在清晰明确的概念表达。在实践中，法院裁判往往将见义勇为行为归为"维护国家利益和社会公共利益"的行为，并且对见义勇为行为进行视同工伤的认定。指导案例94号将因见义勇为而负伤的行为归为抢险救灾负伤行为一类，还需要进一步地逻辑说理论证，否则在实践中容易引发争议。

见义勇为负伤是否属于视同工伤的情形，主要分歧点在于见义勇为维护的是"公益"还是"私益"。《工伤保险条例》规定了劳动者在维护公共利益活动中受到伤害视同工伤，但并未规定维护他人利益受到伤害视同工伤的情况。如果见义勇为保护他人私人利益，与抢险救灾而负伤行为的性质不同，那么就不能适用《工伤保险条例》第15条的范围，因此不属于视同工伤的情形，例如此案中物业公司认为见义勇为并不属于《工伤保险条例》中所规定的情形，罗某见义勇为维护的仅是他人的个人利益，不属于抢险救灾等维护国家、公共利益的情形；但如果见义勇为行为同时保护了公共利益，则就像法官所阐述的，既保护了个人利益，也维护了社会的治安管理秩序和法律的尊严，应当予以大力提倡和鼓励，属于《工伤保险条例》第15条第2项规定的视同工伤的情形。

本案中，罗某制止抢劫行人的行为，在刑法角度上维护了被抢劫者的私人财产权益也即他人合法权益。那么见义勇为所维护的利益究竟是公共利益还是个人私益呢？依笔者来看，首先，这需要厘清公共利益的概念。台湾学者陈新民在总结国外理论基础上，提出公共利益作为一典型的不确定法律概念，具有两个方面的不确定性：

第一，利益内容的不确定性。不同的主体对利益的需求不一样，因而，同一客体其利益价值也是不一样的。随着人类需求的增长，人们对利益的追

求也从对物质上的温饱需求转变到风俗等精神上的利益，认定公共利益的标准也会随着社会的发展而进行不断的调整，也就是说公共利益的范围，会受到当时的客观物质条件和社会实践的影响。本案中，罗某制止抢劫行为维护的利益可以分为两个层面：其一，针对被抢劫者而言，罗某的行为维护了他的财产权益，是确定的私权；其二，针对公众而言，罗某制止不法行为的做法维护了安定的社会秩序，促进了良好的社会风气，而良好的治安环境和稳定的社会秩序等不确定的利益是我们公众的共同诉求。见义勇为带有明显的公众性和开放性，它给社会公众所带来的共同利益需求，不像物质需求那样显性，而是一种无形利益，这种利益可以体现为社会风俗、宗教、文化等公共利益，它是伴随社会发展满足大多数人需求的文明产物。因此，对于见义勇为制止不法行为的行为，不应只停留在狭义的个人利益的层面上，更应认同其维护社会公共利益的内容特征，肯定其社会价值。

第二，受益对象的不确定性。受益对象的不确定性不是指受益对象数量上的多寡，而是为了指出受益对象的公共属性。公共利益是相对于私益而言的，是具有非私有性质的利益，其侧重点在于公共性。但这种理解也存在一定的局限性，将公益、私益进行了太过独立的分割，忽略了公私益受益对象之间的关联性，在某些情形下，私益是可以转换成公益的，受益对象也随之转换，由确定的转换为不确定的受益对象。个体利益与群体利益也并不是非此即彼的关系，在特定情况下，它们是相得益彰的，仅仅是个体利益的实现也可以保证社会整体利益的实现。见义勇为行为的出发点不仅是为了帮助他人，也是出于维护社会长治久安的责任感和使命感，以正义行为制止违法行为，维护社会共同体的利益，受益群体是巨大的和无法估量的。公共利益不封闭为某些个人所保留，也不封闭在特定的场所，"公共"就是开放性。本案中的见义勇为行为在保证私益的同时维护了公益，两种属性存在着交织的情形。

总之，从公共利益的利益内容和受益对象这两个角度分析，本案中罗某见义勇为，制止违法犯罪的行为符合社会文明发展所倡导的价值取向，维护了公共利益，符合《工伤保险条例》的立法原意，可以视同与"抢险救灾"行为性质一致，应当视为工伤。

（二）因制止违法犯罪行为、抢险救灾、救人行为负伤是否都属于因"见义勇为行为"而负伤视同工伤的范畴

界定见义勇为的范围，是本案延伸出的一重要问题。2017 年 3 月，公安部在总结地方经验基础上发布了《见义勇为人员奖励和保障条例》（草案公开征求意见稿），其中第 2 条规定："……见义勇为人员，是指……为保护国家利益、社会公共利益或者他人的人身财产安全，挺身而出，同正在实施的违法犯罪行为作斗争，或者抢险、救灾、救人，事迹突出的公民。"根据该规定，见义勇为行为大致包括三类行为，即与违法犯罪行为作斗争、抢险救灾、救人三类行为。如前所述，因见义勇为行为负伤属于"因抢险救灾等维护国家利益、公共利益行为而负伤"的情形，那么这里有一个问题需要明晰，即前列见义勇为人员所实施的三类行为是否都属于此情形？

《工伤保险条例》规定视同工伤情形的立法者初衷是："抢险救灾只是例举，凡是与抢险救灾性质类似的行为，都应当认定为属于维护国家利益和公共利益的行为。"但视同工伤只是一种保护劳动者权益的倾斜性政策，是工伤的补充情节，并不能等同于工伤。从制度目的上讲，工伤保险的主要目的是保护劳动者因工作原因造成伤亡时的相应权益，并且替代雇主责任制，减轻企业负担，但对于见义勇为人员的权益保障则更多是从社会政策考量的目的出发。对于见义勇为人员的权益保障，更多地倾向于采取社会保险、社会救助、社会福利乃至慈善等综合措施，所以不宜过大地扩张工伤保险中"视同工伤"的范围。因此，对视同工伤的标准和范围应当适度从严，才能最大限度体现工伤保障的立法本意。因而，这就需要对"维护国家利益、公共利益活动"作相对严格的限制，也就意味着，以上三种类型的所有情形，是否都属于"抢险救灾等维护国家利益、公共利益的行为"范围，还需要进一步探讨。

从法律规范入手，《工伤保险条例》第 15 条第 2 项中确定的范围应当是与抢险救灾行为性质类似的维护公共利益的行为。因抢险救灾行为负伤，法律已经明确，因此对于其他两种情形是否属于视同工伤的范围，还需要对比抢险救灾行为的性质进行明确。从文义解释来看，"抢险救灾"是指当天灾人祸来临时，国家动用一切力量保护人民生命和财产安全，组织人力物力帮助

人民脱离危险，救助人民因遭受灾难而受到的损害。从立法文件来看，《军队参加抢险救灾条例》对"抢险救灾"活动有规定，但该条例并未对"抢险救灾"概念本身予以界定，仅在第3条规定了军队参加抢险救灾主要担负的任务。在我国，军队作为服务于国家政治安全与保障人民生命和财产安全的武装力量，具有特殊的职责和使命，其抢险救灾活动具有专业性。此外，《军队参加抢险救灾条例》与《工伤保险条例》的立法性质和目的也不同，该抢险救灾范围不宜等同于视同工伤条款中的抢险救灾情形。尽管如此，我们依然可以依据类推解释参照该范围给职工抢险救灾情形提供参考，即"阻止或减少国家利益和公共利益所面临的紧迫危险"是抢险救灾行为的一个突出特点，这里的紧迫危险可以借助刑法中的紧迫性来理解，在本案中，罗某在阻止违法犯罪时，被抢劫人已经面临了紧迫性和危险性，在这种紧急情势下，罗某帮助他人维护了社会法益并因此而负伤，该见义勇为行为应当得到工伤保护。基于此，法院一般把见义勇为行为等同于紧急情况下的维护公共利益行为，对于见义勇为行为的射程确定，因为并不是所有的制止违法犯罪行为、救人行为都是在紧急情况下作出的行为，所以这两类行为并不全都属于见义勇为行为的范围。

1. 明晰因违法犯罪行为负伤纳入视同工伤的类别。违法犯罪行为包含行政违法行为与犯罪行为两种情形，根据侵害法益的不同可以细分为对个人法益、社会法益、国家法益侵害的违法犯罪，是否每一种类型都与抢险救灾性质类似，还需要进一步探讨。如前所述，要与抢险救灾行为具有属性上的一致性，必须具有为阻止或减少国家或社会公共利益面临的威胁和损失的主观目的存在。指导案例94号主审法官对此也进行了补充说明："突发刑事犯罪是在光天化日之下，且在闹市区，若不加以及时制止，……公共治安秩序的受侵扰将很难弥补……社会公共利益面临的危险的严重性、紧迫性和突发性是显而易见的。"因此，裁判要旨对"因见义勇为、制止违法犯罪行为而受到伤害的"作以了条件限制，即把"面临紧迫危险"加入，使视同工伤标准限定为"职工见义勇为，为制止社会公共利益面临紧迫危险的违法犯罪行为而受到伤害的，属于视同工伤情形"。

违法犯罪行为的形态种类多样，是否所有的与违法犯罪行为作斗争的行为都属于见义勇为行为？犯罪行为中，分为对个人法益侵害的犯罪和对社会法益的犯罪。职工为制止哪些类别的犯罪行为而负伤的，可以认定为视同工伤呢？目前，对于哪些类别的犯罪属于见义勇为行为存在两种不同的观点，即两类型说与三类型说。两类型说代表为《北京市见义勇为人员奖励和保护条例》，其认为见义勇为行为包括两类行为：其一是同正在进行侵犯国家、集体财产或者他人人身、财产安全的违法犯罪行为作斗争的行为；其二是同正在进行的危害国家安全、妨害公共安全或者扰乱公共秩序的违法犯罪行为作斗争的行为。三类型说代表为《见义勇为人员奖励和保障条例》（征求意见稿），其将同违法犯罪行为作斗争行为在两类型说基础上增加了一类："协助追捕犯罪嫌疑人或者提供重要线索，侦破重大刑事案件的。"三类说近两年来在多地都已确认，例如 2021 年 11 月 1 日正式施行的《贵阳市见义勇为人员奖励和保护办法》中将"主动抓获或者协助追捕犯罪嫌疑人、罪犯的"确认为见义勇为行为。

虽然两类说和三类说范围上不同，但都有一个共同特点，即刑法分则第三章类别中与破坏社会主义市场经济秩序罪作斗争的行为都不属于见义勇为行为范畴。破坏社会主义市场经济秩序罪，也就是刑法理论上所说的经济犯罪。此外，见义勇为行为也不包括刑法分则后四章中的危害国防利益罪、贪污贿赂渎职罪以及军人违反职责罪。换言之，《工伤保险条例》第 15 条第 2 项的视同工伤认定范围，并不包含所有的为制止违法犯罪而负伤的行为。需要把"面临紧迫危险"加入并进一步区分，侵犯公民人身权利、民主权利的犯罪与侵犯财产罪中，故意杀人罪、故意伤害罪等侵犯生命、健康权利的犯罪，强奸罪，拐卖妇女、儿童罪等侵害妇女儿童身心的犯罪，抢劫罪、抢夺罪等侵犯财产的犯罪类型，按照刑法学分析，这些暴力性犯罪行为，往往会使被害人陷入紧迫性和危险性的境地，如果不加以及时制止，不但会侵害公民个人的人身财产安全，也会侵害社会公共利益，破坏稳定良好的社会秩序。因此，此种行为维护的是面临紧迫危险的公共利益，与"抢险救灾"行为的性质一样。反之，在破坏社会主义市场经济秩序类犯罪中，如逃税罪，此种情形下，公共利益所面临的危险不具有紧迫性，公民此时制止违法犯罪行为时不需要冒着生命危险去制止，在此种缺乏紧迫危险性的情形下，公民为制止违法犯罪行为而受到伤害的，不应当纳入视同工伤的情形。其中的紧迫性可以与刑法中的紧迫性进行参照，刑法规定有正当防卫情形，正当防卫中的不法侵害要具有紧迫性，正当防卫的基本前提就是不法侵害是否正在发生或迫在眉睫。

2. 因救人行为负伤能否视同工伤。救人行为不是单纯指助人为乐行为，也不是指简单的做好事行为，其救人行为纳入见义勇为行为也以"维护公共利益面临紧迫危险"为标准。被救者若是陷入在现实的紧急危险中，救助者因救人行为负伤的，应当视为工伤。此处的紧迫性与上文中判断制止违法犯罪行为的紧迫性略有不同，因为《刑法》和《工伤保险条例》所追求的法律目的并不同。《工伤保险条例》的立法目的是保证劳动者遭受伤害时获得经济补偿权，在救人行为中，一般人的举措是对遇险之人实施救治；而《刑法》中的正当防卫，紧迫性的成立门槛更高。在分析救人行为是否属于见义勇为行为时，也可以从公共利益角度分析，公共利益有利益内容的不确定性和受益者的不特定性，救人行为属于正义行为，符合社会主义核心价值观，能够弘扬良好的风俗习惯，形成稳定的社会秩序，符合利益内容的不确定性，具有公共利益的开放性。实践中也有法院对见义勇为的救人行为予以认定为视同工伤的案例。

（三）未获得"见义勇为"荣誉称号是否影响视同工伤的认定

随着实践中出现越来越多因见义勇为行为而受到伤害被视同为工伤的司法裁判，一些法院开始把职工是否获得"见义勇为"称号或相关材料作为因见义勇为负伤"视同工伤"的认定标准。但是，法院不评判职工是否属于见义勇为，而是由行政机关、社区委员会等来评判，法院再以职工是否获得这个证书或材料来判断是否属于"见义勇为"，例如 2021 年 7 月 1 日施行的《重庆市见义勇为人员奖励和保护条例》中对见义勇为定义为"在法定职责、法定义务或者约定义务之外，为保护国家利益、集体利益、社会公共利益或者他人人身、财产安全，制止正在发生的违法犯罪行为或者抢险、救灾、救人等，事迹突出的行为"，其中，"何种事迹"才能达到"突出"的程度，不同的人可能会有不同的答案。为解决这一问题，条例要求重庆市公安机关制定见义勇为人员及其事迹、贡献的认定标准，并根据不同情形，给予相应奖励，同时要求公安机关应当按照调查核实、完成认定、予以公示、书面告知等程序，依法开展认定工作。即，见义勇为在实践中需要行政机关评判并发放称号或者荣誉证书来认定。

毫无疑问，职工获得的见义勇为荣誉称号证书可以用来作为见义勇为的证明，职工具有见义勇为荣誉称号的，法院更加倾向于将其认定为见义勇为，进而更容易作出"视同工伤"的判决。本案中，人社局就是以《关于表彰罗某同志行为的通报》和《重庆市鼓励公民见义勇为条例》为参考材料认定其为视同工伤的见义勇为行为。反之，劳动者没有申请或者没有获得见义勇为的荣誉称号，是否会影响法院认定申请人行为属于见义勇为的定性？笔者认为，即使没有荣誉称号等参考材料，法院仍应当将其视同工伤。换言之，职工有没有荣誉称号并不影响见义勇为行为的成立，也不影响视同工伤的认定结果。在实践中，与违法犯罪行为做斗争，或者救助他人而导致自己身亡，事迹突出等社会影响重大的情形通常较易被认定为见义勇为；若案情影响小，或申请人受伤害的程度小，就难以获得见义勇为的称号。若职工虽然未获得荣誉称号，但以其他提交的材料以及认定的事实作为证据，可推出属于认定为见义勇为的情形，法院仍应当将其视同工伤，而不应因职工未获得见义勇为的荣誉称号便不予认定"视同工伤"。

从梳理的一些因见义勇为负伤"视同工伤"的案例来看，大多数法院的判决不够灵活，太过僵硬和公式化，职工不能提供见义勇为荣誉称号便不纳入"视同工伤"范畴，但也有一些法院着力于案件事实证据，推定职工属于见义勇为而"视同工伤"。法院作为司法的最后一道防线，应当加强司法审查力度，对事实的认定应当保留最后的司法裁量，而非将其完全交至行政机关。

因此，如果形式上具备"见义勇为"证书，无疑可以认定为"视同工伤"；但若在形式上不具备"见义勇为"证书，法院基于对案件事实的审查，符合条件的也可以认定为"视同工伤"。在近几年的"视同工伤"案例中，有少部分的案件中职工出示了荣誉证书的证据材料，大部分的案件是没有"见义勇为"材料的，但也被认定为"视同工伤"。换言之，适用第15条第1款第2项的"救灾抢险等维护国家利益和公共利益"的案件中，见义勇为证书的证明材料是视同工伤的充分条件，但不是必要条件。但是，实践中，存在法院认为只要职工维护国家利益、公共利益的行为被县级以上公安部门确认为见义勇为行为，就视同为工伤；但对在抢险救灾行为中受伤没有获得该称号的却不认定为工伤的情形。不考虑公共利益和紧迫危险这两个要件，不做正确的司法审查，任由行政部门自行扩大或者缩减见义勇为行为的范围，这种僵化的工伤认定方式需要纠正。

（四）因见义勇为负伤而维护的"公共利益"的社会成本应当如何分配

因见义勇为负伤视同工伤，体现了对劳动者的倾斜性保护，对于劳动者受伤后的风险承担，现行的法律以及实践操作是否合理？因见义勇为维护公共利益的行为最终受益者是所有社会成员，那么，对于行为人在维护利益中所遭受到的损失（人身或财产）由谁来承担才公平呢？

法院对此看法有所争议，观点一认为见义勇为使国家、社会乃至每一个公民因此而受益，企业作为社会责任的重要主体，应当同国家共同承担；观点二认为见义勇为行为值得弘扬，按照见义勇为保护办法，见义勇为者受到伤害作为社会抚恤对象进行保障更为合理，另一方面，将与工作无关的见义勇为纳入到工伤保护范围，虽然保护了劳动者的权益，但加大了企业的保险成本，对企业而言，并不符合公平正义原则。

笔者认为，将"因见义勇为致伤"视为工伤固然充分保障了职工的合法利益，但忽略了维护公共利益的成本承担问题，对企业来说，这本来不属于企业原初定位所应承担的风险范围，将其视为工伤，等于把见义勇为的成本额外加到了企业身上，虽然企业在追求利益最大化的同时，应当承担相应的社会责任。将"因见义勇为致伤"纳入工伤，简单粗暴地让企业承担维护公共利益的全部成本，多少有失公允。整体而言，当下中国的企业水平对职工工伤保险都负担不起，如果职工实施了与工作完全无关的见义勇为行为并因此受到伤害，却要由单位承担成本，必然会加重企业工伤保险费用的负担，因此，对于因见义勇为负伤造成成本的分担问题还需要进一步完善。笔者认为，要想平衡员工合法权益和企业利益，可以考虑将见义勇为致伤维护公共利益的成本和风险分担到国家财政上，建立国家和社会保障体系机制，职工因无关工作的见义勇为行为受伤的应该优先从国家财政处获得救助金以及奖励补偿，必要时，企业可以作为辅助角色，依据企业规章制度和职工见义勇为的实际情况少分担或不分担。除此以外，还可考虑建立因见义勇为致伤的一系列赔偿、补偿救济性立法，甚至可考虑予以一定类型上的精神损害赔偿立法，用法律来确保劳动者经济补偿权的切实实现。

【深度阅读】

［1］王由海："'见义勇为致伤'的工伤认定标准探析——基于指导案例94号的分析"，载《中国劳动关系学院学报》2019年第4期。

［2］刘继承："论将'见危施救'行为纳入工伤保险范围的必要性和可行性"，载《法治论坛》2012年第2期。

［3］张素凤、赵琰琳："见义勇为的认定与保障机制"，载《法学杂志》2010年第3期。

［4］林嘉、魏丽："工伤认定一般条款之立法思考"，载《法学杂志》2008年第1期。

［5］庄绪龙："工伤保险事故中关于'抢救'的司法认定问题分析"，载《法律适用》2015年第6期。

［6］谢少清、杨小芸、周刚："关于审理工伤认定行政案件若干问题的思考"，载《行政法学研究》2005年第2期。

［7］张千帆："公共利益的构成——对行政法目标以及'平衡'的意义之探讨"，载《比较法研究》2005年第5期。

［8］马永欣、李涛、杨科雄："《关于审理工伤保险行政案件若干问题的规定》的理解与适用"，载《人民司法》2014年第23期。

［9］国务院法制办公室、人力资源和社会保障部组织编写：《工伤保险条例释义与实务》，中国劳动社会保障出版社2011年版。

［10］程琥：《工伤保险前沿问题审判实务》，中国法制出版社2014年版。

（撰稿人：胡晓玲）

附录　案例教学研讨

研究性教学中的案例分析法改革探究：以西北政法大学《行政法学》课堂为例

一、卓越法律职业人才培养、研究性教学与案例分析法

2011 年，教育部与中央政法委下发《关于实施卓越法律人才培养计划的若干意见》，该计划已经全面启动并逐渐推进，这一举措意味着我国法学院校与法学专业进入内涵型发展阶段。

面对新形势，法学课程的教学要实现从接受性教学向研究性教学的转变：一方面，研究性教学能够增强法律职业人才培养的复合性。研究性教学一般要求学生以团队（小组或者集体）的形式相互协作完成特定问题的探究。课程面对的学生固然修学法律专业，但研究针对的问题并非某一学科能够提前加以预设的，多学科知识的整合与综合运用成为研究问题必不可少的进路。另一方面，研究性教学有助于提高法律职业人才培养的应用性。复合性的知识仅仅提供了解决问题的可能，要将可能性转化为现实性，还必须具备一定的理论迁移能力，研究性教学培养的目标之一就是提高学生的应用实践能力，将理论知识不断转化到实践操作环节中，并随着实践情境的变化，灵活调整理论甚至在可能的情形下创新发展理论本身，这是讲授性教学不能达到的效果。

发源于欧美的案例分析法具有冲破原有知识体系和学科结构限制的特点，

鼓励学生从不同立场与角度分析案件的事实确定与法律适用，发现争议焦点，通过学生的主体性探究，形成对问题的见解，提供代理、辩护或者裁判的方案。就此而言，案例分析法是研究性教学方法的重要方式。西北政法大学行政法学院围绕如何在法学核心课程行政法学改善教学方法方面达成了一些共识，对如何实现案例分析法与研究性教学方法的结合也取得了一些经验，本文就此展开。

二、当前法学课程案例分析法的问题

案例分析法在包括行政法学在内的法学课程中得到相当广泛的应用。但在具体实施中，也逐渐暴露出令人忧虑的地方：其一，个别教师对案例分析法仍然存在偏颇的认识，有的教师为了完成教学大纲要求的任务，不愿意在案例分析法上过分投入时间；其二，有的教师虽然对案例分析法相当热衷，但案例却往往是从坊间诸多的案例教学教材中摘抄而来，缺乏现实感；其三，案例教学过程中存在一定的"重案例、轻分析"的现象，案例分析成为对案例本身程序性的解释，课堂教学无法组织有效的讨论。笔者认为，法科生需要的不是案例，而是对裁判作出之前，不同立场的观点如何交锋进而说服法官或者获得社会接受的过程与途径，也唯有如此，才能实现自身知识结构与能力的复合型与应用型。

卓越法律职业人才培养的目标，就是要在法治建设领域培养一大批能够"适应依法执政、科学立法、依法行政、公正司法、高效高质量法律服务的需求"的人才，他们应该有着良好的实践能力，其落脚点在于具备解决法治建设中现实问题的工作能力。解决现实问题不仅需要多元化的知识结构，也需要掌握观察问题的独特路径，这为案例分析法的进一步推广提供了现实依托，也为案例分析法的改善提出了基本的方向。

三、案例分析法中的案例

面对新形势，法科生的教学需要新的教学智慧，要进一步凸显社会问题自身的复杂性以及解决方式的综合性与实践性。这在客观上需要将案例分析与教师的研究性教学进行有机的结合。此种研究首先要重视的便是教学案例的选择和应用，在行政法学教学中，我们的经验是：

第一，案例要具有现实性。法科生一方面接受学科专业知识的传递，具备一定的理论功底，另一方面也暴露在各类新闻与案例之下，对社会生活中遇到的诸多问题如何解决存在很多的困惑。如果案例缺乏现实性，学生会感受到理论与实践的脱离。有些案例可能有一定的研究价值，但却未必适合研究性教学，如有些教师长期从事比较行政法的研究，对发生在国外的或者历史上的一些案例烂熟于胸，这些案例不是说没有意义，而是在教学课时相当有限的情况下，可能仅仅适合对某些理论知识点的说明，而不能用来作为分析或讨论的主题。否则，极易形成"上课时热热闹闹、下课后一无所获"的局面。行政法学教学中，我们搜索并梳理了发现具有现实的案例，例如"田勇起诉北京科技大学"一案就和学生密切相关，就此在行政主体、依法行政与社会自治等议题上进行充分的讨论，研究性教学的效果相当良好。

第二，案例要具有争辩性。在研究性教学中开展案例分析，必须调动学生的积极思考与主动参与精神，带有争鸣色彩的案例不仅能够提供研究的空间，还可以吸引学生自觉参与到案例研习过程之中。在以往的教学实践中，那些早有定论或者结论一目了然的案例，很难激发有一定理论基础和信息量的学生探讨的兴趣，如果教学过程中，充斥着这样的案例，教师就很难将学生引入到案例分析的过程中，教学将沦为教师单方面照本宣科、自说自话的过程。例如城管领域存在的眼神式执法、献花式执法、齐喊式执法等。对这些发生在具体执法领域的案例，任课教师如果能稍加整理，将成为相当好的研究性教学案例。

在教师的引导下，学生围绕这些具有极强争鸣性和现实感的案例进行深入研究，尽管很多情况下可能难以得出确定性的结论，不过其本身就是促进研究性教学、提高学生分析与解决现实问题能力的良好手段。

四、案例分析法的组织形式：小组讨论

在行政法学课程教学中，为了实现案例分析法与研究性教学的结合，我们还选择了适合的教学组织形式——小组讨论。作为一种成熟的教学组织方式，小组讨论以学生的自主分析和解决问题的能力为出发点，以逐渐培养学

生以独立研究为目标，这种研究不仅包括理论研究，也包括实践研究。

小组讨论需要师生进行及时的角色调整。从教师的方面看：其一，注意营造比较宽松的外部环境，对学生的错误要有一定的容忍度，否则容易增加其焦虑感；其二，引导学生认识案例争议的焦点，而不是游离在无关痛痒的细枝末节上；其三，小组讨论结束后进行总结，但最好不要直接下结论或者评优劣，给学生进一步的探索留出足够的思维空间，当然创新性的观点要给予"点睛"并鼓励。

从学生的方面看，其一，需要在教师事先布置案例后，结合自己所学的法学理论，认真独立思考，并提交分析报告一篇；其二，小组讨论要务必大胆发言、尽可能严谨论证，并实现互相启发、互相学习、求大同存小异，最后由每个小组推选一名同学作为代表发言；其三，讨论阶段完成后的课堂发言，小组的学生代表对前一阶段形成的观点、论据、理论进行集中，并形成真正的交锋点；其四，对之前形成的分析报告进行进一步完善。经过充分探讨，有的人可能会形成新的想法，通过分析报告的撰写可以刺激学生进一步研究的动力。此外，这是提高学生书面表达能力的途径，案例分析教学不能忽视这一环节。

我们在行政法学教学中发现，小组讨论不仅提高了学生的问题意识、研究能力，还促进了学生的合作能力与交际能力，并且在塑造团队精神与同情心方面也发挥着积极的作用。更重要的是，因为小组讨论并非基于教师讲授的教学过程，而是由学生通过独立的研习完成教学任务的，学生的独立学习能力得到明显提高。这也说明，小组讨论确实能够为案例分析和研究性学习的结合提供载体。以研究性教学为导向的案例教学，其效用的发挥依赖于学生的主动参与和积极思考，小组讨论是教师引导学生参与教学过程的有效组织形式，它本身具备的合作性、争鸣性等特点几乎与案例分析法的本质要求是一致的。

五、结语

卓越法律职业人才的培养需要导入研究性教学，如何实现研究性教学与具体教学方式的契合是培养人才必须面对的一个重要课题。具体到案例分析而言，切实针对复合型、应用型的人才培养目标，以案例教学作为切入点，展开小组讨论教学模式的尝试，最终推动学生学习的探究性，是值得广大法学教学者积极探索的路径。通过案例探讨，学生的研究热情将被激发出来，课程教学也会真正成为人际互动、相互学习的平台。

（撰稿人：杜国强）